德育与班级管理

主　编　严苏凤
副主编　郝丹娜
参　编　朱芳转　王奎群　孙　悦

北京理工大学出版社
BEIJING INSTITUTE OF TECHNOLOGY PRESS

内 容 简 介

本书以中小学德育工作为主线,以新时代我国学校德育的基本任务与目标为基础,通过对基本原理的梳理,揭示学校德育规律,将班主任工作、班级常规管理、班集体建设、班级活动与主题班会的设计与组织、班级心理辅导与个别教育等重要内容与学校德育工作有机结合,形成了既有理论引导,又有实践探索的德育与班级管理课程框架。在德育原理中梳理了新时期我国中小学德育的研究成果,并将其与传统文化结合,力图强化教材知识的功用性与实践性相结合。

本书语言通俗易懂、图文并茂,且脉络清晰、章节设置合理,不仅适用于普通师范类专业教学,也适用于教师资格证与教师入门考试。

版权专有　侵权必究

图书在版编目(CIP)数据

德育与班级管理 / 严苏凤主编. --北京:北京理工大学出版社,2024.4
　　ISBN 978-7-5763-3820-1

Ⅰ. ①德… Ⅱ. ①严… Ⅲ. ①德育工作-中小学②中小学-班级-管理 Ⅳ. ①G631 ②G632.421

中国国家版本馆 CIP 数据核字(2024)第 079257 号

责任编辑:徐艳君　　**文案编辑**:徐艳君
责任校对:刘亚男　　**责任印制**:李志强

出版发行 /	北京理工大学出版社有限责任公司
社　　址 /	北京市丰台区四合庄路 6 号
邮　　编 /	100070
电　　话 /	(010) 68914026(教材售后服务热线)
	(010) 68944437(课件资源服务热线)
网　　址 /	http://www.bitpress.com.cn
版 印 次 /	2024 年 4 月第 1 版第 1 次印刷
印　　刷 /	唐山富达印务有限公司
开　　本 /	787 mm×1092 mm　1/16
印　　张 /	15
字　　数 /	352 千字
定　　价 /	78.00 元

图书出现印装质量问题,请拨打售后服务热线,负责调换

前言 PREFACE

"德育与班级管理"是师范类本科专业教师教育类公共必修课程。本书以教育部2017年颁布的《中小学德育工作指南》、2018年颁布的《新时代中小学教师职业行为十项准则》、2021年颁布的《中学教育专业师范生教师职业能力标准（试行）》《小学教育专业师范生教师职业能力标准（试行）》、2022年颁布的《义务教育阶段道德与法治课程标准》为依据，以国内外德育原理和班级管理基本理论为框架，着眼于新时代我国中小学德育目标的变化以及党的二十大报告中提出的用社会主义核心价值观铸魂育人、完善思想政治工作体系、推进大中小学思想政治教育一体化建设主线，围绕有理想信念、有道德情操、有扎实学识、有仁爱之心的"四有"好老师的培养目标，依据师范类专业认证标准"一践行，三学会"（践行师德、学会教学、学会育人、学会发展）的具体要求，对我国中小学德育与班级管理的内容进行了系统梳理；结合教师资格证与教师入门考试，在强调知识体系完备的基础上，力图体现教师教育类教材的基础性、实践性和时代性。

本书以中小学德育工作为重点，以新时代我国学校德育的基本任务与目标为基础，通过对学校德育基本原理的梳理，揭示新时代中小学学校德育规律，将班主任工作、班级常规管理、班集体建设、班级活动与主题班会的设计与组织、班级心理辅导与个别教育等内容与学校德育工作有机结合，形成了既有理论引导，又有实践探索的德育与班级管理课程体系。在德育原理中梳理了新时期我国中小学德育的研究成果，并将其与传统文化结合，力图强化知识的功用性与实践性相结合。本书不仅适用于普通师范类专业教学，也适用于教师资格证与教师入门考试。全书共分十二章，由德育原理与品德发展、班级与班级管理、中学生心理辅导三大知识板块组成。在坚持导向性、专业性、基础性的基础上，本书突出了以下几方面的特色：

第一，把握理论指导的时代特色。党的二十大报告指出，建设具有强大凝聚力和引领力的社会主义意识形态，广泛践行社会主义核心价值观是我们做好中小学德育工作的思想武器和行动指南。育人为本，德育为先，聚焦立德树人，坚守初心，担负使命，改革创新，不断提高中小学德育工作水平，是当前和今后一个时期贯彻落实党的二十大精神，开创中小学德育工作新局面的重要任务。因此，本书在基本原理的梳理过程中吸收了新时期以来德育理论研究的前沿成果，对于广大的德育工作者和师范专业学生理解我国中小学的德育特色具有现实的理论指导价值。

第二，突出理论讲解与实践技能培养的有机结合。依据《教师教育课程标准（试行）》《中学教师专业标准（试行）》《中学教育专业师范生教师职业能力标准（试行）》中提出的实践取向，强化师德实践环节，提升实践能力等价值取向。本书在编写过程中既注重"是什么"的理论与政策解读，又注重"做什么"的实践指导，还注重"怎么做好"的典型经验推介，突出了学校德育工作的理论引领性与可操作性。

第三，注重学校德育工作的系统性与实操性。本书在编写过程中，以《中小学德育工作指南》为方向，深刻把握德育工作的核心内容，结合中学生身心发展规律和学校实际的德育工作，将课堂管理、中学生心理辅导纳入中小学学校德育工作，注重德育工作系统的完整性和实操性，进一步推动学校德育工作的落细、落小、落实。

第四，强化知识的功用性与功能性相结合。本书在编写过程中，将教师专业基本素质培养与能力培养相结合，并结合国家教师资格证考试和各地市教师招聘考试的实际，力图实现理论素养与能力素养的一体化，实现应然与实然的统一。

本书第一章至第四章由渭南师范学院严苏凤副教授编写，第五章由渭南师范学院王奎群教授编写，第六、第十章由渭南师范学院朱芳转研究员编写，第七、第八、第九章由渭南师范学院郝丹娜博士编写，第十一章、第十二章由渭南师范学院孙悦老师编写。在本书编写过程中，我们参阅和借鉴了国内其他德育与班级管理研究者的著述，在此深表感谢。

编　者

第一篇 德育原理与品德发展

第一章 德育概述 (3)
- 第一节 德育的认知 (4)
- 第二节 德育的本质与功能 (10)
- 第三节 德育的产生与发展 (14)

第二章 德育的目的与内容 (18)
- 第一节 德育目的与德育目标 (19)
- 第二节 我国中小学德育目标 (25)
- 第三节 德育内容 (30)

第三章 品德发展与德育过程 (36)
- 第一节 德育与品德发展 (37)
- 第二节 德育过程 (40)
- 第三节 道德发展的主要理论 (46)

第四章 德育的原则与途径 (57)
- 第一节 德育的原则 (58)
- 第二节 德育的途径与方法 (65)

第五章 中学生品德的形成与发展 (77)
- 第一节 中学生品德发展概述 (78)
- 第二节 中学生品德不良行为及其矫正 (84)
- 第三节 中学生社会主义核心价值观的教育与培养 (92)

第二篇 班级与班级管理

第六章 班级与班级管理 (101)
- 第一节 班级与班级管理 (102)
- 第二节 班级管理的任务与内容 (106)

第三节　班级管理的原则与方法……………………………………（114）

第七章　班集体的组织与建设……………………………………（121）
　　第一节　班集体概述………………………………………………（122）
　　第二节　班集体的发展……………………………………………（128）
　　第三节　班集体的组织与活动……………………………………（130）

第八章　班主任工作………………………………………………（143）
　　第一节　班主任的素质及能力结构………………………………（144）
　　第二节　班主任的选用与培养……………………………………（151）
　　第三节　班主任工作的内容………………………………………（154）

第九章　课堂管理…………………………………………………（159）
　　第一节　课堂管理概述……………………………………………（160）
　　第二节　课堂气氛和课堂纪律……………………………………（165）
　　第三节　课堂行为问题……………………………………………（167）

第十章　班级活动及组织…………………………………………（174）
　　第一节　班级活动组织……………………………………………（175）
　　第二节　主题班会的设计与组织…………………………………（182）
　　第三节　校外资源的整合与利用…………………………………（194）

第三篇　中学生心理辅导

第十一章　中学生的心理健康……………………………………（199）
　　第一节　心理健康的概念…………………………………………（200）
　　第二节　中学生常见的心理问题…………………………………（200）
　　第三节　学校实施心理健康教育的途径…………………………（209）

第十二章　学校心理辅导…………………………………………（214）
　　第一节　学校心理辅导概述………………………………………（215）
　　第二节　学校心理辅导的主要方法………………………………（220）
　　第三节　压力与挫折………………………………………………（224）

第一篇 德育原理与品德发展

第一章 德育概述

学习目标

1. 掌握德育的内涵与外延，我国学者对德育的定义与认知；
2. 重点理解德育的本质与功能；
3. 了解德育的产生与发展。

本章知识结构图

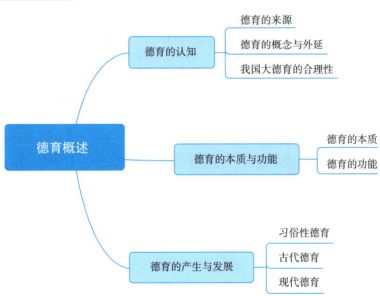

第一节　德育的认知

一、德育的来源

德育是立德树人的基础，重视德育是中华民族优秀的文化传统之一。中国之所以始终保持悠久独立的统一历史，其中德育产生的精神力量和带来的社会效益起着极为重要的作用。在人才培养和人才选拔的时候，我们都会把"德"定在首位，"德"是人类文明产生的基础和源泉。古今中外，无论是中国还是世界上其他国家都非常重视学校的德育工作。尤其是随着世界经济一体化的到来，人们的生活方式开始变得多样，面对一个开放的世界体系，我们对多元文化采取理解的时候，"价值多元最有可能导致的危险就是虚假的价值宽容或者相对主义"①，回归传统或整合现代社会意识便成为价值多元时代人们试图重构社会价值的一种倾向或选择，同时价值多元也使德育工作面临更加复杂的挑战。那么德育是什么？对德育概念的厘清和分析，有助于我们准确掌握和理解当前学校德育工作的重要性；同时对中西方德育差异的分析，对于我们进一步理解我国新时代学校德育内容、德育思想、德育目标、德育方法及德育模式的演变具有重要意义。

（一）德育与道德

德育，顾名思义，道德教育。由于文化传统以及对德育理解的不同，针对德育的概念与外延有着复杂的判断和推理。但不容置疑的是任何一个国家和社会都将德育作为学校教育中不可替代的影响儿童一生的教育。比如杜威说："凡是能阐明社会构造的事实，凡是能增加社会资源的能力培养，都是道德。""每一门学科、每一种教学方法，学校中的每一偶发事件都孕育着培养道德的可能性。"②檀传宝、王向阳等著名学者从国情、文化、历史方面探究了西方德育与中国德育概念与外延的不同。在观照他人研究的基础上本书首先从道德与德育的关系来厘清德育的内涵。

道德，是人类社会生活中所特有的，由经济关系决定的，依靠社会手段、个人良心维系的，并以善恶进行评价的原则规范、心理意识和行为活动的总和。在我国古代文献资料中，最早使用"道德"一词的是《管子》，"君之在国都也，若心之在身体也。道德定于上，则百姓化于下矣。"这是说如果统治阶级能以身作则，以道德教育百姓，则百姓就可以得到教化。但《管子》并未对其概念进行界定。在荀子之前，"道"与"德"各有自己的含义，从词源上"道德"又分为"道"与"德"。

"道也者，上之所以导民也。"（《管子》）"道也者，治之经理也。"（《荀子》）道，是指自然法则、行为的规律。总之，"道"有规律、必然、道路、合理、正当等含义，天有天道，人有人道。天道，自然事物事实如何的规律；人道，社会行为应该如何的规则。伦理学意义上的"道"，指人之所以为"人"应该遵循的行为准则。一个有德的人首先应该遵循一定的社会准则，"道"是德的对象和内容。

---

① 罗伯特·纳什. 德性的探询：关于品德教育的道德对话［M］. 李菲，译. 北京：教育科学出版社，2007：2.
② 杜威. 学校与社会明日之学校［M］. 赵祥麟，等译. 北京：人民教育出版社，1994：158+164.

"德"是会意字，在甲骨文中，"德"字的上部是"直"字，下部是"心"字，上直下心就是德。德就是"直心"，这个心从道德来讲，又讲良心、诚心、诚其意，正其心。心上有三点，左边那一点代表人的禀性，中间那一点代表着人的天性，即理性，右边那一下撇的点，则代表着人的习性。所谓克服禀性、改掉习性，那么天性就自然凸现。在金文和小篆中，德的字形增加了"彳"旁，有了行为和行动的意义。后又增加了目，即"明察，明断之意，但明察明断并不因目而有，有目并不一定能明察，能明察并不在于双目，明之本在心而不在目"。①

　　第一次把"道德"作为一个概念并赋予其与现代大体相同意义的是荀子，在《荀子》一书中，有12次将"道德"二字连用，并赋予它确切的意义。我们可以这样说"道德"一词是由荀子提出的一个新概念。② 如《荀子·劝学》中"故学至乎《礼》而止矣。夫是之谓道德之极。"在《荀子·强国》中提出"威"有三种，即"有道德之威者，有暴察之威者，有狂妄之威者"，认为"礼乐则修，分义则明，举错则时，爱利则行。如是，百姓贵之如帝，高之如天，亲之如父母，畏之如神明。故赏不用而民劝，罚不用而威行，夫是之谓道德之威"。自此，"德"与"道德"开始同时使用，但"德"更多指个人的品德，而道德则多指人的行为准则。

　　道德与教育结合起来就是通过教育使人学会一定社会的道德规范，遵从一定的行为准则。从古代教育和人性论观点出发，古代对人的教育和要求更多着眼于人的道德修养。因此德育作为事实古已有之，作为正式的称呼却是由于近代学科分化作为学校教育的一个重要的育人目标才逐渐发展起来的。

（二）"德育"的词源

　　古代无"德育"概念与词源，更没有人使用"德育"这个名称。古代德育与其他各育在人才培养中并未分开，且以"德"见长来定位人才，人才培养的内容与目标更多针对统治阶级的教化。"德育"是近代工业革命与教育民主化的发展随学科分化和教育对人产生的不同作用而将教育分化为德育、智育、体育出现的新概念和新名词。18世纪七八十年代，德国哲学家康德（I. Kant）把遵从道德法则培养自由人的教育称为"道德教育"（简称德育）或"实践教育"。英国学者斯宾塞（Herbert Spencer）在《教育论》一书中，把教育明确划分为"智育"（intellectual education）、"德育"（moral education）、"体育"（physical education）。③ 该词于20世纪传入我国。1904年，王国维以"德育"与"知育""美育"向国人介绍叔本华的教育思想；1906年，又将"德育""知育""美育"合称"心育"，与"体育"相提并论，论述教育的宗旨。1912年，蔡元培撰文阐述新教育思想，主张"军国民教育""实利教育""公民道德教育""世界观教育""美感教育"并举。在其影响下，国民政府同年颁布了"注重道德教育，以实利教育、军国民教育辅之，更以美感教育完成其道德"的教育宗旨④，从此德育开始成为我国教育界的通用术语。

---

① 罗国杰. 中国伦理思想史［M］. 北京：中国人民大学出版社，2008：54.
② 同①230.
③ 黄向阳. 德育原理［M］. 上海：华东师范大学出版社，2000：2.
④ 同③3.

二、德育的概念与外延

（一）德育概念解析

在教育界中，大多数学者认为学校的德育与伦理学体系中的德育概念（专指道德教育）不同，教育学上的德育，是相对于智育、体育、美育来划分的，它的范围很广，包括培养学生的思想品质、政治品质和道德品质。德育的"德"既包括"小德"，也包括"大德"。"小德"专指道德品质，而"大德"则是从更广义的德育范畴来界定的。个体的道德品质一般指品德，是哲学、政治思想、法纪观念和道德等形式的社会意识及其体现的社会规范的个体化，而品德的社会内容是外在的"道"，是社会的"思想道德"，是一定历史时期的社会规范。学校德育的范畴除思想、政治、道德方面的教育之外，还应当包括法制教育、心理教育、性教育、青春期教育，甚至还应包括环境教育、预防艾滋病教育等，通常被称作"大德育"。有关德育的概念具有代表性的观点如下：

（1）德育"是教育者根据一定社会或阶级的要求，有目的、有计划、有组织地对受教育者施加系统的影响，把一定社会思想和道德转化为个体思想意识和道德品质的教育"。这是20世纪90年代以前受苏联学者影响，一些德育教材对德育的界定。该概念认识到德育是一种有目的、有计划、有组织的教育活动，但这一概念把德育过程看成是一个外在灌输的过程，忽视了德育对象的主体性。

（2）1990年顾明远主编的《教育大辞典·教育学》的释义为："德育旨在形成受教育者一定思想品德的教育。在社会主义中国，包括思想教育、政治教育、道德教育。"①

（3）鲁洁认为："德育是教育者根据一定社会和受教育者的需要，遵循品德形成中的规律，采用言教、身教等有效手段，在教育者的自觉积极参与的互动中，通过内化和外化，发展受教育者的思想、政治、法制和道德几个方面素质的系统活动过程。"② 这一界定比较全面地揭示了德育的内涵和本质属性，同时对德育应遵循的原则、使用的手段和方式都有所表述，但这一概念容易把德育泛化，最后导致德育异化。

（4）有学者认为，学校道德教育，是教育工作者创设适合德育对象品德成长的价值环境，促进他们在道德价值的理解和实践能力等方面不断建构和提升的教育活动。这一概念从道德认知和实践两个方面认识到德育对象的主体性、建构性，有利于更准确地对德育进行科学定位，更深刻地理解德育的本质，更有效地推动德育改革。但这一概念在某种程度上忽视了中国传统与现实结合的德育情境，忽略了德育工作者作为德育引导者的主体建构。

（5）班华认为："德育即育德，也就是有意识地实现社会思想道德的个体内化，或者说有目的地促进个体思想品德社会化。'德'即个体'品德'，指人的个性品质中的德性。狭义上指其个体的道德品质；广义上指思想品德，包括思想品质、政治品质、道德品质。"③ 这一概念认识到了德育泛化的弊端，试图对中外德育在社会对人的要求与内部心灵的认同方面进行整合，通过对狭义德育的倡导克服广义德育带来的问题。但其对"德"的理解陷入了狭义德育的局限。

---

① 顾明远. 教育大辞典 [M]. 上海：上海教育出版社，1990：97.
② 鲁洁. 德育新论 [M]. 南京：江苏教育出版社，2000：129.
③ 班华. 现代德育论 [M]. 合肥：安徽人民出版社，1996：10.

（6）刘济良认为："德育是通过一定教育内容，采取引导、体验、实践等方式，促进教育对象思想觉悟、素质提升、生命发展，正确处理天、地、人、物、心等关系，知情意行合一，旨在促进德性成长、境界提升、生命完善的活动。"[①]

（7）王桂艳认为："德育是教育工作者创造适合德育对象品德成长的价值环境，通过一定教育内容，采取引导、体验、实践等方式，促进德育对象在道德价值的理解和实践能力等方面不断建构和提升，最终实现个体德性成长、生命完善、社会和谐的教育活动。"[②] 这个概念从德育的双主体出发，提出了德育工作者与受教育者主体间性的关系，是对学校德育工作相对学术化的表述。但事实是，德育一定是一定时代对一定情境的人的教育，离不开教育目标的厘定。

根据我国国情与学校德育实际，我们认为学校德育不仅仅是个体的道德品质教育，它应该是基于一定社会要求，根据一定德育目标，通过思想、政治、品德、法制、心理健康等教育，对学生进行基本道德品质的培养过程。1995年，我国颁布的《中学德育大纲》指出"德育即对学生进行思想、政治、道德和心理品质的教育"，1998年颁布的《中小学德育工作规程》规定"德育即对学生进行政治、思想、道德和心理品质教育"。将心理健康纳入学校德育工作的范畴，说明我国学校德育的外延其实已经超越了"社会意识教育"的范围。2012年6月，教育部颁布的《国家教育事业发展第十二个五年规划》在"加强和改进德育工作"部分中指出，"以社会主义核心价值体系建设为核心，把理想信念教育、爱国主义教育、公民道德教育和基本素质教育贯穿始终并融入教育教学全过程。"2017年1月，国务院颁布的《国家教育事业发展"十三五"规划》指出，各级学校要坚持"培育和践行社会主义核心价值观，不断提高学生思想水平、政治觉悟、道德品质、文化素养，让学生成为德才兼备、全面发展的人才"。同年颁布的《中小学德育工作指南实施手册》提出中小学德育工作必须着眼全局，将培育和践行社会主义核心价值观放在核心位置，将立德树人作为中小学一切工作的核心目标，培育青少年的"四个自信"，培养他们的良好思想品德和健全人格，为中国特色社会主义事业造就合格建设者和可靠接班人。其更具体、更全面地指出了学校德育工作的目标与任务。

（二）对中西方学者理解的差异诠释

传统的德育原理教材认为西方学者所言德育单纯指道德教育，即个体道德品质方面，与政治、法制等无关。我国学校德育则是将思想、道德品质、法制、心理健康教育纳入学校德育范畴。部分学者认为我们在进行学校德育和国际交流时应该考量这样的区别。这个说法忽略了西方社会与我国社会的文化与体制的差异。从历史的角度出发，人类最初的道德规范同其他社会意识方面的规范是浑然一体，融于习俗之中的。西方"德育"一词（拉丁语mores）原意即近于习俗，因此道德教育最初即为"习俗教育"，也即"社会意识教育"。到了近代，西方社会随着生产领域及社会生活领域的分化，社会关系日趋复杂化，民族与宗教文化的多元，尤其是强大的宗教文化基因与冲突，导致在进行公民教育时，为了避免社会矛盾，不得不将浑然一体的社会意识渐次分化，形成政治、法律、宗教、道德等相对独立的社会意识形态。道德规范成为独立的社会意识形态后，一方面同政治规范、

---

① 刘济良. 德育原理［M］. 北京：高等教育出版社，2010：5-7.
② 王桂艳. 德育与班级管理［M］. 北京：北京师范大学出版社，2015：5.

法律规范、宗教规范并存，另一方面又渗透着政治、法律、宗教的成分。① 所以，其在讨论学校德育的时候只能从道德品质出发。中国则不然，中国古代就以"道德"囊括各种社会意识，"天命之谓性，率性之谓道，修道之谓教"将人与天赋予同等位置，要求统治者要以人的天性去治人，将个体与群体统一起来。"所以中庸之道的政治，用现在的观念来表达，实际是以民为主的民主政治。不过古代因为受时代的限制，尚未能从制度把它建立起来，所以中国历史上未曾出现民主政治。而西方的民主政治的制度，只是在外在的对立势力的抗争中逼出来的，尚欠缺每人由性所发的中庸之道德积极内容，所以便会不断发生危机。"② 中国近代社会意识虽在分化中，但特殊的国情历史和文化传统都使民族思想有着强大的统一意识，表现在教育中，自然不能像西方社会那样分化鲜明，也不可能像西方社会那样因为宗教和各方势力对立具有鲜明的社会文化冲突。因此，在将我国德育与西方德育进行比较的时候要注意社会文化、历史、制度的不同，而不能单纯做区分。

三、我国大德育的合理性

（一）新中国成立以来我国学校德育内容的演变

（1）"德育即政治教育"（20世纪50—80年代）—"德育即思想政治教育"（20世纪80年代始）—以世界观、人生观教育为主的思想教育从政治教育中分化出来，成为德育的一个相对独立的组成部分。

（2）《中共中央关于改革和加强中小学德育工作的通知》中的"德育即思想品德和政治教育"（1988年12月）到《中国普通高校德育大纲（试行）》中的"德育即思想、政治和品德教育"（1995年11月）。

（3）1998年3月《中小学德育工作规程》中明确指出的"德育即对学生进行政治、思想、道德和心理品质教育"。

（4）2001年9月，中共中央印发了《公民道德建设实施纲要》，指出社会主义道德建设要坚持以为人民服务为核心，以集体主义为原则，以爱祖国、爱人民、爱劳动、爱科学、爱社会主义为基本要求，以社会公德、职业道德、家庭美德为着力点。

（5）2014年，《教育部关于培育和践行社会主义核心价值观进一步加强中小学德育工作的意见》明确提出，中小学应加强中华优秀传统文化教育、公民意识教育、生态文明教育、心理健康教育、网络环境下的德育工作。

（6）2017年教育部颁发的《中小学德育工作指南》明确指出，德育内容包括理想信念教育、社会主义核心价值观教育、中华优秀传统文化教育、生态文明教育、心理健康教育。不仅是从内容上进行了具体的阐述，同时针对德育的范畴和途径进行了导向性规定。

（7）2022年10月16日，中国共产党第二十次全国代表大会中，习近平总书记在二十大报告中指出，要广泛践行社会主义核心价值观。要弘扬以伟大建党精神为源头的中国共产党人精神谱系，用好红色资源，深入开展社会主义核心价值观宣传教育，深化爱国主义、集体主义、社会主义教育，着力培养担当民族复兴大任的时代新人。推动理想信念教

---

① 黄向阳. 德育原理 [M]. 上海：华东师范大学出版社，2000：4.
② 徐复观. 中国人性论史·先秦篇 [M]. 北京：九州出版社，2018：109.

育常态化制度化，持续抓好党史、新中国史、改革开放史、社会主义发展史宣传教育，引导人民知史爱党、知史爱国，不断坚定中国特色社会主义共同理想。用社会主义核心价值观铸魂育人，完善思想政治工作体系，推进大中小学思想政治教育一体化建设。坚持依法治国和以德治国相结合，把社会主义核心价值观融入法治建设、融入社会发展、融入日常生活。

（二）大德育的合理性

我国学校教育把政治教育、思想教育、道德教育、法治教育及心理教育等统称为"德育"，首先是从学校德育的工作实际出发，是相对智育、体育划分的，是基于培养具有一定社会要求的道德规范水平合格的公民，其范畴相对单纯的伦理范畴自然要大一些。狭义的德育概念则强调道德教育在德育工作中的地位，即个体的道德品质是德育工作的基础与内核。事实上，道德教育的确是思想教育、政治教育的基础。一个在基本的道德品质上不合格的人，在思想上、政治上亦很难有健康的追求，很难经得起人生的考验，更难担当社会、政治上的大任。道德教育只是作为个体社会化的基础和重要的组成部分，不是唯一的维度。道德教育如果不与政治、思想、法制等方面的教育结合起来，在逻辑和实施上都是不可思议的。

其次，大德育符合我国传统的教育文化传统。几千年的历史和文化传统都使我国民族思想有着强大的统一意识，表现在学校教育中自然不能像西方社会那样分化鲜明，而是更具有统一性。因此，将道德教育、政治教育、思想教育融为一体纳入教育的文化传统，全面实施社会意识教育，是我国学校教育的习惯和传统。

再次，大德育与当今世界教育改革的主流不谋而合，教育的民主化时代，培养负责任的公民是学校的根本任务。因此，除了品德教育，强化社会意识、进行法制教育、关注个体心理健康也成为现代社会赋予学校的功能。现阶段，世界各国比以往任何时候都更加强调对年轻一代政治、法制以及世俗的世界观与人生观的教育，并运用各种改革加强道德教育与政治教育、法制教育的联系。比如：日本 2006 年修订《教育基本法》，增加了对公共精神与传统的强调；美国教师教育与认证州管理者协会（NASDTEC）在 2015 年 6 月发布了美国《教育工作者专业道德标准》，提出专业的教育工作者应该意识到，公众对教育专业的信任建立在高水准的专业行为和责任感之上，其标准可能高于法律的要求，要求教育工作者应在学校共同体内外维护并提升教育专业的地位，对学生负责、对学校共同体负责，负责任并合乎道德地使用技术，认为师德具有社会道德整合的功能，能够引导受教育者的道德进步和健康积极的价值取向。

就我国传统教育及现代学校教育的功能来看，学校德育工作的确应该是大德育。当然坚持大德育必须有其坚持的基础，即承认大德育的核心或基础是个体道德品质的教育。所以，我们提倡以学校道德教育为主线，在现代社会文明合法性、合理性基础上，以培养学生的基本道德规范为核心，引领学校德育的实践。同时注意区分思想教育、政治教育、法制教育、心理健康教育的手段和方法。

（三）学校生活中的"道德领域"与"非道德领域"

在学校生活中，能够从道德上进行善恶评价的领域属于"道德领域"，不能从道德上进行善恶评价的领域属于"非道德领域"。① 在没有发生思想问题和行为问题时,没必要非得把学校生活的"道德领域"和"非道德领域"区分开来。发生思想问题或者行为失范的时候,才要进行严格区分。违背学校生活要求的思想和言行,如属"道德错误",被判为"失德"或"缺德",那就是"道德领域"中的事件,否则,就是"非道德领域"中的事件。

例如,学生因为能力不足或者身体特殊原因做错作业,并不是"道德错误"。学生做作业没有使用教师要求的方法而是用了另外一种方法,这算不上"失德",可能是发散性思维的表现。有的行为习惯需要纠偏,但不能将其定性为道德问题。有的人出现严重的政治问题和违法犯罪行为,不能将其仅仅认定为道德问题,因为政治问题和违法问题要比道德问题更为严重,是一种人生方向的错误。所以,把政治问题、违法问题等同道德错误来处理,是"大题小做";而把一些礼仪问题、习惯问题上升为失德,则有可能犯"小题大做"的错误。有的属于心理健康的问题,也不能归于道德问题。这里又存在一个公德与私德的问题,政治问题、违法问题在本质上属于公德的大是大非问题,习惯问题或者心理健康问题则属于私人领域的私德教养问题或者成长中的心理健康问题。

当然"非道德领域"和"道德领域"的区分不是绝对的,两者有时发生间接联系;在时间、地点转移的条件下,两者有时相互转化。所以,不能机械地坚持"道德领域"与"非道德领域"的划分,但相对区分仍是必要的。

第二节　德育的本质与功能

一、德育的本质

德育的本质和功能是德育理论的基本问题,对这两个问题的不同回答构成了不同德育观的内核。德育本质一直是中外德育理论谈论的焦点之一,几乎每一位德育理论家或教育家都有自己的观点。梳理中外专家对于德育本质问题的探讨,主要从德育产生的本原、德育本质的追求、个体的自我实现三个层面去考察。

当我们考虑美德,是否像哈奇逊博所言,存在于慈悲心或者慈善;或是否像克拉克博士所言,存在我们的行为合乎各种不同的人际关系的要求;或是否像其他某些学者而言,存在于审慎精明地追求我们自己真正的幸福:当我们这样考虑美德时,我们是在研究第一个问题。②

第一个层面是从德育产生的本原,认为德育是帮助人们维护社会秩序,完成个体社会化的活动,主要从社会与个人的关系角度讨论德育的本质,即道德教育的本质是使个人完成道德上的社会化。比如,早在先秦,孔子曰:"鸟兽不可与同群,吾非斯人之徒与而谁与?""斯人之徒",就是我与他人的共在,"与"则是一种关系。对孔子来说,与他人共在,并由此建立彼此之间的社会关系,是人的一种基本存在境遇。马克思在《关于费尔巴

---

① 黄向阳. 德育原理 [M]. 上海:华东师范大学出版社,2000:11.
② [英] 亚当·斯密. 道德情操论 [M]. 谢宗林,译. 北京:中央编译出版社,2010:341.

哈的提纲》中提到，"人的本质并不是单个人所固有的抽象物。在其现实性，它是一切社会关系的总和。"在人的本质属性里，人只有作为社会人，才能彰显其作为人的意义。因此，遵循以共同生活和共同利益为前提的一定社会准则，使其成为合格的社会人便成为当前学校德育最重要的任务。德育研究的转化论、适应超越论、规范说、生活说等观点都是以它为理论前提的。20世纪80年代初期到2000年左右的学术讨论与德育教材中都可以看到此类观点。

  第二个层面主要从德育的本质，追求善的本源出发，认为德育的本质就是教人做好人，教人学会"善的生存"。无论是我国古代还是西方都将"善"作为道德追求的终极。如，子曰："笃信好学，守死善道。"（《论语·泰伯》）孟子："恻隐之心，仁之端也；羞恶之心，义之端也；恭敬之心，礼之端也；是非之心，智之端也。"（《孟子·公孙丑上》）又如柏拉图的洞穴之喻，他将洞外的太阳比喻成可见的光明之父，是可知世界中理智和真理的最高源泉。这个理念就是"善"的理念。"善是一个最高的理念，人的正义、勇敢、节制、智慧等德性都从它而来。"① 当我们评价一个人的行为合乎道德的时候，核心的标准就是他在处理个人与他人和群体关系的时候，能将他人或群体放在优先的地位考虑，是一种利他行为的"善"。这种道德的善，在于帮助他人或者群体价值的实现，是一种超越个体具有外在工具性的规范，是个体通过成就他人实现自我德性，将外在规范内化为内在德性，追求善的趋向的本质追求。

  第三个层面是从个体的自我实现出发，认为无论是处在其间的境遇，或者利他行为，都是基于个体在处理人我关系、群己关系中自我价值的肯定。与为他之善相比，是一种追求自我实现内在的善，展现的是道德实践中道德主体与自我的关系。在这里，人的社会性的存在又成为个体寻求生存意义的价值追求。布拉德雷的"为什么我应当是道德的"将人的自我实现作为讨论对象，并把自我实现规定为道德的主要目的。"道德既是人存在的方式，同时也为这种存在（人自身的存在）提供担保。"② 其实无论是从社会与个人的关系出发，还是从个体自我实现出发，都离不开人的现实生活，都是人在寻求生命存在与价值意义存在对关系处理的选择。而对人的存在及作为存在的关系的真实理解，又回到了人的本身。个体首先是作为一种生命的存在，而生命本身的生产和再生产就构成了人现实存在所面临的基本问题，物质资料再生产为人的生命再生产提供最基础的物质担保，并伴随人类生活的全部历史，也是人类社会与动物界最根本的区别。这种生产使人的生命再生产区别于动物的繁育与生存。因此，生命再生产所依赖的物质资料再生产即社会分工，则构成人生命存在的社会意义。这个关系构成了社会成员存在方式的差别。分工又使社会成员之间形成不同形式的联系，形成更广泛的经济、政治、社会联系。因此，人的生命的意义从一开始便在本源上将人规定为一种关系的存在，就在于找寻自我存在价值的意义和与他人共在的意义。而这种意义就构成人的全部生活。因此，道德在生活中有两种存在状态：一是表现为道德主体的品质，称之为德性（品德）；二是表现为道德主体的行为，称之为"德行"。（或称之为道德生活、道德实践、德性生活）。道德在生活中的存在问题就是德性在人性、德性生活在生活中的存在问题。③

---

  ① 郑晓江，詹世友. 西方人生精神［M］. 南宁：广西人民出版社，1997：29.
  ② 杨国荣. 伦理与存在［M］. 北京：北京大学出版社，2011：25.
  ③ 檀传宝. 德育原理［M］. 北京：北京师范大学出版社，2007：65.

关于人性与道德生活、道德教育的本质我们可以做这样的概括：人性固然是生物性与精神性的统一，但人的本质却是对于生命质量或意义等精神性的祈求。① 道德生活与道德教育有多方面的功能，但其本质或本质功能却只有一个，那就是对于人的生活意义的求索和生存质量的提升。

二、德育的功能

教育存在的价值就在于人的社会化和个性化。现代社会显著的特点就是学校教育对人的教育起着主导性作用，学校在促进个体道德社会化与个性化的发展中承担了更多的职能。学校德育作为有目的、有计划、有组织的教育活动，对社会文化的整合、社会规范与秩序的建立、个体道德的自我实现、一定经济社会伦理的建构，乃至人与自然的和谐等都有着独特的作用和影响。这种影响和作用即是德育的功能。大致来说，德育的功能可分为社会性功能、个体性功能。

（一）德育的社会性功能

德育的社会性功能主要是指它在何种程度上对社会发挥何种性质的作用，即德育对于社会的发展能干什么，具体表现在哪些方面。德育的社会功能就是指德育对社会政治、经济、文化以及生态环境等方面发生影响的政治功能、经济功能、文化功能、生态功能。具体表现如下：

其一，促进社会稳定。具体表现为对一定社会共识文化的认同和影响，促进一定社会经济基础的规范和秩序的形成，达到对社会主流文化的整合。社会道德的意识、价值观念、心理定式并不仅仅以精神状态的形态存在，从现实性来讲，生活世界与制度之间往往相互渗透，作为制度运行者，人的参与过程始终伴随着道德的作用，并随社会实践与生活实践的不断重复，最终转化为被社会成员认可的制度化的事实。学校德育就是一定社会文化系统及稳定的社会规范与秩序在获得全体成员认可，承认其合法性与合理性存在，并愿意接受对其社会成员进行思想教化使其向理想状态发展的一种教育活动。在阶级社会表现为对其社会成员进行一定的思想政治控制与引导，通过教育、舆论、评价的方式，逐渐成为控制其社会成员的一种心理定式。占据统治地位的阶级总是利用德育维护、调整、完善一定的社会关系、生活方式、政治与经济制度，向年轻一代灌输其阶级意志与社会理想，约束人们的思想行为，以保证其统治地位；通过制定一定的道德标准和行为规范来约束人们的行为，协调各种社会关系，使其弘扬的主流道德意识和信念实现社会认同，维系社会共同体的稳定，而社会的稳定又为其观念提供担保。现代社会，随着社会经济、文化、信息的全球化与人类社会可持续发展的要求，人们日益认识到世界是一个命运相连的共同体，人类面临的重大问题具有整体性和全球性。2013年3月23日，国家主席习近平在俄罗斯莫斯科国际关系学院发表演讲，首次面向世界提出人类命运共同体理念。因此，当前世界各国的德育在强调其本国利益的同时，也极力强调人类的整体利益和长远利益。所以，现代德育的政治功能主要在于促进社会公正、和谐，维护国际和平、合作、团结，以利于人类的生存和发展。

其二，促进社会经济的发展。在现代社会中，经济与道德之间的相互影响更为强烈和

---

① 檀传宝. 德育原理[M]. 北京：北京师范大学出版社，2007：68.

直接。良好的道德教化在一定程度上能促进经济制度的良性发展。比如在信用关系得到普遍确认的社会条件下，向人借贷就意味着如期归还的承诺，并意味着不能如期归还则要承担的道德风险和法律风险。道德教育正是通过人们的道德品质、心理素质的培养，形成各种适应经济发展需要的观点、态度和行为习惯，影响社会经济的良性发展。因此，很多国家非常重视公民的道德教育，并给予大力的人力、物力支持。其具体做法是：第一，加大德育投资，把足够的人力、物力、财力花在道德教育上；第二，把德育纳入各种教育改革方案中，提高德育在学校和社会中的地位；第三，开设德育课程，如美国有公民课，日本有社会课，加拿大有道德价值教育课等。随着时代发展和国内外环境的深刻变化，推动社会进步已不仅需要高智能高技能的人才，还要求有高品质的人才，德育作为人才培养的动力机制，对提高未来劳动者的整体素质，推动社会经济发展有着重要的作用。

（二）德育的个体性功能

德育的个体性功能是指德育对德育对象个体发展能够产生的实际影响，主要表现在对个体生存、发展、享用三个方面发生影响，其中享用功能是德育个体性功能的本质体现和最高境界。

1. 德育的个体生存功能

人首先是一种伦理关系的存在，伦理关系中所规定的义务，则以具体的道德自我为承担者，即个体是道德实践的主体。德育的核心任务就是要赋予每一个个体以一定社会主流的价值观、道德原则和行为规范，使之在社会性的生活中生存、发展。比如我国2015年修订的《中小学学生守则》，就是从积极培育和践行社会主义核心价值观，进一步增强中小学德育的针对性、实效性，根据现代中小学生发展的新特点出发修订的。德育的个体生存功能是个体作为"类"的主体站在与"类"同一角度，是个体适应社会生活一种超越性的价值系统和规范，其本质是利他的。

2. 德育的个体发展功能

德育的发展功能是指德育对个体品德结构的发展促进作用。主要表现在：一是德育有利于形成和发展个体的道德人格。个体的道德人格受多方面的影响。德育的任务就是依据个体品德发展的特点，创设一定的道德情境，使个体品德的心理图式在成长过程中不断被同化、异化，最终形成与社会相适应的丰富的个体道德人格特质。德育正是通过对个体品德核心部分的影响，对青少年个性形成和发展起定向作用、塑造作用和矫正作用。二是德育在学校全面发展中发挥着特殊的作用。德育虽然是相对智育、美育等活动来划分的，有各自的目标和任务、教育内容和侧重点，遵循不同的发展规律，但这并不意味着它们之间彼此独立、毫不相干。恰恰相反，作为教育活动的一个有机组成部分，德育与其他活动彼此相联、相互影响，共同作用于人的素质的全面发展，同时德育在各育的发展过程中，解决的恰恰是人的发展的方向问题。赫尔巴特认为："道德普遍地被认为是人类最高目的，因此也是教育的最高目的。"[①] 因此，离开德育无法谈教育。

3. 德育的个体享用功能

德育的个体享用功能根植于德育活动的超越性本质。道德及其教育首先实现的是人存

---

① 张焕庭. 西方资产阶级教育论著选［M］. 北京：人民教育出版社，1979：260.

在的生命价值，以及基于基本生存的需要必须通过遵循一定社会规范获得一定的利益价值。随着人类社会物质文明的高度发展，对于道德的需要逐渐从以生命价值、物质利益为主升华为以精神价值追求为主。在德育活动中，"个体享用性"的实质是让个体在道德学习与生活中领会、体验道德人生的幸福、崇高、人格尊严与优越，并通过践行，完成道德追求，实现个体道德境界升华，具有审美价值的一种诉求。

（1）德育可以满足个体精神发展的需要。

人是一种双重生命的存在，兼具自然生命与精神生命的双重属性，其中精神生命是人区别于动物的最主要特征。德育的主要任务是培养品德高尚的人，这种品德高尚的人不仅仅追求物质需要的满足，更重要的是关注自身精神层面的满足。德育活动可以促使个体追求一种崇高的精神境界，实现道德上的超越，达到精神上的愉悦与享受。

（2）高尚的道德行为能使人感到快乐。

个体高尚的道德行为能够给自己带来直接的享受，即助人为乐。在帮助他人的过程中，个体会获得一种内心的满足感。德育通过教人与人为善，培养个体的高尚道德行为，使个体收获道德快感，从而发挥德育的个体享用功能。

（3）优良的德性可以让人享受美好生活。

真正幸福的生活是建立在美德之上的，拥有美德的人才可能获得幸福生活。学校德育的一个重要任务就是培养品德卓越的人。只有不断发展个体自身的德性，个体才能体认与享用世界之美好生活。

第三节　德育的产生与发展

德育是一个社会历史现象，是社会生活规范与秩序建构的需要。人类的德育历程在不同的民族或文化中演绎的轨迹并不完全相同，大多数学者根据传统对教育历史形态进行划分，认为德育从社会发展形态来讲大体经历了原始社会的习俗性德育、古代德育和现代德育三个阶段。一定意义上，三种不同性质的德育反映了不同社会对人的发展的不同要求。

一、习俗性德育

习俗性德育是指人类社会早期即原始社会以习俗性道德为教育内容并通过习俗与生活去实施的道德教育形态。在原始社会，由于生产力极端低下，劳动大多属于集体劳动，劳动产品实行平均分配，几乎没有剩余产品，生产资料以公有制为基础。脑力与体力劳动融合，没有实行完全的社会分工，社会规范简单。德育处于原始的形态，以习俗性为主，表现为以下几个特点：

第一，全民性。在原始社会，维护氏族、部落的团结或存在是整个社会最重要的任务之一，道德教育成为维护其氏族或者部落社会存在的重要的组成部分，因此，当时的道德教育是教育的核心内容，是人人参与的全民性教育。

第二，融合性。德育活动表现为社会生活与生产实践的融合性，这是原始形态德育的主要标志和特点，是一种生活式德育，这种德育的目的在于维护原始社会的公共生产与公共生活。

第三，习俗性。由于生产、生活、教育是一体的，道德教育是在习俗中存在和发展的，以习俗的传承为主要内容。儿童的行为规范主要通过日常生活以及参加宗教或各类节庆的仪式、歌舞、竞赛等形式教育养成；德育以培养年轻一代对神灵与首领的虔敬、对年长者的尊敬、对氏族与部落的责任的理解、对原始宗教仪式的掌握以及形成其他社会习俗所鼓励的道德品质等为主要目标。例如在史诗《伊利亚特》和《奥德赛》中，希腊人歌颂了诸如虔敬、好客、勇敢、节欲、自制等品德，而其中最受重视的是虔敬和对父母的孝顺。

习俗性德育首先是指学校教育产生以前，原始社会中存在的德育形态。学校德育产生之后，习俗性德育形态本身实际上也一直在人类生活中以另外一种方式延续，只是由于阶级的产生，德育的功能更多体现为统治阶级和社会稳定服务。家庭和社会生活的教育一直与学校德育并行存在。这种道德教育，可以称为生活德育或者世俗德育。随着教育民主时代与教育普及化的来临，生活德育逐渐纳入学校德育层面，学校德育与生活德育之间的界限越来越模糊。普及教育时代，学校教育成为每一个人走向社会的必经之路，学校则成为改良社会文化的重要场域和组织。

二、古代德育

古代德育是指随着学校教育的产生，原始社会的德育开始从生活中分化出来形成独立的德育形态，主要是指奴隶社会、封建社会的学校德育。虽然不同国家、不同民族、不同社会德育的内容和方式有所不同，但受经济发展与教育的阶级性影响，古代德育呈现以下相同的特点：

（一）有组织的学校教育

这是古代德育与原始德育最主要的区别。当教育从社会生活和社会生产中分化出来，成为独立的社会活动的时候，学校便成为一种有组织的教师培养学生品德的专门的社会组织。学校教育更多的是培养统治阶级的接班人，承担维护社会上层建筑的职能。

（二）等级性

古代学校教育处于奴隶制国家和封建制国家，具有鲜明的阶级性和等级性。学校教育从教育者、受教育者到整个教育目的、教育内容、教育过程都受制于统治阶级的利益需要。只有一定社会地位的子弟才有资格接受正规教育，教育目的就是培养维护其统治地位的神职人员和官员，教育内容也是围绕这一目的去安排和组织的。由于维护等级性的统治秩序的需要，也由于个人德性（臣民德性）在统治效率上的作用，古代社会对道德教育高度重视。[1] 可以这样说，古代的教育几乎等同于道德教育。在信奉基督教的国家，教育的目的是皈依上帝和人性的救赎，读、写、算等只是提高修养以及与上帝沟通的工具。在我国古代，德性始终是学校教育的首要主题，也是选拔人才的第一标准。比如："天之本质为道德。而其见于事物也，为秩序。"[2] 尧 "克明俊德，以亲九族。九族既睦，平章百姓；百姓昭明，协和万邦；黎民于变时雍"（《尚书·尧典》），选拔君王重在德，"在今后嗣王，酣，身厥命，罔显于民祇"（《尚书·酒诰》）；纣王以为天命落在自己身上，却不知

---

[1] 檀传宝. 德育原理［M］. 北京：北京师范大学出版社，2007：9.
[2] 蔡元培. 中国伦理史［M］. 北京：中华书局，2014：4.

天命要显于民,并且民情较天命为可信。在印度,一个儿童能否被古儒(研究印度佛经的教师)接受,取决于孩子的德性,因为人们认为,只有品德优良的人才有资格学习《吠陀经》等。

(三) 神秘性

古代德育具有一定的神秘性,这和生产力低下有关。当人们无法解释一些奇怪的现象时,神灵的启示便成为主宰人们生活的意义和目标,也使这种神秘的文化成为统治阶级进行道德教育统治的工具。中世纪时期,僧侣获得知识教育独占权,教育本身大部分含有神学性,宗教成为统治社会的精神文化。随着基督教成为官方宗教,"利用基督教神学为封建统治的'神圣性'和'合理性'进行辩护,认为人人应该信仰上帝,服从教会和教皇。"① 在印度,以及在信奉伊斯兰的国家,学校德育的情况基本相似。古代中国是一个例外,是因为古代中国更多将人的力量与责任觉醒于自然与宗教之上,认为人可以改变一切。由于西方学校教育受制于教会等宗教势力,将信仰与道德联系起来,在信仰的目标下谈道德学习成为这一时期学校道德教育的特征。

(四) 专制性

古代德育的主要目的就是维护奴隶制和封建制的生产关系以及与之相适应的上层建筑,其弘扬的教育内容与思想具有明显的奴役性、专制性,"这种德育是一种专制奴役性的德育,扼制人的思想和创造精神的德育,这种德育的强制奴化性多于发展性"②。比如我国古代的家长制,实行尊重秩序的家长之道。如"三纲者,何谓也。谓君臣、父子、夫妇也"(《白虎通义·三纲六纪》),"君之所命,民必从之。"③

三、现代德育

现代德育指工业革命以后的资本主义国家和社会主义国家的学校德育,随着现代国家教育的民主化而产生。现代德育是以商品生产和等价交换的商品经济为基础,提倡民主、自由、平等的现代社会下的学校德育。其与古代德育相比呈现以下特点:

(一) 学校德育的民主化

现代德育与古代德育鲜明的对比就是教育的民主化,即面向所有人。学校德育的民主化与整个现代社会经济、政治和教育体制的民主化是联系在一起的。近代教育的重要特征之一就是学校教育的普及,教育的培养目标主要培养合格的、为社会负责任的公民,公民教育成为很多国家实施道德教育的重要途径。参与教育活动的主体,教与学双方都已经"平民化"。教育的依据不再是天命或者上帝,而是社会发展、个体成长的现实需要。

(二) 学校德育的世俗化

学校德育的世俗化就是宗教教育与学校道德教育的分离,学校德育不再单纯受制于宗教,而是从国民出发,教育的内容开始从神性回归现实。在中世纪或古代教育中,学校德育往往受制于宗教势力或者王权,道德教育的目标、内容、方法等都带有宗教性质。现代国家的核心是全民的秩序,基于宗教文化的多元与私人性有可能导致社会意识的多元,为

---

① 郑金洲. 教育文化学 [M]. 北京:人民教育出版社,2019:52.
② 胡厚福. 德育学原理 [M]. 北京:北京师范大学出版社,1997:83.
③ 蔡元培. 中国伦理史 [M]. 北京:中华书局,2014:60.

了避免教派冲突对学校教育的干扰，欧美各国的公立学校在不同程度上实行了宗教与教育的分离。我国实行的也是学校教育与宗教分离的原则。道德教育与宗教教育的分离意味着人作为主体的时代的觉醒，对于学校德育具有划时代的意义。

（三）学校德育的科学化

学校德育的科学化是指随着现代教育民主的来临，教育学、心理学、社会学的发展，德育的目标、内容、方法、途径开始遵循合法、合理性依据，并以人的身心发展为主展开。德育作为教育理论的一部分开始成为一种被人们关注的科学研究。科学化将是德育理论发展的常态。如果要概括地说明现代德育的特征，我们认为最主要的应当是现代德育的民主和科学特性。德育的现代化的本质是德育的民主化和科学性的增强。理解这一点对于正在努力实现现代化的中国社会和中国教育来说至关重要。

思考题

1. 德育的概念是什么？
2. 如何理解学校德育的"大德育"框架？
3. 如何理解德育的社会功能？德育的个体性功能表现在哪些方面？
4. 原始社会道德教育的主要特点有哪些？
5. 如何理解古代德育的等级性、神秘性和经验性？
6. 如何理解德育现代化的特征？

第二章 德育的目的与内容

学习目标

1. 了解德育目的的功能与依据；
2. 了解新中国成立以来德育目标的演变；
3. 熟悉我国中小学的德育目标及各个学段的目标；
4. 重点掌握新时代学校德育的主要内容。

本章知识结构图

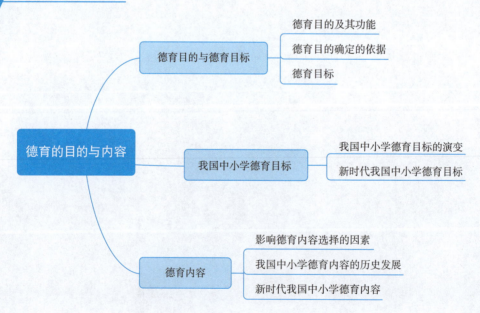

第一节　德育目的与德育目标

德育目的与德育目标是德育研究的一个重要范畴，德育目的回答的是为什么进行德育的问题，是对德育的主观预期和价值设定，是德育活动预先设定的结果和德育活动追求的终极目标，是德育活动所要生成或培养的品德规格。德育目标是德育目的的具体化，是德育目的的层次化表述，不同学段的学校德育目标都有所不同。

一、德育目的及其功能

（一）德育目的的理解

教育始终是一项引导"人"成为"人"的事业，是一项以人为目的的事业。培养什么样的人、怎么培养、为谁培养是教育目的核心所在。通常，我们将学校教育目的定义为社会对教育所要造就的社会个体的质量规格的总的设想或规定。作为教育组成部分的德育，其目的则是指对一个受过教育的人的品德状态或总体特征的设想。从育人本质上来讲，德育目的是教育目的的最高目的，在学校教育工作中，作为德智体美劳之一的德育工作又是教育目的的具体化。德育目的在德智体美劳的五育中起着方向性作用，是人们对学校德育活动与德育过程的主观预期和价值设定，带有一定的主观性与理想化倾向。因此，德育目的虽然是对受教育者的品德状态的设想，但它其实表达的是对受教育者的某种总体道德行为方式特征的设想，是社会对其合格公民在道德层面总体形象特征的设想。

德育目的作为一种对德育活动预期结果的设定和对受教育者道德行为方式的规定，具有以下特性：

其一，价值导向性。相对于"目标"，"目的"表明活动要实现的意愿，为活动指明方向。因此，德育目的具有一定的价值性，是观念层面的一般化、导向性规定，而非具体的行为或结果规定。

其二，结果预期性。德育目的是在活动前对活动结束后受教育者的品德发展状态做出的规定，它体现了社会和国家对受教育者的理想品德状态的期待，具有预期性或理想性。这也表明，德育目的是对受教育者现有品德发展状态的一定超越。

其三，发展可能性。德育目的是由国家或政府依据社会发展需要和受教育者品德发展的基础与需要两个方面的考量，对受教育者理想品德状态设定的预期，具有促进受教育者发展的可能性。一个有效和合理的德育目的必然具有可能性，否则它将失去存在的必要。

此外，由于人是特定社会和历史中的人，德育目的表达的又是对道德上受过教育的人的观念预期，因而它还具有历史性、阶级性和民族性。同时，德育目的也具有反映人类共同要求的特点，就是说，在特定时代中，人类对道德上受过教育的人的特质有一个基本的共同认识。

（二）德育目的的功能

德育目的在德育理论和实践中占据十分重要的位置，这主要表现在它对德育活动和德育对象品德发展这两个方面的作用。

1. 对德育活动的作用

第一，导向功能。德育目的是对受教育者道德达到一定程度的规定，为德育提供总的指导思想或宗旨，规定德育的方向，发挥引导和激励的作用，避免德育活动的盲目性和随意性。首先，德育目的对各级学校德育的发展具有统一规划的作用。学校德育是一个围绕德育目的从低到高一体化的系统，小学、中学德育的培养目标虽然各有侧重，但都是以德育目的的实现为最终目标。我国二十大报告明确指出，要用社会主义核心价值观铸魂育人，构建大、中、小一体化的思想政治课体系。其次，德育目的为学校德育组织的建设，德育制度的建设，包括德育内容、德育课程、德育方式等确定指明了方向和衡量的最高准则。最后，在具体的德育实施过程中，德育目的是支撑教育者坚定德育方向，积极从事德育活动，随时检视自我行为的价值导向和评判标准。

第二，调控功能。德育目的在指引和激励德育朝预定的方向发展的同时，也发挥调整和支配作用，避免德育偏离预定的方向，确保其稳定性和有效性。宏观而言，德育目的调整和支配着各级学校德育的总体发展，调节学校德育、家庭德育和社会德育在推动受教育者品德发展上协调一致、形成教育合力，确保所有受教育者品德发展方向的一致。同时，在一定历史阶段对德育改革、德育规划和德育制度的调整也具有一定的调整和支配作用。微观层面，德育目的是教育者设计和制定具体的德育教学或活动目标的依据，是德育工作者确定德育内容、选择德育方法和手段、设计德育活动形式等总的指导思想。

第三，评价功能。德育所有的活动和过程都是以德育目的为出发点和归宿，因此检验德育活动有效与否的最根本标准是是否达到了德育目的的要求和规定。当然，在教育过程中，德育活动是按照阶段性德育目标完成教育教学任务，德育目的是德育过程总的目标和规定。所有的具体德育目标的评价标准均来源于德育目的。因此，德育目的是德育活动评价的最高准则，当某个阶段的德育目标评价标准与德育目的方向不一致的时候，就需要根据目的对目标和具体的评价标准进行修正。

2. 对受教育者的作用

德育最终的目的是对受教育者产生作用，在具体的德育情境与活动中，教师依据德育目标设计和调整德育活动，德育目的的功能不仅对教育者的道德教育有一定的指引方向，同时对受教育者的道德学习也具有积极的作用，主要表现在两个方面：

第一，引导功能。德育目的是对受教育者成为具备一定道德规格的人的设想和规定。对于教育者而言，它是一种任务规范，规定和引导教育者以此为依据展开德育活动，发展受教育者的品德。对于受教育者而言，它是一种理想的道德人格形象，是其道德发展的奋斗目标，是形成道德观念和行为发展的动因。如果受教育者了解和内化了德育目的，就能诱发其内部的道德动机，促使他们积极地参与德育活动，主动展开道德学习。一个良好的德育目的如果被受教育者深切地理解后，就能逐渐成为他们自身的道德信念，激发其道德学习和道德修养的动机，从而促使其提升道德需要的层次，激发更高层次的道德追求。

为国而学的钱伟长[①]

"九一八事变"后,我国青年学者纷纷弃文从理,要科学救国。其中一个典型的例子就是著名的学者钱伟长。钱伟长的父亲和叔父都是文化饱学之士,他是现代大儒钱穆先生的侄子,从小接受了良好的传统经典教育。小学时期,钱伟长主要学习语文和历史,青年时期的钱伟长对自然科学的兴趣越来越浓,但理工科目的成绩却不理想。他在大学的入学考试中历史和语文成绩分别是 100 分和 99 分,但数、理、化、英文四门课成绩很低。1931 年,报考大学时,他被清华大学等五所高校同时录取。他按照叔父钱穆提议,进入了清华大学历史系。钱伟长入学后不久,就发生了"九一八事变",这给他的思想带来了强烈的刺激。在强烈的爱国心驱使下,他最终下定决心,准备转学物理系。当时,清华大学物理系主任、著名物理学家吴有训,最初并不同意钱伟长转学物理,因为他的理科基础太差。钱穆当时也对他说,他这基础想学物理简直就是空中楼阁。但这并未让钱伟长退缩,经过一个星期的软磨硬泡,吴有训终于被钱伟长的诚意所感动,同意钱伟长到物理系试读。钱伟长十分高兴,回去拼命地学习数理化等科目。那一年,他除了吃饭、睡觉,把全部时间和精力都用在物理、数学和普通化学上。功夫不负有心人,第一学期结束,钱伟长的物理考试及格了。第一学年期末考试,他的数学、物理、化学以及外语等科目的成绩都得了 80 多分,得到了素以严格著称的吴有训教授的认可。和他一同转学物理系的五个人中,仅有他一个人坚持了下来,最终成为我国著名的物理学家。

第二,规范功能。德育目的规定了受教育者理想的道德人格形象。它既是一种道德理想追求,也是一种规范要求,表达了国家和社会不赞成或不认可的受教育者的形象特征或行为方式。比如,对于小学低段学生来讲,这种规范作用更为明显。依据科尔伯格的道德发展理论,这个学段儿童的道德发展一般处于习俗水平的好孩子定向阶段,即根据社会和他人对"好孩子"的期望和要求选择道德行为。德育目的的表达的恰恰是社会、国家、教师和家长对他们的道德期望。因此,在德育过程中,教师引导受教育者了解德育目的蕴含的道德规范和标准,会对儿童的道德行为起到一定的规范和约束作用。对道德发展阶段相对较高的学生来说,德育目的的这种道德规范会成为他们自觉调整和约束自己的道德行为,自觉克服不良倾向的影响力。

德育目的对受教育者具有引导和规范功能,以受教育者明了德育目的为前提。在德育过程中,教育者适时地实施目标教学,展示德育目的的内容,使受教育者清楚德育目的、理解德育目的的意蕴,既有助于德育目的对受教育者功能的有效发挥,也有助于德育活动的开展和受教育者品德的自主发展。因此,德育目的不仅要掌握在教育者手中,也需要被受教育者理解和内化。

二、德育目的确定的依据

德育目的作为教育目的的组成部分,受一定社会人才培养目标的限制,有主观因素和客观因素。主观因素是指德育目的受当时社会人性假设和制定者理想人格追求的影响。客

---

① https://baike.so.com/doc/5685046-5897730.html.

观因素主要指一定社会历史条件、民族文化及受教育者身心发展状态。客观评价和认识德育目的确定的依据，有助于德育目的制定者合理把握影响德育目的制定的主客观因素，确保德育目的制定的科学性，也有助于德育工作者深刻理解和领会德育目的的精神内核，从而更有效地开展德育工作。

（一）影响德育目的确定的主观因素

德育目的表现的是一种价值预设，是一种教育活动中人的价值的选择。不同社会关于人性的思想和理性人格的认知决定了教育对培养对象品德规格的设计。因而不同社会占据统治地位阶层的人性观与理想人格决定了德育目的确定的差异。

1. 人性的认识与理解影响德育目的的确定

教育的对象和目的是人，不同的人性论决定了不同的道德人格理想的追求。我国古代认为人首先是道德的动物，不论孟子主张性善，还是荀子主张性恶，道德都被认为是人区别于动物的主要甚至唯一特性。如孟子的人禽之辨："人之所以异于禽兽者，几希，庶民去之，君子存之。舜明于庶物，察于人伦。由仁义行，非行仁义也。"（《孟子·离娄下》）几希，就是人与动物最根本的区别，是一个本身含有无限扩充可能性的善端。孟子认为教育的作用就在于对仁义礼智四种善端存而养之，扩而充之；荀子认为教育的作用在于化性起伪。他们都认为，理想的道德之人应该是具备完美道德人格的人，即具备圣贤人格的人，德育的目的就是成圣成贤。

与中国"人""禽"之别的人性论不同的是，西方人性论取向于"人""神"之殊[①]。认为人的德性的完满最终要通过"神"对人的启示以及人自身的理性自律来实现，德性是在不断追逐神性的途中完成。比如西方理性哲学的开创者柏拉图认为，教育的目的在于启发人的理性，认识绝对理念，使人"成为有理性的人"，认为人是一种政治的动物，德育目的就是培养服务于国家的忠诚的政治人才。存在主义者和柏格森认为人是一种非理性的动物，德育目的就是发展人的生命力及其存在价值。

2. 道德意识与观念影响德育目的的设定

人性假设影响人们对理想道德形象或道德人格的设想，当一定的道德形象被社会认同，就会形成具有普遍约束的道德意识与观念，影响德育目的的制定。当一定的道德意识与观念通过教育、舆论被社会成员接纳、认同，内化为群体的行为习惯和信念时，便会制约和引导个体的行为。比如在中国传统社会中，"父子有亲，君臣有义，夫妇有别，长幼有序，朋友有信"（《孟子·滕文公上》）等主流的道德观念构建了亲子、君臣、夫妇、兄弟、朋友等基本社会伦理，并以此引导人们处理社会关系的行为。因此，道德不仅仅是一种道德观念，还是个体与他人和谐相处应该遵循的一种价值原则与规范。而这种价值原则与规范只有被个体知晓、理解、内化为个体的习惯性行为和坚守的信念，形成稳定的心理品质，即德性的产生，道德的社会化才算完成。对人的道德形象与道德内容有不同的理解，人们对受教育者品德关注的侧重点就有所不同。

3. 教育思想影响德育目的的确定

德育目的除了受人们的人性观和道德观的影响，还受到教育思想的影响。不同的教育

[①] 李建国. 中西方道德教育理论中的人性预设之比较与启示 [J]. 汉江大学学报（社会科学版），2015（5）：100.

思想，就有不同的教育价值观，德育目的就有可能不同。相同的教育思想基础，其目的也会有差异。如卢梭和裴斯泰洛齐都是个人本位论者，卢梭认为，德育的目的在于培养自立自治的自然人，发展人的自由天性，这与他的自然主义教育思想有关。裴斯泰洛齐认为，德育的目的在于发展人的各种天赋力量和基本德性，这与他的和谐教育思想有关。教育价值观决定德育目的，每一个教育家所秉持的理想人格和关注点都可能存在差异，德育目的也会有所不同。

(二) 影响德育目的确定的客观依据

在德育活动中，德育目的的存在及表现形式是主观的，但其内容和形成的基础是客观的，具有客观现实性，受不同历史阶段社会对人才品德的需求、一定政治经济文化的影响和受教育者品德发展的需要制约。

1. 一定社会对受教育者品德发展的要求影响德育目的的确定

人是特定历史时期和社会中的人，教育培养的人首先应该是能适应特定社会发展需要的人。因此，不同的社会发展状况对受教育者的品德发展有不同的需要和要求，也就决定了德育目的有不同的性质和内容。

社会对受教育者品德发展的作用，主要是根据一定社会的生产力和政治经济制度对人才的需求来决定的。古代社会中，社会生产力发展水平较低，等级制和教育的特权性质使培养符合当时社会的政治人才成为学校教育的目标。无论中国古代培养"圣人"的德育目的，还是西方培养"僧侣"或"牧师"的德育目的，都是致力于培养社会的统治者，其政治品质占据着主导地位。进入工业社会，随着商品经济的发展，民主教育的来临，适应市场经济、注重契约的义利观成为学校教育的主要目标。民主教育时代，人的主体性凸显，人们对道德的认识已不仅仅停留在遵守社会规范、适应社会发展需要的层面上，社会环境的日益复杂化对人的道德判断、道德选择和道德批判能力均提出了更高的要求，也使学校教育需要重视培养具有一定道德判断、选择和批判能力的人。德育目的鲜明的阶级性决定了任何一个社会阶级都会根据它的政治利益和经济利益，对受教育者的道德品质提出特定的要求，以使其成为符合统治阶级需要的人。

2. 文化认同与传统影响德育目的的确定

随着世界经济一体化和文化的交流与融合，教育的发展开始趋同。但生活在特定国家和民族中的人都有其相对独立文化的传统，培养适应特定文化传统的人也是其教育目标之一。比如，我国传统文化重视集体主义的教育，国家对人的社会性和民族性强调较多，因此我国德育目的的社会本位色彩较浓，注重培养受教育者具备国家和民族意识、集体观念，重视引导和激发他们振奋民族精神，增强民族凝聚力，树立民族自尊心、自信心和自豪感。欧美国家具有很深远的民族宗教传统，德育目的受宗教思想影响较多，虔诚、信仰等成为其德育目的的重要内容。尽管现代学校社会意识与宗教分离，但其社会道德系统依然受强烈的宗教信仰影响。

3. 受教育者的身心发展水平与需要制约德育目的的确定

德育的对象是人，是人的品德的形成。德育的实质就是把一定社会的思想政治准则、法纪道德规范转化为受教育者个体的品德。因此，人的身心发展规律水平、需要和状况，尤其是品德发展规律和水平，是制约德育目的的一个重要因素或依据。受教育者的品德应当达到什么规格和标准，既要反映社会需求，还要考虑受教育者的身心发展水平，尤其是品德发展的规律和需求。如果不考虑受教育者的身心发展规律和水平，制定出来的德育目的就有可能违背教育规律，过低或者过高的要求均不利于受教育者现有的身心发展水平。此外，德育目的虽然是国家根据社会发展需要、民族文化传统等提出来的，但德育目的最终通过对个体品德的培养而实现。如果制定的目的无法激起受教育者的道德学习的欲望，就很难真正促进受教育者的品德发展。因此，在一定程度上，德育目的应该关照受教育者的身心发展需要，尤其是个体品德发展的需要。

三、德育目标

德育目的体现的是社会对各级各类教育培养人的品德状态的总体要求，是具有价值导向的一般性描述，且多是观念层面的。在实际的德育过程中，一般性的德育目的需要落实为具有针对性和可操作性的具体的德育目标，这样才能有效地指导德育实践。可以说德育目标就是德育目的的具体化。要将德育目的转化为学校教育工作的具体指导，首要任务就是实现德育目的向德育目标的转化，这是一个将德育目的层次化的过程。[①] 学校德育工作又是一个系统工程，在设置德育目标的时候还要注意学段、内容的衔接性，这又是一个序列化的过程。

（一）德育目标的层次化

德育目标的层次化是指将德育目的分解为不同层次的德育目标。第一个层次表现为系统目标的分类，是指将德育目的分解为某一类德育目标，然后根据不同类别的德育目标进一步分解为具有可操作化的具体德育目标。这种分解又具有序列化的特点。

1. 依据学校教育的层次和类型分解德育目标

依据学校教育的层次和类型分解德育目标，表现为纵向（学段）与横向（教育性质）层次分解。从层次上来说，学校教育分为小学、中学和大学。德育目标可以划分为小学德育目标、中学德育目标和大学德育目标。从类型上说，学校教育分为普通教育和职业教育，因此存在普通教育的德育目标和职业教育的德育目标的分类。这种目标分类主要是根据学校教育的任务和目标进行的。

2. 依据德育目的对人的品德规格划分德育目标

依据德育目的的构成划分德育目标，实际上是对德育目的内容的分解。例如日本的《教育基本法》规定：教育必须以完成陶冶人格为目标，作为和平的国家及社会的建设者，要培养爱好真理和正义、尊重个人的价值、注重劳动与责任、充满独立自主精神的身心健康的国民。这一德育目的共有七方面的德育目标：完美品格的拥有者、和平国家及社会的创建者、热爱真理和正义者、尊重个人价值者、重视勤劳与责任者、充满自主精神者、身心共同健康的国民。美国全国教育协会教育政策委员会将其民主教育的目的分为四大类目标，即自我实现的目标、人际关系的目标、经济效率的目标和公民责任的目标。

3. 依据德育工作的内容划分德育目标

在我国，学校德育工作包括思想教育、政治教育、道德教育、法律教育和心理教育

---

① 檀传宝. 德育原理［M］. 北京：北京师范大学出版社，2007：138.

等。《中华人民共和国教育法》第六条规定：教育应当坚持立德树人，对受教育者加强社会主义核心价值观教育，增强受教育者的社会责任感、创新精神和实践能力。国家在受教育者中进行爱国主义、集体主义、中国特色社会主义的教育，进行理想、道德、纪律、法治、国防和民族团结的教育。因此，新时代我国中小学德育内容就包括五大方面的内容，即理想信念教育、社会主义核心价值观教育、中华优秀传统文化教育、生态文明教育、心理健康教育，并根据这五大方面制定相应的德育目标。

4. 依据品德构成的因素分解德育目标

依据对品德结构的理解，德育目标可以做相应的划分。比如根据品德是由知、情、意、行四种要素组成的说法，德育目标可以分为道德认知目标、道德情感目标、道德意志目标和道德行为目标。在新一轮基础教育课程改革中，德育课程目标从知识技能、过程与方法、情感态度与价值观三个维度具体规定了德育目标。

（二）德育目标的序列化

德育目标的序列化是指德育目的在分解为德育目标的过程中实际上是一个目标体系序列化的过程。每一类的德育目标都是围绕德育目的构建的完整系统。比如从学校德育目标来说，表现的是学校从下到上的相互衔接的德育系统工程。按照纵向系统来说，则要构建大中小一体化的德育体系，即根据不同学段不同学生身心发展的特点科学实施。我国2017年颁布的《中小学德育工作指南》就是将中小学德育目标按学段从低到高分为四个学段目标，四个学段的目标总体上呈现由浅入深、螺旋上升的形态。每个学段都要全面系统地实施旨在培养责任意识、树立"四个自信"、促进全面发展的德育总目标的要求。不同学段的具体内容、途径和方法也要依据学生的认知与实践能力而有所不同。此外，同一层次学校中不同年级在同一德育目标上也有不同的要求。不同的分类有助于我们从不同的角度理解德育目标，也有利于德育目的的落实和德育实效的提高。但是，无论从何种角度划分德育目标，都要合理地反映和兼顾德育目的的要求。

第二节　我国中小学德育目标

一、我国中小学德育目标的演变

中华人民共和国成立以来，我国中小学德育目标随社会主义建设的不同时期对教育要求的不同，呈现出不同的特点。李泽林、伊娟认为我国学校德育呈现三次主要的转型，即中华人民共和国成立初期的"为社会主义经济建设和政治服务"、改革开放以来"为社会主义精神文明建设服务"、十八大以来围绕社会主义核心价值观贯彻落实"立德树人"根本任务。[1] 洪婕通过对我国70余年德育政策的历史变迁研究，提出了我国学校德育制度建构的理论依据，为我们分析我国德育目的的历史沿革提供了一定的借鉴。在综合借鉴他人研究的基础上，根据我国社会主义建设的不同时期的教育目的，我们对德育目标发展的演变进行简略的回顾与分析。

---

[1] 李泽林，伊娟. 新中国成立70年学校德育价值取向的三次转型 [J]. 中国教育科学，2020, 3（2）：85-94.

(一) 新中国成立初期的中小学德育目标

1949—1956 年，我国教育面临的主要任务是改造旧教育，建立新的教育体系，德育处于创建时期。这一时期的学校德育工作，主要以推行社会主义新德育为主线，受当时政治与阶级斗争、社会主义公有制改造的影响，德育表现为构建国民公德体系初创期。

1949 年 9 月，中国人民政治协商会议通过的《中国人民政治协商会议共同纲领》第四十二条规定：提倡爱祖国、爱人民、爱劳动、爱科学、爱护公共财物为中华人民共和国全体国民的公德。1952 年教育部颁布了《小学暂行规程（草案）》和《中学暂行规程（草案）》。其中指出，小学的德育目标是：使儿童具有爱国思想、国民公德和诚实、勇敢、团结、互助、遵守纪律等优良品质。中学的德育目标是：发展学生为祖国效忠、为人民服务的思想，养成其爱祖国、爱人民、爱劳动、爱科学、爱护公共财物的国民公德和刚毅勇敢、自觉遵守纪律的优良品质（《中学暂行规程（草案）》第三条）。培养具有"五爱"国民公德的新民主主义社会的成员成为中小学的德育目标，这一目标集中在道德品质上。

1953 年，随着社会主义改造的第一个五年计划的开始，学校德育开始将政治品质的培养纳入中小学德育目标。1954 年 6 月 5 日，政务院（现为国务院）公布《关于改进和发展中学教育的指示》，指出中学的德育目标是"树立社会主义的政治方向，培养辩证唯物论世界观的基础和共产主义的道德"。

(二) 社会主义全面建设时期的中小学德育目标

1956—1966 年是我国全面建设社会主义的时期。学校教育在这一时期进入全面贯彻社会主义教育方针的时期，德育目的随之发生变化。受"左"倾政治运动的影响，这一时期德育的政治化倾向突出，德育目的以强调培养学生的思想政治品质为主，基本道德品质和个性的培养被忽视。

1958 年中共中央、国务院发布的《关于教育工作的指示》明确提出：党的教育工作方针是教育为无产阶级的政治服务，教育与生产劳动相结合。为了实现这个方针，教育工作必须由党来领导。由此，学校德育明确了为社会主义政治服务的价值取向，加强学生思想政治品质的培养。1959 年 7 月 16 日教育部颁布的《教育部印发〈中等学校政治课教学大纲（试行草案）〉的通知》指出：中等学校政治课的任务，是以共产主义道德和社会发展常识、政治常识、经济常识、辩证唯物主义常识、党的方针政策等内容教育学生，培养学生共产主义道德品质、工人阶级的阶级观点、群众观点和集体观点、劳动观点即脑力劳动和体力劳动结合的观点、辩证唯物主义观点，提高学生的思想政治觉悟，清除资产阶级思想的影响，发展独立思考、明辨是非的能力，并为进一步学习马克思、列宁主义打下初步基础。

20 世纪 60 年代初，在"调整、巩固、充实、提高"八字方针的影响下，学校教育工作进行了调整。1963 年颁布了《全日制小学暂行工作条例（草案）》《全日制中学暂行工作条例（草案）》。小学生的培养目标是：具有爱祖国、爱人民、爱劳动、爱科学、爱护公共财物等品德，拥护社会主义，拥护共产党；具有初步的阅读、写作和计算的能力，具有初步的自然常识和社会常识，具有良好的学习习惯；身心得到正常的发展，具有健康的体质，以及良好的生活习惯和劳动习惯。中学的德育目标是：使学生具有爱国主义和国际主义精神，具有共产主义道德品质，拥护共产党的领导，拥护社会主义，愿意为社会主义事业服务，为人民服务；逐步培养学生的工人阶级的阶级观点、劳动观点、群众观点和辩证唯物主义观点。

（三）"文化大革命"时期的德育目标

1966—1976年"文化大革命"期间，我国的学校德育逐渐走上单一的思想政治取向的道路，德育内容形成了绝对一元化的政治文化结构。有学者称这个阶段是德育激进制度断裂的阶段[①]。学校德育工作遭到前所未有的破坏，很多做法违背了基本的教育规律，弱化了学校教育的育人功能，整个教育体系开始变得混乱。

（四）改革开放初期的中小学德育目标

1978年党的十一届三中全会后，随着改革开放基本国策的提出，教育进入了恢复和新的发展时期。这个时期伴随着市场经济的全面深化，中小学的德育目标开始从注重思想政治教育到关注个体品德教育和全面构建以人为本的德育体系的建设。

1988年12月25日颁布的《中共中央关于改革和加强中小学德育工作的通知》指出：现在的中小学生是二十一世纪社会主义建设的主力军。他们的思想道德和科学文化素质状况，不仅是当前社会文明程度的体现之一，而且对我国未来的社会风貌、民族精神有着决定性的影响。从现在起，就必须努力把他们培养成为有理想、有道德、有文化、有纪律的一代新人。

1993年，国家教委（现为教育部）颁布了《小学德育纲要》。规定小学的德育目标是：培养学生初步具有爱祖国、爱人民、爱劳动、爱科学、爱社会主义的思想感情和良好品德；遵守社会公德的意识和文明行为习惯；良好的意志、品格和活泼开朗的性格；自己管理自己、帮助别人、为集体服务和辨别是非的能力，为使他们成为德、智、体全面发展的社会主义事业的建设者和接班人，打下初步的良好的思想品德基础。

1995年，国家教委（现为教育部）颁布了《中学德育大纲》规定中学的德育目标是：把全体学生培养成为热爱社会主义祖国的具有社会公德、文明行为习惯的遵纪守法的公民。在这个基础上，引导他们逐步树立科学的人生观、世界观，并不断提高社会主义思想觉悟，使他们中的优秀分子将来能够成长为共产主义者。

（五）20世纪初期的中小学德育目标

2001年，《中共中央关于印发〈公民道德建设实施纲要〉的通知》提出，根据党在社会主义初级阶段的历史任务，当前和今后一个时期，我国公民道德建设的指导思想是：以马克思列宁主义、毛泽东思想、邓小平理论为指导，全面贯彻江泽民同志"三个代表"重要思想，坚持党的基本路线、基本纲领，重在建设、以人为本，在全民族牢固树立建设有中国特色社会主义的共同理想和正确的世界观、人生观、价值观，在全社会大力倡导"爱国守法、明礼诚信、团结友善、勤俭自强、敬业奉献"的基本道德规范，努力提高公民道德素质，促进人的全面发展，培养一代又一代有理想、有道德、有义化、有纪律的社会主义公民。

根据《公民道德建设实施纲要》的指导意见，2002年教育部颁布了《全日制义务教育品德与生活课程标准（实验稿）》，其中"品德与生活"的课程目标是"培养具有良好

---

① 洪婕. 新中国70年德育政策的历史变迁研究——基于历史制度主义的分析视角[J]. 中国德育，2019（18）：19-24.

品德和行为习惯、乐于探究、热爱生活的儿童"，"品德与社会"的课程目标则是"促进学生良好品德形成和社会性发展，为学生认识社会、参与社会、适应社会，成为具有爱心、责任心、良好的行为习惯和个性品质的社会主义合格公民奠定基础"。

2004年《中共中央国务院关于进一步加强和改进未成年人思想道德建设的若干意见》提出：坚持以马克思列宁主义、毛泽东思想、邓小平理论和"三个代表"重要思想为指导，深入贯彻十六大精神，全面落实《爱国主义教育实施纲要》《公民道德建设实施纲要》，紧密结合全面建设小康社会的实际，针对未成年人身心成长的特点，积极探索新世纪新阶段未成年人思想道德建设的规律，坚持以人为本，教育和引导未成年人树立中国特色社会主义的理想信念和正确的世界观、人生观、价值观，养成高尚的思想品质和良好的道德情操，努力培育有理想、有道德、有文化、有纪律的，德、智、体、美全面发展的中国特色社会主义事业建设者和接班人。

2010年，教育部颁布《中小学文明礼仪教育指导纲要》，分别规定了小学、初中、高中的文明礼貌教育目标。小学：重在培养学生良好文明习惯。让学生掌握基本的礼貌、礼节规范，在学习、生活实践中初步养成讲文明、讲卫生、讲秩序、讲公德的良好习惯。初中：在培养学生养成文明习惯的基础上，让学生理解学习文明礼仪的意义。培养说文明话、办文明事、做文明人的意识。培养热心参与、友好交往的能力。能够自觉规范自己的行为举止，完善个人素养。高中：让学生了解礼仪的渊源和内涵，掌握做人做事的原则和方法，提高合作、参与、交往的能力，培养乐观、豁达、积极向上的性格，形成对家庭、社会和国家的责任感，树立社会主义公民意识。

2012年11月8日中国共产党第十八次全国代表大会报告中提出了"三个倡导"，即"倡导富强、民主、文明、和谐，倡导自由、平等、公正、法治，倡导爱国、敬业、诚信、友善，积极培育和践行社会主义核心价值观"。在社会主义核心价值观基本内容中，富强、民主、文明、和谐是国家层面的价值目标，自由、平等、公正、法治是社会层面的价值取向，爱国、敬业、诚信、友善是公民个人层面的价值准则。

2014年4月，《教育部关于培育和践行社会主义核心价值观进一步加强中小学德育工作的意见》（教基一〔2014〕4号）指出：社会主义核心价值观是中国特色社会主义的本质体现。培育和践行社会主义核心价值观、加强中小学德育是推进中国特色社会主义事业的必然要求，是深化教育领域综合改革、促进学生健康成长的现实选择。针对当前的新形势新要求，要求各地要切实把立德树人作为教育的根本任务，培育和践行社会主义核心价值观，进一步增强中小学德育的时代性、规律性、实效性。

2016年，教育部办公厅发布了《关于2016年中小学教学用书有关事项的通知》，规定从2016年起，义务教育小学和初中起始年级"品德与生活""思想品德"教材名称统一更改为"道德与法治"。义务教育德育教材名称的变化，意味着道德教育以及与道德密切相关的法治教育的目标得以凸显。在义务教育阶段，学生的道德和社会性发展已经成为最基础的德育目标。中小学德育目标的制定逐渐摆脱了单纯政治上的考量，开始回归教育实践自身的逻辑。

二、新时代我国中小学德育目标

面临新时代，新的世界格局和产业形态，2017年1月，国务院颁布的《国家教育事业发展"十三五"规划》（国发〔2017〕4号）再次指出，要"把立德树人作为教育的根本任务，培养德智体美全面发展的社会主义建设者和接班人。要遵循教书育人规律、遵循学生成长规律，以学生为体，以教师为主导，创新育人模式，培育和践行社会主义核心价值观，不断提高学生思想水平、政治觉悟、道德品质、文化素养，让学生成为德才兼备、全面发展的人才"。为深入贯彻落实立德树人根本任务，加强对中小学德育工作的指导，切实将党和国家关于中小学德育工作的要求落细落小落实，形成全员育人、全程育人、全方位育人的德育工作格局，2017年8月教育部印发的《中小学德育工作指南》，对我国中小学德育工作提出了具体详细的指导意见，根据中小学生身心发展给出了学段的分目标。小学低段培养基本行为习惯、小学高学段养成良好行为习惯，初中形成社会规范意识，高中学段形成正确的世界观。与以往不同的是，将小学阶段分为低学段和高学段，充分体现了学校德育目标的具体可操作性。

纵观此前我国学校的德育目的，可以看到，德育经历了为新民主主义社会服务，到为无产阶级政治服务、为无产阶级政治斗争服务，又到为社会主义现代化建设服务的过程。其间，德育目的的价值取向经历了政治取向渐趋增强、关注个体品德发展，再到以人为本的社会主义核心价值观发展的过程。受教育者的品德要求也由单纯的"五爱"的国民公德，发展到纯粹的政治品质，最后发展到以"五爱"为基础的"四有"，再到学生全面发展。德育目的的沿革反映了我国社会主要矛盾的发展变迁对德育需求的变化。

在《中小学德育工作指南》中，中小学德育总体目标被表述为："培养学生爱党爱国爱人民，增强国家意识和社会责任意识，教育学生理解、认同和拥护国家政治制度，了解中华优秀传统文化和革命文化、社会主义先进文化，增强中国特色社会主义道路自信、理论自信、制度自信、文化自信，引导学生准确理解和把握社会主义核心价值观的深刻内涵和实践要求，养成良好政治素质、道德品质、法治意识和行为习惯，形成积极健康的人格和良好心理品质，促进学生核心素养提升和全面发展，为学生一生成长奠定坚实的思想基础。"德育目标一方面体现着我国教育以立德树人为根本任务的总体方向，体现着思想道德、理想信念和价值观念的先进性；另一方面又提出要尊重学生的认知发展特点和思想道德实际，从学生的社会生活、道德生活、法律生活、政治生活等多个方面提出要求，尊重学生的社会生活实际，使德育目标具有可行性，不断提高中小学生的公共道德水平以及社会参与能力。

《中小学德育工作指南》依据中小学生的身心发展规律和学校教育教学特点，将德育目标按学段从低到高分为四个学段目标，每个学段都要全面系统地实施旨在培养责任意识、树立"四个自信"、促进全面发展的德育内容，但不同学段的具体内容、途径和方法要依据学生的认知与实践能力而有所不同。四个学段的目标总体上呈现由浅入深、螺旋上升的形态。

小学低年级的德育目标为：教育和引导学生热爱中国共产党、热爱祖国、热爱人民，爱亲敬长、爱集体、爱家乡，初步了解生活中的自然、社会常识和有关祖国的知识，保护环境，爱惜资源，养成基本的文明行为习惯，形成自信向上、诚实勇敢、有责任心等良好品质。

小学中高年级的德育目标为：教育和引导学生热爱中国共产党、热爱祖国、热爱人民，了解家乡发展变化和国家历史常识，了解中华优秀传统文化和党的光荣革命传统，理解日常生活的道德规范和文明礼貌，初步形成规则意识和民主法治观念，养成良好生活和行为习惯，具备保护生态环境的意识，形成诚实守信、友爱宽容、自尊自律、乐观向上等良好品质。

初中学段的德育目标为：教育和引导学生热爱中国共产党、热爱祖国、热爱人民，认同中华文化，继承革命传统，弘扬民族精神，理解基本的社会规范和道德规范，树立规则意识、法治观念，培养公民意识，掌握促进身心健康发展的途径和方法，养成热爱劳动、自主自立、意志坚强的生活态度，形成尊重他人、乐于助人、善于合作、勇于创新等良好品质。

高中学段的德育目标为：教育和引导学生热爱中国共产党、热爱祖国、热爱人民，拥护中国特色社会主义道路，弘扬民族精神，增强民族自尊心、自信心和自豪感，增强公民意识、社会责任感和民主法治观念，学习运用马克思主义基本观点和方法观察问题、分析问题和解决问题，学会正确选择人生发展道路的相关知识，具备自主、自立、自德、自强的态度和能力，初步形成正确的世界观、人生观和价值观。

第三节 德育内容

德育目标的实现需要通过与之相适应的德育内容对受教育者进行系统的教育，才能达到预期的目标。德育内容是指德育活动所要传授的具体道德价值与道德规范及其体系，是一定社会培养和教育年轻一代的道德世界观、道德价值观、道德原则和规范的总和。德育内容具有一定的社会历史性，不同历史时期的德育内容各不相同。

一、影响德育内容选择的因素

一定社会历史条件下的德育内容是根据一定社会的政治、经济、文化发展状况，一定社会的教育目的和德育目标以及受教育者身心发展规律和年龄特征确定的。其中社会发展状况是影响德育内容的根本性因素，教育目的和德育目标、受教育者身心发展是影响德育内容的直接因素。德育的社会历史性，也使德育内容随着社会的发展变迁被传承和扬弃。

（一）社会发展状况是影响德育内容选择的根本性因素

任何社会的德育内容反映的都是一定社会政治制度、社会意识形态，是由一定社会生产力和科技发展水平相适应的社会经济基础决定的。原始社会、古代社会、现代社会由于社会历史形态的不同，其德育内容具有不同的特点。人的本质首先是一种关系的存在，道德规范调整的首先是人与人之间的利益关系。这种关系包括两个方面的内容，第一是生命再生产的存在，第二是物质再生产的存在。生命再生产产生的是一种亲缘、邻里关系，而物质再生产则是基于社会分工而产生的关系存在。因此不同社会的生产关系不同，其调整的规范就不同。原始社会道德规范调整的是以血缘关系为核心的集体主义，因此维护氏族部落利益，勇敢、勤劳、忠诚成为其道德的主要内容。奴隶社会、封建社会的道德法则具有浓厚的等级色彩，不同阶层之间有不同的道德要求。现代社会的市场经济契约性、民主性、平等性，使现代社会的德育内容趋向平等、自由、民主。

（二）教育目的和德育目标是制约德育内容的直接因素

教育目的规定了培养人才发展的根本方向，德育作为教育的组成部分既服务于教育目的，又为学校的德育内容提供了直接的依据。学校的德育内容必须根据教育目的、德育目标的要求来确定。在社会本位的教育目的下，德育内容侧重于社会所需的价值观、品质和规范的教育；在个人本位的德育目的下，德育内容侧重于个人自由、权利和尊严的教育。我国古代道德教育目的是培养圣贤人格，圣贤人格的表现之一就是"忠孝"，因而"忠孝"教育是主要的德育内容之一。西方古代道德教育目的的宗教性较强，因而虔敬教育是其主要内容。现代社会，学校德育既要考虑社会需要，更要兼顾个体发展的需要进行德育活动的设计，主体教育理论的兴起，更为现代学校德育的实践提供了一个方向。因此，培养年轻一代的道德选择和判断能力则成为现代学校德育的一个主要内容。

（三）受教育者品德发展规律直接影响德育内容的内在因素

国家根据德育目的规划了学校的基本德育内容框架或主题，但是不同阶段的受教育者品德发展的水平和需要是有差异的，因此各级各类学校必须根据受教育者品德发展的规律，合理地选择德育内容，设计内容的广度和深度，这样才能使学校的德育内容和活动促进受教育者品德的发展与需要，实现预期的德育目标。这点与德育目的的层次性和序列化对德育内容的影响是一致的。不同历史时期，由于社会的政治经济、文化的不同，对受教育者的要求不同，其思想发展的水平也会不同；同一时期，学生品德实际发展水平也存在年龄与个体差异。因此要使学校的德育具有针对性和时效性，必须与受教育者品德发展的规律与实际需求契合。

（四）民族文化传统是影响德育内容的历史因素

民族文化传统是影响德育内容的另一重要因素。从历史的发展来看，在不同的历史文化传统中，都存在着不同历史时期的理想人格典范。理想人格往往折射了一定时期的历史需要，当这种理想人格在历史的演进中不断被确认和肯定的时候，便成为一种传统被延续。比如说尧让位于舜的故事，反映了中国重天下更甚于重一家的群体关怀意识，并被作为一种教化思想传承。由于文化传统的差异，中西方的学校德育内容会有不同的侧重点。因此，在开展德育时，就要求教育者不但要吸收我国传统文化中积极健康的内容，而且要注意吸收和借鉴不同文化传统中积极健康的内容，丰富现有的德育内容体系。此外，一个国家中不同少数民族的文化传统也会影响德育内容的选择，这就更加需要教育者在传授德育内容时注意文化的差异与理解共融的问题。

二、我国中小学德育内容的历史发展

中华人民共和国成立以来，我国中小学德育内容随不同时期的政治、经济和社会背景的不同发生变化，形成了各具典型的时代特色的德育内容。

（一）1949—1977年社会主义公德教育时期

中华人民共和国成立初期，我国学校的德育面临改造旧德育和推行社会主义新德育的两大任务。为了适应新社会的政治、经济、文化，培养有社会主义觉悟的有文化的劳动者，提出以"五爱"为核心的公德教育、学习雷锋精神、以阶级斗争为主的政治教育和民主纪律教育作为学校德育的主要内容。

1952年颁布的《小学暂行规程（草案）》《中学暂行规程（草案）》提出以"五爱"为核心的国民公德教育，1953年开始逐步将政治品质纳入培养方案。1958年9月9日，中共中央、国务院发出《关于教育工作的指示》，正式提出"教育必须为无产阶级政治服务，必须与生产劳动相结合"的教育方针。这一时期学校德育呈现以提高学生的社会主义觉悟为德育的中心任务，强调教育与生产劳动的结合，注重德育的社会教育作用。

英雄人物高尚品德的学习成为中小学德育的重要内容。1963年2月15日，共青团中央发出《关于在全国青少年中广泛开展"学雷锋"的教育活动的通知》，并得到毛泽东的肯定，全国中小学普遍开展学习雷锋精神的教育活动。雷锋精神不仅丰富了当时的德育内容，也反映出当时特定社会需要的政治品质，这些道德品质对于塑造学生的理想人格有很大的促进作用。雷锋精神影响了几代人的成长。

1957年8月27日，教育部、中国共产主义青年团中央委员会联合下发《关于对中学和师范学校学生进行社会主义思想教育的通知》，将下半年度的政治课内容改为"以反右派斗争为中心的社会主义思想教育，目的在于使学生受到一次实际的阶级教育，提高社会主义思想觉悟，明确在社会主义大革命时代中青年学生的任务和学习的目的"[①] 同时又强调在中学和师范学生中一般不开展反右派斗争，不开斗争会，不出大字报。

强化纪律教育是这一时期中小学德育教育的另一特点。1953年政务院《关于整顿和改进小学教育的指示》第8条规定："对小学生的教育，应该依靠耐心的说服教育，既要禁止采用体罚和斗争等粗暴方式，又要反对放任不管。应该加强纪律教育，使学生养成自觉遵守纪律的习惯。"[②] 1955年《小学生守则》颁布，围绕学生日常生活和学习规定的各项行为准则与品德要求，让学生成为好学生，纪律教育成为该时期的重点。此后，纪律教育成为中小学德育的一个重点。

（二）1978—2000年社会主义现代德育体系的探索与发展

这一时期，随着市场经济改革的不断深化和德育理论的发展，中小学德育开始关注品德教育发展的规律，从中小学生的身心发展规律出发，划分了大、中、小不同的德育目标，注重各个学段之间内容的衔接，构建了以爱国主义教育、理想教育为核心，基本政治常识、社会公德、社会发展常识、行为习惯教育组成的规范化的德育体系。

1986年5月国家教委颁布的《全日制小学思想品德课教学大纲》指出：根据小学生的知识水平和接受能力，适当删减了原《大纲》教学要点中要求过高的一些内容；使小学思想品德课的教学要求更加明确，更加有针对性，更加符合小学生的年龄特点。通过以"五爱"和"五讲四美"为中心的社会公德教育和社会常识教育（包括必要的生活常识、浅显的政治常识以及同小学生生活有关的法律常识），从小培育学生社会主义国家公民应有的良好的思想品德和行为习惯，为使他们成为有理想、有道德、有文化、有纪律的社会主义建设各类人才打下初步的思想基础。教材内容及教学方式注重与中小学生活实际贴近，多选取同龄人的故事，符合儿童身心发展的规律，注重名人英雄事迹的榜样教育。

1992年颁布的《九年义务教育全日制小学思想品德教学大纲（草案）》，规定了小学德育应当从热爱祖国、热爱共产党、热爱人民、热爱集体、文明礼貌和遵纪守法、努力学习和热爱科学、热爱劳动和艰苦奋斗、保持良好品格、辩证唯物主义观九个方面的内容出发。教材内容开始注重学生的社会交往，注重市场经济条件下的义利观的培养。

1996年颁布的《全日制普通高级中学思想政治课课程标准（试行）》和1997年颁布

---

① 教育部、中国共产主义青年团中央委员会关于对中学和师范学校学生进行社会主义思想教育的联合通知 [N]. 教育公报，1957-08-27.

② 中央人民政府政务院关于整顿和改进小学教育的指示 [J]. 山西政报，1953（24）：61-63.

的《九年义务教育小学思想品德课和初中思想政治课课程标准（试行）》，首次提出要将小学、中学思想品德课程作为一个整体设计课程结构和教学目标的要求。要求德育课程的建设要与时俱进，增加时代感。增加国情、国策教育，删除"繁、难、偏、旧"内容，更新教育观念，发挥学生主体作用，推进素质教育。比如小学低年级教育内容增加"大胆提问"，小学三到五年级增加"主动寻找答案"。六七年级增加"勇于探索和创新"。明确提出要培养学生的创新精神和实践能力。可以说这一时期"改革开放不仅引领我国教育向现代化迈进，而且成为德育变革的关键转折点，德育实现了从'以阶级斗争为纲'到为全面培养人才服务的转变。"[①]

（三）2000 年以来，现代德育体系的全面建设期

进入 2000 年，伴随着普及教育和基础教育改革的全面开启，发挥学生主体地位，构建以人为本的德育体系进入全面建设期。中小学德育内容在继承与发展的基础上，以学生个体的生活生命为主，法治教育、学生身心健康教育、确立社会主义核心价值观成为新时代国民教育的核心，加强中华优秀传统文化教育和生态文明成为新时期的主题。

1. 法治教育成为中小学德育的一个重要方面

2000 年 12 月，中共中央办公厅、国务院办公厅颁布《关于适应新形势进一步加强和改进中小学德育工作的意见》，提出要把思想政治教育、品德教育、纪律教育、法治教育作为中小学德育工作长期坚持的重点，遵循由浅入深、循序渐进的原则，确定不同教育阶段的内容和要求。2002 年《中宣部、全国妇联、共青团中央、教育部、环保总局、广电总局关于实施中国"小公民"道德建设计划的通知》颁布，活动内容为：在全国儿童中大力倡导"爱国守法、明礼诚信、团结友爱、勤俭自强、敬业奉献"的基本道德规范，广泛开展"我做合格'小公民'"的宣传教育、实践创新和评选展示活动。推出"小公民"的社会道德"五小"行动，作为儿童普遍认同和自觉遵守的行为准则。2002 年《教育部、司法部、中央综治办、共青团中央关于加强青少年学生法制教育工作的若干意见》提出，要坚持法制教育与思想政治教育相结合，要根据不同学龄阶段学生的生理、心理特点和接受能力，有针对性地开展法制教育，逐步将法制教育纳入教学大纲，纳入教学计划。2016 年，基础教育阶段思政课程的教材统一改为部编教材并更名为"道德与法治"。这是 1949 年中华人民共和国成立以来，"法治"二字第一次出现在义务教育阶段的政治课程名称。

2. 关注中小学生身心健康教育成为学校德育的一项重要工作

1999 年《中共中央国务院关于深化教育改革全面推进素质教育的决定》明确提出，要"加强学生的心理健康教育，培养学生坚韧不拔的意志、艰苦奋斗的精神，增强青少年适应社会生活的能力"。同年教育部出台《关于加强中小学生心理健康教育的若干意见》，指出除与原有思想品德课、思想政治课及青春期教育等相关教学内容有机结合外，还可利用活动课、班团队活动，举办心理健康教育的专题讲座。在 2011 年修改颁布的课程标准中，强调要加强学生的生命教育，通过各种教育实践使学生爱惜生命、尊重生命，与大自然和谐相处，做一个积极健康、富有责任感的合格公民。

3. 社会主义核心价值观的确立

2012 年 11 月 8 日党的十八大指出，学校的根本任务是立德树人，要在加强社会主义

---

① 李泽林，伊娟. 新中国成立 70 年学校德育价值取向的三次转型［J］. 中国教育科学，2020，3（2）：85-94.

核心价值体系建设的基础上培育和践行社会主义核心价值观，形成了涵盖国家层面、社会层面、公民层面的"富强、民主、文明、和谐，自由、平等、公正、法治，爱国、敬业、诚信、友善"价值取向。自此，社会主义核心价值观不仅成为全社会的共同价值规范和行为准则，也是学校立德树人的核心。2016年12月全国高校思想政治工作会议上，习近平总书记指出："要坚持把立德树人作为中心环节，把思想政治工作贯穿教育教学全过程，实现全程育人、全方位育人，努力开创我国高等教育新局面。"[1] 2017年中共中央办公厅、国务院办公厅印发《关于深化教育体制机制改革的意见》，指出"要健全立德树人系统化落实机制，强调要构建以社会主义核心价值观为引领的大中小幼一体化德育体系"。

4. 加强中华优秀传统文化教育

2014年《教育部关于培育和践行社会主义核心价值观进一步加强中小学德育工作的意见》指出：各级教育部门和中小学校要深入开展中华优秀传统文化教育，弘扬以爱国主义为核心的民族精神和以改革创新为核心的时代精神，引导学生增强民族文化自信和价值观自信。要深入浅出地讲清楚中华优秀传统文化的历史渊源、发展脉络、基本走向，让学生逐步明白中华文化的独特创造、价值理念、鲜明特色。要加强中国特色社会主义宣传教育和中国梦主题教育活动，探索形成爱学习、爱劳动、爱祖国教育活动的有效形式和长效机制。改善时事教育，举办中小学时事课堂展示活动，用鲜活事例教育广大学生，引导他们逐步树立中国特色社会主义的道路自信、理论自信、制度自信。尊重学生个性发展，帮助学生树立积极向上的个人理想，引导他们自觉将个人理想与祖国发展紧密联系起来，为个人幸福、社会进步、国家富强而不断成长。

5. 生态文明成为学校德育工作的一个新主题

2014年《教育部关于培育和践行社会主义核心价值观进一步加强中小学德育工作的意见》指出：加强生态文明教育。各级教育部门和中小学校要普遍开展生态文明教育，以节约资源和保护环境为主要内容，引导学生养成勤俭节约、低碳环保的行为习惯，形成健康文明的生活方式。要深入推进节粮节水节电活动，持续开展"光盘行动"。加强大气、土地、水、粮食等资源的基本国情教育，组织学生开展调查体验活动，参与环境保护宣传，使他们认识到环境污染的危害性，增强保护环境的自觉性。加强海洋知识和海洋生态保护宣传教育，引导学生树立现代海洋观念。并将其相关内容编入道德与法治的课程体系里。

三、新时代我国中小学德育内容

为全面贯彻党的十八大和十八届三中、四中、五中、六中全会精神，深入贯彻落实习近平总书记系列重要讲话精神，落实立德树人根本任务，不断增强中小学德育工作的时代性、科学性和实效性，2017年教育部颁布《中小学德育工作指南》，规定中小学德育内容包括以下几个方面：

（一）理想信念教育

开展马列主义、毛泽东思想学习教育，加强中国特色社会主义理论体系学习教育，引导学生深入学习习近平总书记系列重要讲话精神，领会党中央治国理政的新理念、新思

---

[1] 习近平.把思想政治工作贯穿教育教学全过程 开创我国高等教育事业发展新局面[N].人民日报，2016-12-09.

想、新战略。加强中国历史特别是近现代史教育、革命文化教育、中国特色社会主义宣传教育、中国梦主题宣传教育、时事政策教育，引导学生深入了解中国革命史、中国共产党史、改革开放史和社会主义发展史，继承革命传统，传承红色基因，深刻领会实现中华民族伟大复兴是中华民族近代以来最伟大的梦想，培养学生对党的政治认同、情感认同、价值认同，不断树立为共产主义远大理想和中国特色社会主义共同理想而奋斗的信念和信心。

（二）社会主义核心价值观教育

把社会主义核心价值观融入国民教育全过程，落实到中小学教育教学和管理服务各环节，深入开展爱国主义教育、国情教育、国家安全教育、民族团结教育、法治教育、诚信教育、文明礼仪教育等，引导学生牢牢把握富强、民主、文明、和谐作为国家层面的价值目标，深刻理解自由、平等、公正、法治作为社会层面的价值取向，自觉遵守爱国、敬业、诚信、友善作为公民层面的价值准则，将社会主义核心价值观内化于心、外化于行。

（三）中华优秀传统文化教育

开展家国情怀教育、社会关爱教育和人格修养教育，传承发展中华优秀传统文化，大力弘扬核心思想理念、中华传统美德、中华人文精神，引导学生了解中华优秀传统文化的历史渊源、发展脉络、精神内涵，增强文化自觉和文化自信。

（四）生态文明教育

加强节约教育和环境保护教育，开展大气、土地、水、粮食等资源的基本国情教育，帮助学生了解祖国的大好河山和地理地貌，开展节粮节水节电教育活动，推动实行垃圾分类，倡导绿色消费，引导学生树立尊重自然、顺应自然、保护自然的发展理念，养成勤俭节约、低碳环保、自觉劳动的生活习惯，形成健康文明的生活方式。

（五）心理健康教育

开展认识自我、尊重生命、学会学习、人际交往、情绪调适、升学择业、人生规划以及适应社会生活等方面教育，引导学生增强调控心理、自主自助、应对挫折、适应环境的能力，培养学生健全的人格、积极的心态和良好的个性心理品质。

思考题

1. 如何理解德育目的与目标的关系？
2. 如何理解德育目的确立的依据？
3. 如何理解新时代中小学各个学段具体的德育目标？
4. 新时代我国中小学德育内容包括哪些？

第三章 品德发展与德育过程

学习目标

1. 了解品德的结构，掌握品德发展的特点；
2. 明确德育过程的本质与特点；
3. 重点掌握学校德育过程中品德发展的规律；
4. 掌握皮亚杰道德发展理论；
5. 掌握班杜拉社会学习理论。

本章知识结构图

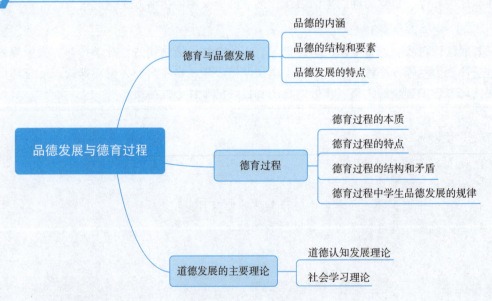

第一节 德育与品德发展

德育的本质是育德，即培养人的品德，德育过程就是一个育德的过程。德育的目的在于促进人的品德发展，人的品德发展具有一定的特点和规律，教育者将一定的社会道德要求内化为受教育者一定的品德规格需要遵循一定的规律，这是德育过程理论研究的一个关键问题。因此了解品德、品德发展的特点，把握品德发展的具体规律有助于我们更好地开展学校的德育工作。

一、品德的内涵

品德是道德品质的简称，是社会道德在个人身上的体现，是指个体依据一定的社会道德准则在行动时所表现出来的比较稳定和一贯的心理特征和倾向。品德属于个人意识范畴，是一种个体现象，是一定社会的哲学世界观、政治思想、法权思想、道德和宗教等形式的社会意识及其体现的社会规范在个人身上的表现。[①]

与品德密切相关的概念是道德，道德是一种社会现象，以社会存在为基础，是社会普遍认同的，调整人们相互关系的各种行为规范和准则。它的产生、发展和变化服从于整个社会的发展规律，属于社会意识形态的范畴。而品德是一种个体现象，以个体存在为基础，是社会道德在个体头脑中的主观映象，其形成、发展和变化既受社会规律制约，又受个体的生理心理活动规律制约。

德育就是人们运用道德规范促进人们品德形成的过程，是个体品德社会化的过程，是社会道德规范和要求在个体身上的具体体现。从这个角度上说，品德是道德的具体化，是个体在社会化的过程中、在社会道德舆论的熏陶和道德教育的影响下，通过自己的实践活动逐步形成和发展起来的。因此，社会道德风气的发展变化会在某种程度上影响个人品德面貌的变化，品德的形成、发展以一定的社会道德为前提。

二、品德的结构和要素

关于品德的结构和要素的研究有不同的说法，概括起来大致有因素构成说、功能结构说、系统结构说和态度结构说等几种不同的结构学说。[②] 对于学校德育影响比较大的有"品德要素说"和"品德结构说"。"品德要素说"是从品德形成的心理动力出发，认为形成品德的心理要素包括"知、情、意、行"这四个要素，同时这四个要素相互联系构成人的品德结构。品德结构说目前比较被认同的是班华的"品德三维结构说"[③]，是借鉴了美国心理学家吉尔福特关于智力三维结构的理论模型，将品德结构划分为品德形式、内容和能力三个维度立体式的结构模式，根据这三个维度来设计品德目标。但只是做了框架式的结构分析，没有涉及人的品德的社会性发展和层次水平。2022年《教育科学研究》第2期发表了陈卓和刘秒关于《品德三维结构说：实践导向的理论探讨》，提出了品德结构三

[①] 胡厚福. 德育学原理 [M]. 北京：北京师范大学出版社, 2005：118.
[②] 郭祖仪. 论品德心理结构的社会心理模式 [J]. 陕西师范大学学报, 2000 (2)：151.
[③] 班华. 品德机构与新时期德育任务 [J]. 华东师范大学学报, 1986 (2)：25-29.

维理论的实践导向，指出品德结构包括形式维、内容维、层次维。根据国内外的实践研究，层次维包括个体、人际、群内、群际，从某种程度上对班华的"三维结构说"从个体情境和文化层面给予了一定的理论补充。

（一）品德的心理要素及其相互关系

由于研究者视角的不同，品德心理成分有不同的划分方法。比如"知、行"二因素说、"知、情、意"三因素说、"知、情、意、行"四因素说、"知、情、意、行、信"五因素说等。这些观点都有一定的根据，本着求同存异的态度，根据我国大多数学者的意见，我们主要介绍在品德心理和德育理论研究中具有较大影响的"四因素说"，即将品德构成要素分解为道德认知、道德情感、道德意志和道德行为四个成分。

道德认知是一种对道德行为的是非、善恶、美丑及其执行意义的认识。道德认识是个体品德中的核心部分，是学生品德形成的基础。道德观念、道德信念的形成有赖于道德认识。道德认知包括三个层面：一是对思想观念和原则的认知，二是对人对事做出判断和评价的认知，三是对行为的认知。道德认知是在社会环境和教育的影响下，在社会生活实践中逐步形成和发展起来的，是人们对客观事物的主观态度和行为准则的内在原因，是道德情感和道德行为的基础。

道德情感也叫思想道德情感，是指人们对现实生活中的思想道德关系和人们行为的爱憎、好恶等情绪态度。这种情绪态度是在社会生活实践中伴随品德认识而产生的客观的思想道德情境的内心体验，是在品德行为实践的基础上，伴随着品德认识而产生和发展的，并对品德认识和品德行为起激励和调节作用。不同时代、不同国家拥有的社会认同的价值规范不同，人们的品德情感也不尽相同。但人们的情感态度一经形成，便会成为一种稳定的强大力量，积极影响并制约人们品德行为的完成和持续发展。一般地说，在现实生活中的各种事件或是他人、本人的行为，凡是符合自己的道德认识或自己所维护的道德观念时，就会产生积极的情绪体验，否则就会产生消极的情绪体验。例如，我们对英雄模范人物产生敬佩之情，对损人利己的人产生厌恶之感，对自己舍己为人的行为感到欣慰，对自己的过失言行感到羞愧。可见，道德情感是一种自我意志监督的力量，它能使人悔过自新，保持良好行为的动力。

道德意志是人们自觉地确定道德行为目的，支配自己的道德行为，克服各种困难，以实现既定目的的心理过程。它体现了实现道德目标过程中的支持与控制行为的内部力量，在品德形成发展中主要起调控作用，是个体按照道德规范和道德准则的要求进行道德抉择和行为调节的一种道德能力，是道德认识转化为道德行为的关键。道德意志薄弱往往使道德行为难以坚持下去，而坚强的道德意志则能使人的情感服从于理智，勇敢面对困难，执着地追求真理，出色地履行道德行为。道德意志的作用就在于发动与既定目的相符的行动，制止与既定目的相悖的行动。道德意志的过程一般会经历下决心、树信心、立恒心三个阶段。

道德行为是指一个人遵照道德规范所采取的言论和行动，是实现道德动机的手段，是道德认识和道德情感的具体表现和外部标志。它是品德的外显成分，是通过练习和实践形成的，是实现道德动机达到道德目的的手段。道德行为包括道德行为技能和道德行为习惯，人的道德行为经过多次反复和实践，受知、情、意的影响，便形成自身特有的稳定的行为方式，并在具体的活动中将其贯彻始终，就形成了相应的技能和习惯。道德行为是衡量道德品质的重要标志，是衡量学生品德形成与否的关键要素。学生只有具备良好的道德行为及习惯，才能使学校的道德教育真正具有社会价值和意义。

一般而言，人的品德是在活动和交往的基础上沿着知、情、意、行的顺序发展的。因此培养学生品德的顺序一般是通过提高道德认知、陶冶道德情感、锻炼道德意志，培养道德行为习惯。比如，我们日常中将对学生的教育简化为晓之以理、动之以情、持之以恒、导之以行这四句话，就是从品德心理要素的关系出发总结的。以知为开端，以行为终端，检验德性的最终是通过人的道德行为。受社会生活的复杂性、德育影响的多样性等因素的影响，具体的德育实施过程常常通过知、情、意、行的任何一端实施教育。比如，知之却不一定能够践行，那就等于没有达到德育目标，就要通过践行来培养学生的品德。因此在学校德育过程中，可根据教育情境和学生品德发展的具体情况，或导之以行，或动之以情，或从锻炼品德意志开始，最终使学生在知、情、意、行等方面和谐充分发展。

（二）品德的"三维结构说"

品德的"三维结构说"是从品德形成的整体出发，运用系统理论来研究和架构品德结构的。班华认为"思想品德完整的心理结构应当是三维结构，即由品德的心理形式维、品德的心理内容维和品德的心理能力维三个方面有机结合。每一维又都有自己的亚结构，形成为多方面、多层次的统一体"[①]。其中品德内容维度层面包括思想、政治、法纪、道德等方面的内容，品德形式维度层面包括品德认识、情感、意志和行为等四个要素，品德能力维度层面包括品德认识、实践能力和自我教育与修养等能力。

品德的内容是指人的道德品质由思想、政治、法纪和道德四种品质组成。这四种品质具有一定的历史性和现实性，是人们的经验系统。而品德的形式，即人们的知、情、意、行这四个要素严格来说是人们品德的动力因素，因为人们的道德行为总是反映一定道德认知和情感及意向，而品德行为方式则是实现道德动机的外部表现，是通过练习或行动技巧的掌握与习惯形成的。品德的能力是人的认知与实践结合，将内化的社会道德思想外化为行为实践的能力。

通过品德结构的要素和维度的讨论，我们可以看到，人的品德结构是一个有机的整体，是一定社会道德规范、道德原则对个体知、情、意、行的影响，具有一定的社会性、历史性、情境性。

三、品德发展的特点

（一）品德发展具有顺序性和阶段性

品德发展是伴随着人的心理的成熟不断发展变化的过程，这一过程表现出一定的顺序性和阶段性。顺序性是指个体在成长过程中伴随着其社会性的发展，按照从他律到自律的顺序发展的。这种顺序性是不能逆转和跳跃的。阶段性是指儿童品德发展是由量变到质变循序渐进的过程，表现为一定的年龄特征。瑞士心理学家皮亚杰通过"对偶故事"研究儿童得到的判断，提出儿童心理发展存在着关键期。国内很多实证研究都证实儿童品德发展的阶段存在关键期，比如"整体上说我国儿童道德情感显示出了随年龄增长而发展的趋

[①] 班华. 品德机构与新时期德育任务［J］. 华东师范大学学报，1986（2）：25-29.

势，转折年龄主要集中在 8~9 岁" "小学阶段儿童行为习惯养成的关键年龄在 7~9 岁。"① 因此，品德发展的顺序性和阶段性，要求教育工作者要根据儿童不同年龄的实际和品德发展的关键期，循序渐进，序列化地合理安排德育内容和德育工作，不能陵节而施，揠苗助长。

（二）品德发展具有稳定性与可变性

品德发展的稳定性是指人的品德在发展到一定的成熟阶段后，在处理人与社会、人与人、人与事之间的关系时就具有相对的稳定性。在一定社会和教育条件下，人的品德发展和速度大体相同，并保持相对稳定的发展。这种稳定性不是一成不变的，一旦环境发生变化，尤其是生活中出现影响价值观的重大事件，就会对人的品德产生一定的影响。比如在信用关系得到社会普遍认可的条件下，即使没有借条等证据也会有如期归还的承诺与行为。但当整个社会出现诚信问题的时候，就可能产生人与人之间不信任的恶性循环。良好的环境和教育条件有利于促进儿童品德发展；不良的环境和教育条件，就有可能对儿童的品德发展产生不利的影响。因此，教育工作者要善于创造良好的环境，根据社会发展的新情况和学生品德发展的稳定性和可变性，巩固好的方面，矫正错的方面，弥补不足的方面，发展积极的方面，不断提高和完善学生的道德品质。

（三）品德发展具有不均衡性和差异性

品德发展是一个量变和质变统一的过程，在量变的一定时期发展相对稳定，到了质变的关键年龄，其发展速度和阶段就表现出一定的不均衡和差异性。不同年龄阶段，道德发展的不同层面、发展的不同时期，速度与水平也不相同。个体受遗传、环境和教育的影响、个人努力与实践的不同，在不同个体之间，其品德发展也表现出各自的特点。因此，教育工作者既要了解学生发展的共性，也要了解个性差异，在品德教育与培养中有针对性地选择德育内容和方法，有的放矢促进儿童品德的发展，争取良好的德育效果。

第二节　德育过程

一、德育过程的本质

（一）德育过程的不同界定

针对德育过程的研究，大部分学者从德育过程本身，即德育过程与其他教育过程的本质区别出发来界定德育过程。有学者认为德育过程旨在促进受教育者个体思想品德的发展，是一种造就道德主体或再生产道德主体的活动过程。② 即从德育活动的主体——教育者和受教育者作为德育主体的双边活动、学生品德发展的内在矛盾、德育过程的特点出发讨论德育过程。

胡厚福认为："德育过程是在教育者施教传道和受教育者受修养的相互作用的统一活

---

① 邵进景，刘浩强. 我国小学生品德发展关键期研究的述评与展望 [J]. 心理科学，2005 (28)：412.
② 鲁洁，王逢贤. 德育新论 [M]. 南京：江苏教育出版社，1994：263-267.

动中，将一定社会或阶级的'道'转化为受教育者个体品德的过程。"① 同时将学校德育过程界定为："在教育者和受教育者的相互作用的统一活动中，教育者根据一定社会或阶级的要求和受教育者品德形成发展规律与需要，有目的、有计划、有组织地系统向受教育者传递一定社会或阶级思想政治准则和法纪道德规范以及宗教戒律，并通过受教育者品德内部矛盾运动，使其养成教育者所期望的品德的过程。"②

李世芬认为，德育过程就是教育者根据一定社会的德育要求，遵循受教育者的思想品德形成、发展的规律，对受教育者有意识地施以政治、思想、道德方面的影响，促使受教育者形成一定的思想品德的过程。③

杜时忠、管贝贝认为："过程属性是德育的本质属性，它进一步展现为生成性、情境性和阶段性。"④

檀传宝在分析德育过程特点时，从教与学的"双主体"出发，认为"道德教育过程实际上应当是师生双方或多方精神交往关系的整合，价值引导与自主建构过程的统一"⑤。

综合以往学者的研究成果，我们将学校德育过程界定为：学校德育过程是指教育者根据一定社会的德育目的和具体目标、受教育者思想品德形成的规律，有计划、有组织、系统地对受教育者有目的地施加教育影响，并通过受教育者品德内部矛盾活动，促使受教育者的个体品德与一定社会期望和谐一致的过程。即德育过程就是育德的过程，是一个社会道德个体化或个体道德社会化的过程，是通过内外影响发展个体良好道德品质与道德能力的过程。

（二）德育过程与品德形成过程的区别和联系

德育过程与品德形成过程相互区别。德育过程是一种教育活动，是指教育者有目的、有计划、有组织、系统地向受教育者传递一定社会或者阶级的社会准则、思想意识、法纪道德，培养和发展受教育者品德内容和能力的过程，是一个双边协调统一的过程。而品德形成则是个体内部矛盾的运动过程，影响这一过程的实现，既有外在的影响，也有内在的量变到质变的过程，其中内在矛盾起决定性因素，学校教育与社会影响只是一部分因素。

德育过程与品德形成过程相互联系。任何社会的德育只有遵循品德形成发展的特点和规律，才能有效地把一定社会的道德价值观转化为受教育者个体的品德。品德的形成与发展离不开学校德育影响源的存在，尤其是普及化教育时代，学校教育已经成为一个人走向社会的必经之路，学校教育对人的影响在现代社会起着至关重要的主导作用。德育过程实质是个体品德的社会化和社会道德的个体化统一的过程，是一种有目的的或有选择性的思想道德社会传递与个体思想道德体验相统一的过程。

二、德育过程的特点

学校德育是一个有目的、有计划、有组织、系统管理的过程，反映的是一定社会对学校教育为谁培养人、怎么培养人、培养什么样的人的要求。因此学校德育相比家庭教育、

---

① 胡厚福. 德育学原理 [M]. 北京：北京师范大学出版社，1997：246.
② 同①247.
③ 李世芬. 论德育过程及其规律 [J]. 中国高教研究，2001（7）：51-52.
④ 杜时忠，管贝贝. 论德育的过程本质 [J]. 教育科学研究，2013（2）：26.
⑤ 檀传宝. 德育原理 [M]. 北京：北京师范大学出版社，2007：221.

社会教育来说，具有正面引导性、组织计划性、整合复杂性特点。

（一）正面引导性

德育过程的正面性表现在学校通过各种教育活动在给学生实施德育时，选择的价值倾向一定是引导当时社会认同的主流道德意识和信念，无论是从内容上还是从方式上，都必须坚持正面性，这也是学校教育应当履行的职责。当然这种正面性表现在教育过程中还包括培养和引导学生如何辨析负面道德的影响，坚持主流文化的道德信念。

（二）组织计划性

组织计划性是指学校德育不像家庭和社会影响是一种自发、个别的影响，而是一种有目的、有计划、有组织系统的影响。这种影响是在遵循学生品德发展规律的基础上，根据一定社会的德育目的和具体目标有的放矢地进行的教育活动，是面向所有学生施加的影响。其德育内容的选择具有一致性和统一性。

（三）整合复杂性

德育与美育、智育等教育过程相比不是单纯的知识获得，而是一种由知到行的利他教育，是一种通过对学生的知、情、意、行多端的影响，调整个体与他人关系的利益观的教育过程。如果学校教育与家庭教育和社会影响不能协调统一，就可能出现德育实效性问题。因此，在学校德育过程中必须考虑所选择的德育内容、德育方式方法要与家庭、社会形成合力，才能达到德育的效果。受个体品德发展差异的影响，德育在实施过程中还要考虑不同个体的需求。

三、德育过程的结构和矛盾

（一）德育过程的结构

德育过程涉及三方面的内容：一定社会的德育要求、德育过程的活动者、学生品德发展的规律。其中一定社会的德育要求包括德育过程要达到的目标、德育内容与德育手段等，它是德育过程中活动者之间联系的中介，也是受教育者形成一定品德的主要内容。德育过程的活动者包括教育者和受教育者。教育者围绕一定社会德育要求和受教育者身心发展的规律和特点组织、设计、调控德育活动，并对受教育者施加影响，使之形成一定的品德，构成了德育过程的全部。

在德育过程的结构中，教育者和受教育者是德育过程最基本的要素，二者都是德育过程活动的主体。德育过程的实质就是教育者和受教育者通过一定社会的德育要求和影响，进行施教传道和受教修养相互影响的统一过程。其中教育者是德育过程的组织者、领导者、策划者，包括教师群体与个体。受教育者是德育的对象，包括受教育群体和个体。在德育过程中教师是教的主体，学生是教的客体与学的主体，二者都是德育活动的主体。当学生作为教育对象时，是被教育的客体；当学生接受德育影响进行自我品德教育和发展的时候，又是德育的主体。要使受教育者愿意主动积极参与德育活动发挥其主体地位，则要求教师根据一定社会德育要求与受教育者身心发展的规律精心设计德育内容，创设德育环境，运用一定物质手段和精神手段影响受教育者。其中教育者自身的人格、情感、意志、行为、举止等对受教育者产生的影响也很深远。因此，在德育过程中，教育者、受教育者、德育要求、德育手段等都是融为一体的，只有这几个方面要素的和谐统一才能使德育过程更有效地开展。

(二) 德育过程的矛盾

在德育过程中,教育者向受教育者提出的德育要求是根据社会发展的需要和受教育者品德发展的规律确定的。因此,大部分学者认为学校德育过程中的主要矛盾是指教育者代表社会提出的德育要求与受教育者思想品德发展水平之间的矛盾。这是从德育过程的活动者,即教育者作为施教传道和受教育者受教修养的关系出发界定的。檀传宝从学校德育的组织视角指出,学校德育过程的基本矛盾有三个,即学校道德教育影响与一般社会道德影响之间的矛盾,德育目标要求同学生的道德发展实际的矛盾,学生的道德认知、道德理想与道德实践之间的矛盾。[①] 目前这个观点已经得到很多学者的共识。这三方面的因素构成了学校德育过程中外在要求与内在矛盾发展的张力。

学校德育影响与一般社会道德影响之间的矛盾,体现了学校教育价值系统与社会价值系统的协调关系。学校作为社会的代言人,遵循的价值系统代表的应当是社会的正面价值观。社会正面的价值观是学校德育内容的基础,但社会正面教育的价值观有可能是多样的,具有不同的维度与层次,尤其是在多元开放的时代,学生所受的影响不仅仅是学校,还有家庭、社会及广泛的媒体。学校如何制定适切的德育目标与社会接轨和选择适合受教育者身心发展的德育内容则成为学校德育的关键因素。培养青少年在多元价值中学会辨析、选择社会主流认同的文化,抵制不良价值影响则成为现代学校德育的一个重点。

德育目标要求与学生品德发展规律的矛盾是学校德育过程中的主要矛盾。在德育过程中,教育者向受教育者提出的要求和规范是根据社会需要和受教育者品德发展的规律确定的。这个过程其实就是一个个体社会化和社会个体化的过程,是个体品德发展需要与社会对其成员基本道德素养品质的要求的协调统一过程。这一矛盾贯穿德育过程的始末,并制约影响学校德育要求的目标、内容、方法等。

学生的道德认知、道德理想与道德实践之间的矛盾其实是德育过程中个体品德发展的内部矛盾,是学生品德中知、情、意、行,协调统一的过程。德育是人的品德发展的外部影响条件,它通过德育目标与要求指引受教育者品德发展的方向,促使其品德内部矛盾的转化。但德育不等于人的品德发展,品德发展是一个从量变到质变、理论到实践不断丰富的过程,这一矛盾是德育区别智育、体育、美育的特殊矛盾。

四、德育过程中学生品德发展的规律

关于德育过程的规律研究,一直是德育过程研究的核心问题,代表性的观点主要包括三方面的研究:一是从学生品德发展形成的视角进行的研究;二是从哲学层面研究[②];三是从德育过程中诸要素的系统性分析研究[③]。尽管关于德育过程规律有不同的说法,在学界有较大争议,但从学校德育工作的实际出发,大部分学者遵循以学生发展为目标和核心的德育过程,比较认同从学生品德发展的形成来探讨学校德育过程的规律。

(一) 学生品德的培养是一个知、情、意、行统一和协调的过程

人的品德包括思想品质、政治品质、法纪品质、道德品质四方面的内容。品德的任何

---

① 檀传宝. 德育原理 [M]. 北京:北京师范大学出版社,2007:224.
② 张澍军. 德育哲学引论 [M]. 北京:人民出版社,2002:258-259.
③ 范树成. 德育过程论 [M]. 北京:中国社会科学出版社,2004:71-87.

一种品质都表现为内在的思想感情和外在的行为的稳定统一。人的品德总是在一定社会物质条件下，是个体知、情、意、行与社会实践和交往统一与协调的过程。当认知、情感反映一定品德需要的时候便成为推动个人产生品德行为的动机。动机是品德行为的依据，而品德行为则是实现动机的外部表现。品德意志是品德认知和情感的能动作用，是人们利用自己的意识理性权衡解决思想、政治、法纪、道德生活中的矛盾的支配力量。大多数情况下人们在对待某一件事情的知、情、意、行是比较统一的，但人总是处在比较复杂的情境中，认知解决的只是对某一类事件的看法或者态度，并不能代表一定的结果。知是一回事，行又是一回事。比如说在日常生活中我们经常遇到不认同却因为从众而服从的行为。某人明明有一定的正确的认知，却无法做出与认知相同的利他行为。这也是人们对于学校德育实效的质疑和道德是否可教的讨论。因此，在学校德育过程中我们对学生在思想、政治、法纪、道德方面的教育不仅要强调认知、情感，还要将认知、情感、意志、行为结合起来，培养和强化学生的品德行为习惯，最终使其知、情、意、行统一协调，这样才能真正促进学生品德的发展，实现学校德育的目标。

(二) 学生的品德是在教育性活动和交往中受多方面教育影响形成的

"人是一切社会关系的总和"告诉我们，人的本质首先是一种关系的存在。人的品德首先是在其处理各种利益关系中形成的。学校德育过程中学生的品德形成就是在教育性活动和交往中形成的。

1. 活动和交往是学生品德形成的基础

人的品德是在活动和交往的过程中逐渐形成和发展的。学校的德育过程是一种有目的的教育性活动和交往，是教育者在德育实践中按照学生品德形成发展的规律、德育目标的要求，有组织、有目的地影响学生品德的过程，具有目的性、组织性、科学性和有效性。

2. 品德通过活动和交往表现并受到检验

活动和交往是学生内在品德认识和情感外化为相应的品德外显行为表现的桥梁。检验、评价学生的品德发展程度及标准，主要是看其在社会活动和交往中的行为表现。因此，要求教育者要精心设计和组织教育性活动和交往，做到"寓德育于活动之中""寓德育于教学之中""寓德育于集体之中"。

3. 学生在活动交往中受多方影响

品德形成是学生能动地接受多方教育影响的过程，学校德育在学生的品德发展中起主导作用。学校应将多方教育影响统一到教育目的上，形成学校教育、家庭教育、社会教育的合力，全方位地促进学生良好品德的形成和发展。2021年颁布的《中华人民共和国家庭教育促进法》明确规定，学校要帮助家长教育和保护好未成年人，比如：

第三十九条　中小学校、幼儿园应当将家庭教育指导服务纳入工作计划，作为教师业务培训的内容。

第四十条　中小学校、幼儿园可以采取建立家长学校等方式，针对不同年龄段未成年人的特点，定期组织公益性家庭教育指导服务和实践活动，并及时联系、督促未成年人的父母或者其他监护人参加。

第四十一条　中小学校、幼儿园应当根据家长的需求，邀请有关人员传授家庭教育理念、知识和方法，组织开展家庭教育指导服务和实践活动，促进家庭与学校共同教育。

第四十二条　具备条件的中小学校、幼儿园应当在教育行政部门的指导下，为家庭教育指导服务站点开展公益性家庭教育指导服务活动提供支持。

(三) 学生品德是其品德内部矛盾不断斗争发展形成的

1. 学生品德的任何变化，都必须依赖学生个体的心理活动

人的品德形成和发展离不开外部德育的影响，但外部德育影响只有通过主体品德内部矛盾斗争才能发挥作用。这种主体品德内部矛盾，是受教育者反映当前德育要求与已有品德发展水平或状况之间的矛盾。当德育影响反映到受教育者的主观世界，便与已有的品德状况或结构形成矛盾关系。这种矛盾关系，既有异质性的，也有同质层次水平以及品德结构要素上的。具体而言，它在内容性质上，表现为正确与错误、先进与落后的矛盾；在认识上，表现为知与不知、能与不能、知多与知少的矛盾；在品德形式构成因素上，表现为各因素发展方向和水平上的矛盾，内部动机和外显行为上的矛盾。由于每个受教育者都有自己独特的品德内部环境或品德结构，因而都以"自己的"态度对待外部教育影响做出肯定的、否定的或中立的评价和选择，形成自己特有的品德内部矛盾，并以"自己的方式"解决这些矛盾，从而引起品德结构的调整完善或形成新的品德结构。

2. 学生品德是在其不断解决品德内部矛盾斗争中发展的

学生品德正是在不断产生和不断解决其主体品德内部矛盾斗争中形成发展的，矛盾和冲突是促进道德发展的直接动力。因此，教育者的任务是要自觉地运用主体品德内部矛盾斗争的规律，根据受教育者已有的品德状况和内部矛盾，受教育者的社会生活经验、兴趣、爱好、能力、气质、性格，有目的、有计划地提出系统的教育要求，以引起受教育者主体品德内部的系列化和不断深入的矛盾运动，促使学生个体的品德内部矛盾向社会需要的方向转化。

3. 学生自我教育的过程是品德内部矛盾斗争的过程

各种自我教育能力的发展，都是学生思想品德内部矛盾斗争的结果。教育工作者必须正确认识并尊重学生自我意识和自我教育能力发展的规律，从实际出发，因势导利，有计划地培养与提高学生的自我意识、自我评价和自我调控能力，形成和发展学生的自我教育能力，充分发挥受教育者的积极性和主动性，采用启发引导、说理教育、长善救失、因材施教等方法掌握其矛盾转化的时机和条件，促进、加速受教育者品德内部矛盾斗争及其顺利转化，发挥自我品德教育的主体作用，使其向着德育要求的方向发展。

(四) 学生品德是长期、反复、不断提高和教育积累的过程

在活动和交往的基础上，学生品德的内容、形式、能力是一个从低级到高级的矛盾运动发展的过程，也就是通过活动和交往，反映德育要求，产生品德内部矛盾斗争，引起品德结构的变化，再通过活动和交往，反映新的德育要求，产生新的品德内部矛盾斗争，引起品德结构新的变化，如此循环往复，不断发展。正是在这种不断教育和修养的过程中，学生品德不断地经过从量变到质变、从旧质到新质的累积而螺旋式地发展上升。

第一，任何一种良好品德的形成和不良品德的克服，都必然要经历一个长期反复的培养教育或矫正训练的过程。要特别指出的是，学生不良品德的矫正往往需要经过醒悟、转变、反复到完全改正这样一个复杂的矛盾斗争过程。矫正过程中更需要进行长期、反复的培养教育，决不能企求经过一两次说理教育或练习就能使之改正过来。至于优良品德行为

习惯的培养，更是需要经过一个长期的、反复的教育转化、内化过程。

第二，人的品德是由多种因素构成的矛盾统一体，是一个不断发展变化的动态系统。一个人的某种品德一旦形成，虽然是相对稳定的，但不是固定不变的，在外部环境和教育的影响下，是不断发展变化的，并以此满足自身发展和精神享用的需要以及适应外部客观世界的变化和要求。从某种意义上说，人的品德正是在其结构的相对稳定性和不断的变动性的矛盾运动中形成发展的。因此，只有经过长期地、反复地不断提高的培养和教育，才能促使学生品德不断地形成和发展。

第三，品德的发展是一个不断被社会化的过程。随着学生年龄的增长、知识经验的丰富、各种能力的增强、活动范围的扩大，社会对他的要求也就不断提高，社会本身也在不断发展变化，原先与社会要求相适应的品德在新的社会历史条件下又有进一步发展提高的必要。因此，品德的培养、教育和提高是长期的、反复的、不间断的过程。

在德育过程中，学生的品德既然是在长期的、反复的、不断提高的培养和教育过程中积累、发展的，因此，教育者要根据社会发展的要求、德育的目的要求和受教育者品德发展的要求，有计划地组织受教育者的活动和交往，持续向其施加系统的和不断提高的社会思想政治准则和法纪道德规范的影响，以引起学生主体品德内部系统化和不断深化的矛盾斗争，发挥其品德转化和成长的积极因素、不断克服消极因素，促进学生品德在知、情、意、行等方面和谐发展。

第三节　道德发展的主要理论

自 20 世纪 30 年代以来，关于儿童道德发展的问题，教育心理学专家们从不同理论视野出发进行了大量的研究，特别是 20 世纪 60 年代以来，涌现出了很多研究成果，其中对学校德育影响比较大的主要有道德认知发展理论和社会学习理论。道德认知发展理论从认知的视角探索儿童在成长过程中道德发展的问题，认为道德发展本质上是一种个体认知发展与社会因素相互作用渐进的过程，其中儿童的道德推理或道德判断处于中心地位。社会学习理论认为人的道德形成与发展是个体与其所在社会环境相互作用的社会化过程，个体行为在一定程度上改变或创造环境，而环境又在一定程度上影响着人们对行为的选择。

一、道德认知发展理论

认知性道德发展模式（cognitive moral development model）也被称为发展性道德教育模式（model of developmental moral education），在我国常称之为"道德认知发展模式"。该理论主要是通过研究揭示儿童对道德的认识根源及儿童道德认知的发展，其代表人物是瑞士心理学家皮亚杰和美国学者科尔伯格，皮亚杰的理论主要是通过知识的发生、发展过程以及知识的个体发生过程来建构儿童道德发展体系。科尔伯格则在理论研究的同时，更注重道德认知理论在实践中的应用，提出了著名的三种水平六个阶段的道德发展阶段理论。

（一）皮亚杰的儿童道德发展理论

皮亚杰是著名的瑞士心理学家，他一生最大的贡献是创立了发生认识论。他通过儿童心理学尤其是儿童智慧心理的研究揭示出儿童认识的阶段性。这种阶段性表现在儿童认识发展进程中存在着结构的特征，儿童的认识结构产生于主客体的相互作用，这是成人教育不能够完全改变儿童观点的问题所在。由此他提出以不同水平的认知结构作为划分儿童认知发展阶段的依据。皮亚杰认为，儿童心理发展的一个新水平是许多因素的新融合、新结构。在环境和教育的影响下，儿童的动作图式经过不断的同化、顺应、平衡，形成不同的心理结构，构成不同的心理发展阶段。皮亚杰对于儿童的道德发展研究集中在儿童道德情感和道德判断方面，即儿童尊敬情感、责任感、对规则的态度、对于正确和错误的判断以及对于"公正"的评价等方面。[①]他在关于儿童一般认知发展的基础上进一步提出了儿童道德认知发展的阶段划分。通过对儿童游戏规则、成人的约束以及公正协作概念的形成，用不同结果的对偶故事考察儿童的道德发展问题，提出关于儿童道德发展的三大理论，于1932年出版了《儿童的道德判断》一书。

1. 皮亚杰三大研究成果的具体内容

（1）儿童的道德发展既非天赋，也不是社会规则的直接内化，而是受主体与客体相互作用的强度影响。换言之，儿童的道德发展是人的自然天赋与相应的社会因素相互作用的结果。

（2）儿童的道德发展不仅取决于他对道德知识的了解，更重要的是取决于儿童道德思维发展的程度。儿童的道德思维的发展是一个自主的理性思维发展过程，儿童是自己道德观点的构造者。

（3）儿童的道德发展是一个有明显阶段特点和顺序性的过程，与儿童逻辑思维的发展具有极大的相关性。

2. 儿童道德认知发展的理论基础

皮亚杰通过助手和自己的研究提出，从儿童出生到青年初期这一段时期中，儿童思维的发展经历了四个阶段，这四个阶段是：感知运动阶段（从出生到2岁）；前运算阶段（从2岁左右到7岁）；具体运算阶段（7岁到12岁）；形式运算阶段（12岁到15岁）[②]。对于这四个阶段的关系，他认为：首先，每一个阶段都有其智慧及认识的具体特征。其次，儿童到青年初期发展过程的每个阶段都是按顺序发展的，认知发展的前一个阶段是后继阶段的必要的组成成分。各阶段的连续顺序是固定不变的，而且是普遍的。即使因为环境、文化、教育的影响，儿童发展可能停滞于某个阶段，但如果想继续发展，就必然要遵循顺序，而不能逾越。再次，儿童道德发展的每一阶段都是一个统一的整体，而不是一些与孤立的行为相对应的道德观念的总和。最后，在道德认知发展的过程中，前一阶段总是融合到后一阶段，并为后一阶段所取代，前一阶段和后一阶段有一定程度的交叉和重合。每个儿童都为建立他自己的综合体积极努力，而不只是去接受社会文化所规定的现成的模式，其认知结构产生于主客体的相互作用。

第一阶段：感知运动阶段（0~2岁）。

这一阶段包括从出生到2岁左右，是儿童语言开始发展的阶段。这一阶段是儿童对客体从无到有的稳定的认知阶段。皮亚杰通过对自己一个儿子和两个女儿的观察总结出感知

---

① 陆友荃. 皮亚杰理论与道德教育［M］. 济南：山东教育出版社，1984：42.

② 同①34.

运动阶段。这一阶段儿童的认识发展就是利用感知和运动构成客观世界。[1] 儿童通过自己对环境的适应创造出自己的世界，通过感知将自己的情感与动作联系在一起。在客体没有稳定之前，情感仅与动作相联系，其他人和物不能够引起他的情感反应（1岁之前）。当他对外界的客体有稳定的认知时，客体便成了独立于自我之外的对象，其情感便发展成为他与外在世界互动的联系，便构成了人与人之间的情感。他认为这一时期的情感对于儿童以后的社会化有着不可估量的意义。

第二阶段：自我中心阶段或前运算时期（2~7岁）。

大约从2岁开始，儿童的发展进入一个新的阶段。皮亚杰把这一阶段称为自我中心阶段或前运算时期。这一阶段的儿童开始运用语言这个象征化的符号重新组织自己的经验和行动，并通过语言提示预测他人的经验和行动。这个阶段的思维呈现以自我为中心的特征，情感方面表现为对成人单方面的尊敬。成人的强制和儿童对成人单方面的尊敬决定了这个阶段儿童道德生活他律的或强制的特征。[2] 这种强制仅仅来源于单方面的敬畏和强制，而没有内化于其意识中。皮亚杰通过对儿童游戏规则的观察，发现这个阶段的儿童对于游戏规则的运用更多来源于对现成规则的接受和模仿年长儿童游戏的方式，并希望因为遵从规则而得到肯定。他们有可能并不了解规则，但基于对成人的敬畏而遵从规则，并通过规则判读行为后果的严重性。即儿童对行为后果的判断，是基于符合规则还是违反规则，而不考虑行为者的动机。

自我为中心的现象：

两个对话的小朋友，甲："我爸爸要给我买一辆滑板车，是电动的。"

乙："这个机器人太丑了，我想要一个更大更好看的。"

甲："我爸还要给我买辆自行车。"

两个在一起玩游戏的小朋友，由于两个人对规则掌握的层面不一，就有可能表现出各自厘定规则，名义上是"我们一道玩"，实际上是各玩各的，在游戏中一旦发生冲突，就会出现以为对方理解"我"的规则，承认"我"的规则而不妥协的现象。

对偶故事法：皮亚杰设计了几组故事，每组都有两个类型，即"对偶故事"，利用讲述故事向被试提出有关道德方面的难题。利用这种难题测定儿童是依据对物品的损坏结果还是依据主人公的行为动机做出道德判断。

关于责任界定的对偶故事：

一个叫约翰的小男孩在他的房间，家里人叫他去吃饭，他走进餐厅。门背后有一把椅子，椅子上有一个放着15个杯子的托盘。约翰并不知道门背后有这些东西，他推门进去，门撞倒了托盘，结果15个杯子都撞碎了。

从前有一个叫亨利的小男孩。一天，他母亲外出了，他想从碗橱里拿出一些果酱。他爬到一把椅子上，并伸手去拿。由于放果酱的地方太高，他的手臂够不着。在试图取果酱时，他碰倒了一个杯子，结果杯子倒下来打碎了。[3]

关于谎言的对偶故事：

一天一位绅士向一个男孩打听卡洛街在哪里，这个男孩不太清楚（实际上这条街就在

---

[1] 陆友荃. 皮亚杰理论与道德教育 [M]. 济南：山东教育出版社，1984：46.

[2] 同[1]51.

[3] 同[1]57.

他上学的学校附近），他对这位绅士说："我认为这条街在那儿。"实际上这条街并不在他指的那个地方。于是这位绅士便迷路了，没有找到他要找的房子。

一个男孩很清楚这条街道就在他们学校附近，但他为了捉弄这位绅士，便给他指了错误的方向，但绅士并没有因此迷路，他还是设法找到了他要找的房子。①

问题：这两个小孩是否感到同样内疚？这两个孩子哪一个更不好？为什么？通过被试的反应，结果显示，这个年龄阶段的孩子在道德判断上单纯地以行为结局为准则，不考虑行为的动机，比如他们认为无意间打碎杯子多的约翰比打碎杯子少的亨利"更不好"，因为约翰造成了更大的损失。虽然说谎的男孩有一定的欺骗意图，由于他并没有造成明显的不良后果，所以相比没有说谎的同学应该少受惩罚，而第一个男孩虽然没有恶意，但带来了更坏的结果，所以应该受到更大的惩罚。这表明这个阶段的儿童道德的客观责任感。

第三阶段：具体运算阶段（7~12岁）。

皮亚杰认为7岁左右是儿童发展具有决定意义的转折点。② 这一阶段无论是智慧还是社会性发展方面，儿童逐渐从自我意识中解放出来，随着运算水平的提高，其情感方面开始进入相互尊重以及合作自律的道德阶段。

随着具体运算智慧的发展，该阶段儿童的思维有了守恒性和可逆性，他们已经不把规则看成是一成不变的东西，逐渐从他律向自律过渡。可逆阶段的儿童不再无条件服从权威，而把准则看成是同伴间共同约定的，他们也可以发明规则。儿童已经意识到规则的作用是为了协调人与人之间的关系，如果所有人都同意的话，规则是可以改变的。同伴间应当相互尊重，规则对他们来说是保证他们相互行动、互惠的可逆特征。同时根据行为的主观责任作出判断。

皮亚杰发现，7岁以下的儿童所作的判断是以具体的行为或数量上的结果为标准的，他们尚不能对意图进行鉴别。7岁以上的儿童则不同，他们一般能从他人的意图来考虑问题，随着年龄的增长，儿童逐渐意识到意图比一个人特定行为的后果显得更为重要。通过对儿童过失行为的责任判断的研究，皮亚杰得出结论，儿童无论在对过失行为还是对撒谎行为的道德判断中，都存在着两种明显的判断形式：年幼儿童往往根据主人公的行为在客观上造成的后果，即行为的客观责任去做出判断；而年长的儿童则往往根据主人公行为的主观动机，即行为的主观责任去判断。而且这两种判断形式不是同时出现，也不是同步发展的。

第四阶段：形式运算阶段（12~15岁）。

具体运算阶段，儿童受现实的时间和空间的限制，只能感触表象和外在的联系，而无法把握事物发展的规律，认为只有现实才是可能的。形式运算阶段儿童可以根据命题假设进行演绎分析和推理，从而超越具体的现实把握事物未来发展的趋势，并总结规律。因此他们能够对理想、观念、意识形态产生情感，并能根据自己的价值标准对一些道德问题进行判断，不会单纯地遵守规则，刻板地服从社会普遍赞同的规则，而是考虑到有关的情境和人的因素。他们从考虑规则的要求转而考虑人的要求。③ 皮亚杰经过研究发现，大多数处于形式运算阶段的儿童能在他们的道德判断中持公道的态度。同以前的阶段相比，这个

---

① 陆友荃.皮亚杰理论与道德教育［M］.济南：山东教育出版社，1984：62.
② 同①68.
③ 同①91.

阶段的儿童开始倾向于公正、平等。该阶段的儿童继可逆性之后，公正观念或正义感得到发展。他们认为公正的奖惩不能千篇一律，应该根据个人的具体情况进行。公正阶段的儿童在进行道德判断的时候不再依据单纯、僵化的规则，而是考虑他人的情况，出于同情和关心进行判断。

3. 皮亚杰的儿童道德发展阶段

皮亚杰在研究儿童认知发展的基础上提出了他的道德认知发展理论。他认为，儿童的道德发展是一个由他律向自律转变的过程，而这一过程又和儿童年龄的变化紧密相连。突破了传统道德只研究把儿童培养成为社会规定的道德人的局限，更关注儿童思考道德方式的变化，即道德判断能力的发展。而这一发展是阶段式的发展。

第一阶段为"自我中心阶段"或前道德阶段（2~5岁），该阶段儿童缺乏按规则来规范行为的自觉性，在亲子关系、同伴关系、价值判断等方面均表现出自我中心倾向。

第二阶段为"权威阶段"或他律道德阶段（6~8岁），该阶段儿童表现出对外在权威绝对尊重和顺从，把权威确定的规则看作是绝对的、不可更改的，在评价自己和他人的行为时完全以权威的态度为依据。

第三阶段为"可逆性阶段"或初步自律道德阶段（8~10岁），该阶段儿童的思维具有了守恒性和可逆性，他们已经不把规则看成是一成不变的东西，逐渐从他律转入自律。

第四阶段为"公正阶段"或自律道德阶段（10~12岁），该阶段的儿童继可逆性之后，公正观念或正义感得到发展，儿童的道德观念倾向于公正、平等，对规则的运用更多考虑他人的需要。

皮亚杰认为，儿童品德发展阶段的顺序是固定不变的，这些阶段不是孤立的，而是一个连续发展的统一体。在从他律到自律发展的过程中，个体的认知能力和社会关系具有重大的影响。根据皮亚杰的看法，道德教育的目标就是使儿童达到自律道德，使他们认识到道德规范是在相互尊重和合作的基础上制定的，而要达到这一教育目标就必须注意培养同伴之间的合作，注意成人与儿童的关系不应是权威和服从的关系；在儿童犯错误时，要使他了解为什么这样做不好，从而发展儿童的道德认识。

（二）科尔伯格的道德发展理论

1. 科尔伯格两难故事法

科尔伯格是美国著名的心理学家、教育学家，也是品德发展心理和道德教育领域认知主义流派重要的代表人物。科尔伯格继承了皮亚杰的道德认知研究路线并把道德发展的研究扩展到成年人阶段。通过一系列道德两难问题对儿童、青少年和成人进行了访谈，提出了个体道德认知发展的三水平六阶段的理论。

科尔伯格认为，带有冲突性的交往和生活情境最适合促进个体道德判断能力的发展。道德判断的形式或结构反映个体道德判断的水平，道德判断有内容与形式之别。儿童通过对假设性道德两难问题的讨论，能够理解和同化高于自己一个阶段的同伴的道德推理，拒斥低于自己道德阶段的同伴的道德推理，因此，围绕道德两难问题的小组讨论是促进儿童道德发展的一种有效手段。

典型的两难故事：偷药事件的道德两难问题。

一名妇女生命垂危，一种特殊的癌症正在折磨她。医生认为，只有一种药可能挽救她的生命。这种药是本城一名药剂师最近发现的一种镭剂。该药造价昂贵，药剂师却以10

倍于成本的价格出售。这位身患绝症的妇女的丈夫名叫海因兹，他试图从任何可以想到的地方借钱购买此药，但他没能筹到足够的钱。他告诉药剂师，自己的妻子危在旦夕，请求药剂师把药卖给他，让他以后再付钱。但是，药剂师说："不行，我发明此药，我应该凭它来赚钱。"海因兹绝望了，他闯进药店，为妻子偷了药。①

根据这个故事，科尔伯格要求人们关于海兹偷药事件中一系列问题进行回答。比如，海因兹应该为妻子偷药吗？为什么应该或者不该？偷窃是丈夫应该的责任吗？好丈夫会去行窃吗？药剂师该不该收取高额医药费？并由此判断个体的道德发展水平。他认为面临两难问题时儿童所做出的"应该"或"不应该"的选择是道德判断的内容，做出道德选择时的推理方式则构成道德判断的结构。

2. 三水平六阶段

科尔伯格根据道德判断结构的性质不同，构建了他的道德发展理论，提出了著名的"三水平六阶段"的道德发展阶段理论。

（1）前习俗水平道德推理：是科尔伯格道德理论中道德发展的最低水平。处于该水平时，儿童没有表现出道德价值观的内化，道德推理受外部的奖励和惩罚控制。这一水平又包括两个阶段。

阶段1：惩罚与服从的道德定向阶段。儿童处于他律道德阶段的最低水平，按照成人的要求行事，道德决定基础是对惩罚的恐惧。根据后果判断行为的好坏。

阶段2：工具性的相对主义定向阶段。这一阶段儿童首先考虑的是，准则是否符合自己的需要，有时也包括别人的需要，并初步考虑到人与人的关系，但人际关系常被看成交易的关系。比如这一阶段的儿童参与竞争性游戏的时候认为与他人合作可以一起分享胜利果实，这是一种低级的实用主义对等交换的观念。

（2）习俗水平道德推理：是科尔伯格理论的第二个水平，或者中间水平。在该水平中，儿童的内化属于中级水平。儿童内化了某些规则，但这些规则可能是家长和教师或社会法律强加的，是对一种外在要求的遵从。这一水平的儿童有了满足社会的愿望，比较关心别人的需要。

阶段3：人际关系的定向阶段或好孩子定向阶段。这个阶段的儿童认为一个人的行为正确与否，主要看他是否为别人所喜爱，是否对别人有帮助或受别人称赞。

阶段4：维护权威或秩序的道德定向阶段。这一阶段的儿童意识到了普遍的社会秩序，强调服从法律，使社会秩序得以维持。儿童遵守不变的法则和尊重权威，并要求别人也遵守。

（3）后习俗水平道德推理：是科尔伯格确立的最高水平。在该水平中，道德完全内化，且不以外在标准为基础。人们会通过多种途径了解多种道德选择，确定最适合自己的道德准则。这一水平上的人们力求对正当而合适的道德价值和道德原则做出自己的解释，履行自己选择的道德准则，而不理会权威人士如何支持这些原则。

阶段5：社会契约的定向阶段。在前一阶段，个人持严格维持法律与秩序的态度，刻板地遵守法律与社会秩序。而在本阶段，个人看待法律较为灵活，认识到法律、社会习俗仅是一种社会契约，是可以改变的，而不是固定不变的。一般说来，这一阶段是不违反大

---

① [美] 约翰·桑切克. 教育心理学 [M]. 周冠英，王学成，译. 北京：世界图书出版公司，2007：98.

多数人的意愿和规则的，但不同意用单一的规则来衡量一个人的行为。道德判断灵活了，能从法律上、道义上较辩证地看待各种行为的是非善恶。

阶段6：普遍的道德原则的定向阶段。这个阶段的个人有某种抽象的、超越某些刻板的法律条文的、比较确定的概念。在判断道德行为时，不仅考虑到适合法律的道德准则，同时也考虑到未成文的有普遍意义的道德准则。道德判断已超越了某些规章制度，更多考虑道德的本质，而非具体的准则。

理解科尔伯格理论的关键概念是内化，是指外控行为到内控行为的发展性变化。① 科尔伯格认为，个体的道德判断按照一定的顺序逐阶段向上发展。科尔伯格及其同事设计了九个类似"海因兹与治癌药"的道德两难问题，对儿童的道德判断力进行了跨文化的追踪研究。他们的研究表明：

第一，个体的道德判断处于不断发展之中，各个阶段道德判断的结构（道德思维形式）存在质的差别。这种结构上的差别，使得不同发展阶段的人在"海因兹与治癌药"之类的道德两难问题上，可能立场一致，道德推理的方式却完全不同；也使得处于相同发展阶段的人，虽然立场不一，道德推理的方式却一样。

第二，个体的道德判断按照上述三水平六阶段的顺序由低到高逐阶段向上发展，既不可能跳跃，也不可能倒退。认知发展的潜在变化会促进更高级的道德思考。但儿童的道德思考可以通过与处在下一个更高推理阶段的人展开讨论而获得提高。

第三，较高水平阶段的道德推理能兼容或整合较低水平和阶段的道德推理方式，较低水平阶段的道德推理却不能兼容或整合较高水平阶段的道理推理方式。科尔伯格认为冲突的交往和生活情境最适合促进个体道德判断力的发展，道德发展是学习的结果，道德学习需要长期的乃至一生的努力；道德的发展有赖于个体的道德自主性，道德不可能从外部强加于人，而是个体内部状态与外界环境交互作用的产物；冲突的交往和生活情境最适合促进个体道德判断力的发展。

（三）关于道德认知发展理论的评价

道德认知发展理论作为开创现代西方德育范式的一个理论流派，具有重要的理论价值和现实意义。它以丰富的哲学、心理学理论，实证、微观的研究方法，科学、有效的德育模式，为推进德育理论的发展做出了巨大的贡献。尤其是科尔伯格对道德发展问题的一系列研究，扩展了皮亚杰关于儿童道德判断研究的理论，在发展心理学中形成了一个重要的道德发展阶段的模式，使道德现象得到了比较客观的科学证明，并有助于将道德发展的理论应用到学校道德教育中去。

科尔伯格的道德发展理论对学校的道德教育是有启发的，尽管还存在着某些局限性，但他的研究为学校道德教育提供了一定的理论依据。人们对"道德两难法"给予较高的评价，认为这种方法对发展儿童的道德判断能力，使其分辨是非善恶，具有积极意义。从科尔伯格认知发展的道德教学来看，它充分体现了一种反对灌输和强制的反传统主义的教学观，把教学的起点拉回到主体的认知结构和发展阶段上，把教学的重点放在了提供道德冲突和诱导学生进行认知重组上，把学习的主导权重新交给了学生及其道德生活，同时也把教学的归宿点定位于服务、刺激发展上。这些无疑都反映了现代德育观念和方法的巨大进

---

① [美] 约翰·桑切克. 教育心理学 [M]. 周冠英，王学成，译. 北京：世界图书出版公司，2007：99.

步。道德认知发展学派德育观十分重视"经验"和"情境"在主体道德发展和道德教育过程中的重要作用,这对于我们改进德育方法、更新德育内容具有借鉴意义。

道德认知发展理论也具有明显的局限性,该理论仅仅强调道德判断能力,而忽视了道德情感、道德意志和道德行为在道德品质形成和发展中的作用,是不全面的。科尔伯格关于道德认知和行为关系的看法,也存在着一定的片面性,过分强调儿童的道德判断能力的作用,而忽视了道德行为的训练。在具体的德育实践中,儿童言行不一的现象有时并非由于缺乏正确的道德认知和道德判断能力。由于极端反对"灌输"和"个人本位"的立场,道德认知发展的德育观也割裂了个体的道德发展和社会规范、社会发展之间的良性互动关系。

二、社会学习理论

社会学习理论(social learning theory)源自行为主义影响,应该说其理论发展是从行为主义理论演变而来的,但在其后的理论发展中,其研究的方向开始向认知转变,也称新行为主义。阿尔伯特·班杜拉(Albert Bandura,1925—2021)是新行为主义的主要代表人物之一,社会学习理论的创始人,认知理论之父,美国当代著名心理学家。

(一)班杜拉社会学习理论的基本内容

社会学习理论的主要观点是,行为及其社会和认知因素在学习中扮演重要的角色。[1] 儿童只需通过观察学习就可以习得大部分的新行为。这一过程实质上是一种"替代强化",儿童可以通过替代强化去习得道德行为。环境、社会文化以及成人榜样直接影响儿童的道德形成和发展。如果充分利用这样一些条件和方法,鼓励儿童的正确行为,抑制其不良习惯,将有利于学生的道德成长。

观察学习又称替代性学习。在班杜拉看来,由于人有通过语言和非语言形式获得信息以及进行自我调节的能力,使得个体能够通过观察他人(榜样)的行为及其结果进行学习。即学习者不必亲自参与活动,也不需亲自体验强化,而只通过观察他人在一定情境中的行为以及接受他人的强化来进行学习。

班杜拉将强化分为三种:直接强化、替代性强化和自我强化。直接强化即通过外界因素对学习者的行为直接进行强化。替代性强化是学习者通过观察他人在某种情境下的行为后果,而使自己受到强化。随着心理的发展,个体的行为还会受到自我强化的控制。个体不是依靠外在的奖赏和惩罚,而是通过建立自己内在的标准对行为进行自我调节,这种内在的标准是在社会化的过程中逐渐形成的。班杜拉认为不仅环境决定人的行为,人的认知因素也能够影响个体的行为,而且人们也可以通过行为来改变环境,即行为、环境与认知因素之间是相互作用的。

(二)经典实验

1. 实验一

让三组4岁儿童分别观看一个人坐在充气娃娃身上打充气娃娃的电影。电影中攻击行为的结果有三种:第一种,攻击—奖赏型,即攻击者受到"勇敢的优胜者"赞扬,并奖给汽水、糖果等;第二种,攻击—惩罚型,即攻击者被斥为"大暴徒",畏缩逃走;

---

[1] [美] 约翰·桑切克. 教育心理学 [M]. 周冠英,王学成,译. 北京:世界图书出版公司,2007:236.

第三种，无结果型，即没有得到奖赏，也没有得到惩罚。然后将观看三种不同结果的儿童安置在有充气娃娃和其他玩具的实验室中。结果发现，观看攻击—惩罚型电影的儿童，其攻击性行为比其他两组少得多，几乎没有发生攻击性行为；而观看攻击—奖赏型和无结果型电影的儿童都进行了模仿，即攻击充气娃娃。当主试回到房间里告诉所有儿童，凡能再模仿榜样行为的人，可以得到果汁和一张美丽的图片时，所有的儿童都模仿榜样的行为，攻击了充气娃娃。这个实验告诉我们，替代惩罚仅仅阻碍了新行为的操作，并没有阻碍新行为的习得。当外部条件与内部动机适用时，没有表现的习得行为就会变为外显的行为操作。①

2. 实验二

将学生分为四组，每组配一个实验员。等实验员与学生建立了融洽关系并得到学生的信任之后，主试分别让四组学生为孤儿院幼儿募集捐款。第一组实验员向学生宣传捐款救济孤儿的意义，同时自己慷慨解囊，捐出钱款；第二组的实验员则向本组学生宣传不去救济孤儿，把钱留给自己的好处，本人也表现得极端吝啬，不向募集捐款的主试捐钱；第三组实验员宣传慷慨仁慈，自己却表现贪婪、不予捐款；第四组实验员宣传贪婪，劝说学生不要捐款，自己却毫不吝啬地向主试大笔捐钱。

实验结果：第一组学生全部捐了款；第二组学生没有一个为孤儿捐款；第三组尽管实验员把救济孤儿的意义讲得头头是道，并赢得了本组学生的好感，但是绝大多数学生并没按实验员说的去做，而是仿效实验员的行为，不去捐款；第四组学生正好相反，大多数学生对宣传贪婪的实验员表示反感，却又学着他的样子捐出钱款。

（三）班杜拉社会学习理论对学校德育的启示

社会学习理论认为，在儿童学会了为自己制定标准和引起条件性的自我反应之后，他们就可以通过自我生成的结果来控制行为。因此，自我反应机能的发展使人们获得了自我指导的能力，即人们逐渐懂得为自己安排诱因去调节自己的行为，这是使得人们的行为能保持稳固的决定因素。偶发性的自我奖赏是诱发自我控制行为的重要动机。因此，班杜拉认为，作为教育者，要借助儿童的认知能力，不断保持和提高儿童的动机水平，以促进儿童提高自我调节、自我管理水平，自觉地进行自我教育。班杜拉的交互论道德教育观突出强调社会环境和内部因素的双向影响作用，为道德教育实践指明了方向。

1. 重视榜样示范在道德教育中的作用

班杜拉认为社会环境对儿童品德形成和发展的作用主要是通过对榜样的示范学习进行的。父母、教师、同伴和其他成人等在儿童生活中无处不在，其表现出的一举一动都可以成为示范动作，对儿童产生直接或间接的强化作用，从而影响儿童。鉴于父母、教师、同伴、大众媒介等对儿童品德形成的重要作用，作为家长，应发挥好的示范作用，力争为孩子创造一个良好的行为、思想、情感的学习环境；教师应严格要求自己，处处为人师表，为儿童树立学习的榜样，同时要积极引导、帮助儿童分析各种示范榜样，分清是非，找出差距，见诸行动。另外，要净化影视、小说等大众媒介所传播的内容，积极发挥大众媒介的示范教育作用。

---

① 高申春. 人性的光辉之路——班杜拉的社会学习理论［M］. 武汉：湖北教育出版社，2000：185.

2. 重视自我调节在道德教育中的作用

道德教育的最终目的就是要使儿童形成一定道德信念支配下的自觉的道德行为习惯。只有当儿童把社会、家长、学校、教师的标准要求内化为自己的标准，并利用这些标准进行自我评价、自我监督、自我调节时，儿童才能形成较稳定的道德行为。因此，重视儿童内部标准的建立及通过自我评价反应加强行为动机在道德教育中具有极其重要的意义。教育者应鼓励并促进儿童将实践示范得来的外部标准内化为他们的内部标准，即积极发展儿童的自我评价、自我反省能力，自觉调节道德行为，因为儿童习得的道德知识只有真正被儿童内化以后，才能真正地转化为儿童的道德行为。儿童自我调节能力的程度高低，决定着道德教育的成效。这是教育者面对的难题和面临的挑战。

3. 选择榜样要有效

社会学习是通过学习者观察榜样的示范而进行的。榜样应该具备以下五个条件，才能对学习者产生有效的影响。

第一，榜样的示范特点要突出、生动鲜明，这样才能够引起学习者的注意。

第二，榜样本身的特点（如年龄、兴趣爱好、社会背景等方面）与学习者愈相似，愈容易引起学习者的观察学习。如成人榜样对学生的影响就不如年龄相近的同学榜样的影响大。

第三，榜样示范的行为对于学习者来讲要具有可行性，即学习者都能够做得到，这是最基本的条件，如果榜样的行为标准太高，使学习者产生"可望而不可即"之感，那么对学习者的影响会受到限制。

第四，榜样示范的行为要具有可信任性，即学习者相信榜样做出某种行为是出于自然，而不具有别的目的。

第五，榜样的行为要感人，使学习者产生心理上的共鸣，这样学习者才会表现出类似的行为。

总之，观察学习在品德教育中具有重要的作用。人的许多道德行为都是通过观察学习获得的。所以，在品德教育中，教育者应注意为学生提供良好的可供学习和借鉴的榜样，引导学生学习和保持榜样行为，并为学生创造再现榜样行为的机会，对好的行为给予及时的表扬和鼓励，对错误的行为给予批评和教育。

（四）关于班杜拉社会学习理论的简评

社会学习理论深入阐释了个体品格形成和变化的规律，特别是榜样在儿童道德发展中的作用，为教育在塑造学生良好行为习惯及健全人格中的作用提供了理论依据。班杜拉的道德教育观突出强调社会环境和内部因素的双向影响作用，对道德教育实践具有较强的指导作用和启示意义。与道德认知发展理论相比，班杜拉的社会学习理论具有一定的进步意义，具体表现为以下几个方面：

第一，班杜拉认为人的个性心理是在观察学习的过程中通过模仿榜样的行为而形成的，他十分重视榜样的作用，这对于实际教育工作具有重大意义。

第二，班杜拉不仅重视环境对人的影响，还重视人的认知因素、人的行为对人的影响，并认为它们之间是相互影响、相互作用的。这是对传统行为主义理论的重大突破。

第三，班杜拉的社会学习理论强调人的自我调节，突出了人的主观能动性。

第四，班杜拉的理论以大量的实验研究为依据，这为个性研究的客观性提供了具体的范例。

但班杜拉的社会学习理论也有局限性和不足，它的局限性在于它不适合解释和说明陈述性知识的学习和复杂的、高难度的技能训练的过程，仅适用于解释和说明观察、模仿等社会性学习的过程。有学者认为班杜拉的社会学习理论还有被发展、深化的余地，只要加以适当的发展性研究，就可能衍生出一些适用与解释特殊社会环境和特殊社会成员的社会性学习的理论。另外，班杜拉缺乏对认知因素的充分认识，他认为人的一切个性特征都是从观察学习中获得的观点也是片面的。

思考题

1. 什么是品德？简述品德的心理结构。
2. 简述学校德育过程中的矛盾。
3. 简述学校德育过程的特点。
4. 结合学校实际，谈谈学校德育过程中学生品德发展的规律。
5. 简述皮亚杰的道德发展理论。
6. 简述科尔伯格"三水平六阶段"的道德发展理论。
7. 简述班杜拉的社会学习理论对学校德育的启示。

第四章 德育的原则与途径

学习目标

1. 明确中小学德育基本原则；
2. 掌握学校德育基本途径；
3. 掌握中小学德育基本方法；
4. 学会有效选择德育方法。

本章知识结构图

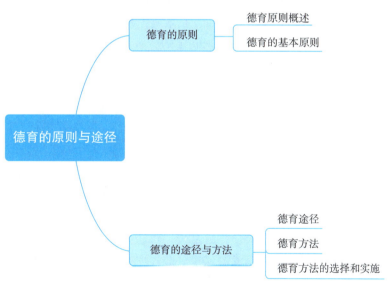

第一节 德育的原则

德育原则是德育理论和实践的一个重要问题，对具体德育实施有直接、现实的指导作用，是教师对学生进行德育时必须遵循的基本要求。它反映了德育过程的规律性，是对德育实践经验的概括和总结，是德育工作计划、选择德育内容和方法、组织德育过程的重要依据。

一、德育原则概述

（一）德育原则的内涵

德育原则是根据教育目的、德育目标和德育过程规律提出的指导德育工作的基本要求，即教师对学生进行德育工作时必须遵循的基本要求，是处理德育过程中一些基本矛盾和关系的基本准则。在培养学生思想品德的过程中，会出现教育者与受教育者、德育要求与教育者、德育要求与受教育者以及受教育者思想品德形成过程中的知与行、内因与外因、个体与群体等多方面多层次的矛盾，而德育原则则是我们在实际德育工作中处理这些矛盾遵循的最基本的指导性底线。它反映了德育过程的规律性，是对德育实践经验的概括和总结，是制订德育工作计划、选择德育内容和方法、组织德育过程的重要依据。

（二）德育原则与德育规律的关系

德育原则与德育规律既有联系又有区别。德育规律是德育内在所固有的，不以人的意志为转移的，普遍的、稳定的、必然的矛盾、联系或关系，是人的主观意识之外的客观存在。德育原则是根据对德育规律的科学认识制定的，服从和服务于教育目的和德育目标，具有明确而强烈的目的性、实践性，是对德育工作的基本要求。德育原则对德育规律的反映不是直接的，而是通过德育科学规律或原理的中介作用而实现的，它不直接取决于德育客观规律本身，而是直接取决于对德育规律的主观认识。对德育客观规律的认识不同，提出的德育原则也不同。随着人们对德育客观规律的认识深化，可能提出新的德育原则。

（三）德育原则与德育实践的关系

德育原则是德育实践经验的科学概括。中外教育史上，许多教育家很早就开始总结德育实践经验，提出了大量有益的经验论述，概括出各种各样的德育原则，但由于所处的历史条件不同，对德育原则的论述也不尽相同。比如在情感教育方面，在亲爱、友爱、恋爱三者之间，中国传统重视亲爱，先亲爱，后友爱，再恋爱①。而西方传统更重视友情和爱情，并把父母对孩子的爱归类于"友爱"之中。总体而言，随着德育实践的发展，人们对德育的认识也在不断发展，经验的描述逐渐发展为对德育理论的概括，形成指导德育工作实践的德育原则。反过来，德育实践又不断推进德育原则的科学化。事实表明，遵循正确的德育原则，德育实践工作就能取得较好的效果。在这个意义上，德育原则与德育实践是相互促进并发展的。此外，对于历史上中西教育家、思想家提出的德育原则，我们应该采

---

① 刘良华. 教育哲学［M］. 上海：华东师范大学，2017：62.

取批判继承的态度，吸收其合理内容，以此作为制定我国学校德育原则的参考，有效指导德育实践，促进德育过程的顺利进行。

二、德育的基本原则

（一）导向性原则

导向性原则是指在德育过程中，学校和教师要有一定的理想性和方向性，以指导学生向正确的方向发展。比如《中小学德育工作实施指南》中指出，中小学应始终坚定地高举中国特色社会主义伟大旗帜，紧紧围绕社会主义核心价值观，紧紧围绕立德树人根本任务，牢牢把握社会主义办学方向，牢牢把握中小学德育工作主导权，坚定不移走中国特色社会主义教育发展道路，保证中小学成为坚持党的领导的坚强阵地，进一步强化校长和广大教师的责任意识，提升德育能力。要让社会主义核心价值观的种子在中小学生心中生根发芽，引导中小学生自尊、自信、自立、自强，养成健康、乐观、向上的品格，引导学生乐于学习、勤于学习、善于学习，掌握扎实的知识本领，具有创新精神和实践能力，保证中小学成为培养社会主义建设者和接班人的坚实阵地。

贯彻这一原则的要求如下：

（1）要有坚定正确的政治方向，以马克思主义为指导。马克思主义是我们党和国家的指导思想，德育的内容、方法、形式以及德育活动都必须符合马克思主义，这是德育坚持社会主义、共产主义方向性的根本要求和保证。《中华人民共和国教育法》第三条规定：国家坚持中国共产党的领导，坚持以马克思列宁主义、毛泽东思想、邓小平理论、"三个代表"重要思想、科学发展观、习近平新时代中国特色社会主义思想为指导，遵循宪法确定的基本原则，发展社会主义的教育事业。

（2）德育目标必须符合新时期的方针政策和总任务的要求。《中华人民共和国教育法》第五条规定：教育必须为社会主义现代化建设服务、为人民服务，必须与生产劳动和社会实践相结合，培养德智体美劳全面发展的社会主义建设者和接班人。

（3）要把德育理想性和现实性结合起来。要引导学生把日常学习、生活同建设国家、实现共产主义理想联系起来。在德育过程中，教育者要善于以小见大、由近及远、就事论理，紧密结合国家建设的实际，教育学生从大处着眼、小处着手，立足当前、放眼未来，从我做起、从现在做起、从小事做起，把国家、社会和理想渗透到自己的学习、生活等各个方面，推动自身不断前进。

（二）疏导原则

疏导原则是指在德育过程中，教师要循循善诱，以理服人，以提高学生认识入手，调动学生的主动性，使他们积极向上。说理疏导是在内容上用积极的正面的事实和道理、良好的榜样来教育学生，使其知道什么是对的，什么是好的，怎样做到对和好；在方法上，强调循循善诱，以理服人，做深入细致的思想工作，使学生心悦诚服自觉接受教育，把教育转化为学生的自我要求，调动学生接受教育的内在动力，促进学生品德健康发展。

贯彻这一原则的要求如下：

（1）正面说理，疏通引导，启发自觉。学校德育要摆事实、讲道理，循循善诱地提高学生认识，使学生系统地掌握道德理论和道德规范，形成正确的是非观念，启发他们自觉地分清真假、善恶、美丑。只有这样才能使学生知理明理讲理，敞开思想，诚心接受教育，产生自我教育的良好愿望，从而提高道德认识水平。反之，如果采取简单粗暴的训斥、体罚等不正当方法压服学生，则不能深入学生的内心，使其心悦诚服，也就无法真正解决品德培养的任何问题。

（2）树立典型和榜样引导教育学生。在德育过程中，不仅要向学生宣传全国的道德模范人物，树立道德学习的榜样，而且也要发现和宣传学生群体中各个方面的先进典型，尤其要培养和树立后进变先进的典型。通过先进典型的榜样形象，辅助说理教育，激发学生的上进心，教育、引导、激励他们向榜样学习，不断进步。与此同时，可以适当选择一些具有说服力的反面典型和事例教育学生，以增强他们思想言行的警戒，进一步凸显正面榜样的教育、引导、激励作用。

（3）坚持表扬鼓励为主，批评处分为辅。一方面，在德育过程中，发现学生个人和集体表现出来的好思想、好品德要及时给予表扬。恰当的表扬对学生个人而言，可以使其获得积极的情感体验，使良好的行为得到强化，促其进步，也可成为其他学生的榜样，带动他们共同进步。另一方面，对学生的错误、缺点应给予必要的批评，甚至惩罚。抓住适当时机批评处罚学生的错误行为，也是一种伸张正义、制止不良现象的有效方法。

（三）严格要求与尊重学生相结合的原则

严格要求与尊重学生相结合是指在德育过程中把对学生严格的要求与爱护、尊重、信任结合起来。严格要求是指按照教育方针、德育要求对学生进行严格的管理和教育。尊重学生是指教师热情关怀学生思想品德成长，信任他们的力量和能力，相信他们能不断进步，并尊重他们的人格。只有既尊重、热爱学生，又严格要求学生，才能正确地解决教育者对受教育者的感情和态度问题，使学生从教师那里既得到祥和温暖，又得到成长和进步的动力。

严格要求与尊重热爱是辩证统一的。没有对学生的尊重信任就不能有效地对学生进行品德教育。对学生的尊重热爱，只有与严格要求相结合，才能激起学生的自尊心、上进心和自信心，才能促使学生克服困难，自觉履行教师提出的德育要求，逐步形成坚强的意志和性格，进而转化为品德行为习惯。

贯彻这一原则的要求如下：

（1）爱护、尊重、信任学生。教师要尊重学生的人格和权利，尊重学生的力量和能力。首先，保护学生的自尊心是爱生的重要方面，教师对学生的冷漠、不信任、不公正等粗暴态度会损伤学生的自尊心，一旦自尊心受挫，学生就会缺乏上进心，甚至自暴自弃。因此，教师的一言一行、每一个教育要求和措施以及情感的控制运用，都要有利于激发和维护学生的自尊心和上进心，并将其引向积极健康的方向，唤起他们对自己行为的责任感、荣誉感。其次，教师要以平等的态度对待学生，虚心听取学生的意见，尊重学生对教师所提的批评意见和合理化建议，虚心接受学生的正确意见。

（2）要求要合理正确，明确具体，严宽适度，要有连贯性。"合理"是指德育工作中要求要合法、合理、合情，"正确"是指所提德育要求是科学的，符合教育目标，合情合理，这是首要条件和根本前提。"明确"是指所提德育要求有确定的意义和内容，能使学生明确地感知和理解，而不能含糊不清、模棱两可，使学生无所适从。"具体"是指所提德育要求具有确定的具体意义和内容，而不能是抽象的空洞的一般化要求。"适度"是指所提德育要求符合学生身心特点和品德实际水平，既不太高也不太低，是学生经过努力能够做到的。"有连贯性"是指德育要求在提出之前要慎重考虑，要求一经提出，就要认真执行，坚定不移地贯彻到底，督促和帮助学生切实做到，绝不姑息、迁就。

（3）教育者对学生提出的要求要督促学生切实做到。对学生的要求严格，不是指语言上的严格，更重要的是要求学生行动上要认真执行、切实做到，才能达到教育目的。

（4）要形成尊师爱生的师生关系。尊师爱生是对师生之间良好的教育关系和道德关系的概括。建立尊师爱生的师生关系是贯彻严格要求与尊重学生相结合等德育原则的重要条件。首先，教师要严于律己，增强德育要求的严格性、坚决性和权威性。要求学生尊师，教师先要爱护、尊重学生，虚心听取学生的意见和批评，并有自我批评的精神。其次，学生要尊重教师，虚心接受教师的教导，理解教师的苦心，从而形成民主平等、感情深厚、互尊互敬的师生关系。

（四）教育影响一致性和连贯性的原则

教育影响一致性和连贯性的原则是指学校在德育过程中应当有目的、有计划地把来自家庭、社会等各种教育力量加以组织、调节，按照教育方针和培养目标统一认识、统一步调、协调一致、前后连贯地教育影响学生。

青少年学生生活在复杂的社会环境中，交往广泛，参加的活动、接受的信息和影响复杂多样，这些对他们思想品德的形成必然产生各种影响。学生品德的形成，必须经过一个长期培养逐步提高的过程。要使学生明了一个道理、形成一种观点和信念、养成良好的行为习惯，都需要反复教育训练。在这个过程中，如果学生的整体教育环境中的家庭、学校、社会等教育影响不一致，相互矛盾，教育作用就会互相抵消，甚至使学生思想混乱、行为无所适从，阻碍他们的发展，影响德育效果。因此，学生的品德成长需要家庭、学校和社会教育的密切配合、协调一致，形成统一的教育力量。

贯彻这一原则的要求如下：

（1）发挥教师集体的作用，统一学校内部各方面的教育力量。学校是学生品德成长的重要环境，学校内部的各种教育力量对学生的德育影响要保持一致。首先，校长要统一领导，组织全体教职工和学生组织，按照统一的培养目标、德育要求、内容和计划，对学生进行教育。其次，班主任、任课教师和团队组织对学生的德育影响要一致。班主任积极主动地争取任课教师的配合，任课教师自觉地承担教书育人的责任，配合班主任做好品德教育工作。只有形成团结友爱的教师集体，有共同目标和连贯一致的德育要求，才能保持学校内部各种教育力量对学生施加一致的德育影响，更好地培养学生的品德。

（2）学校和家庭、社会的德育影响要一致。家庭是学生思想品德成长的最初环境，家长是学生最早的教育者和启蒙者。家长教育子女的态度方法是影响学生思想品德的重要因素，因此学校必须经常同家长联系，介绍学校的教育情况，共同分析学生的思想表现，研究教育方法，取得家长的配合、支持，共同教育好学生。同时，校外教育机关及社会各部门、团体也是学生德育的重要影响力量，学校要采取相应措施将这些教育力量组织到德育中来，共同研究、协调对学生的教育，开展学生喜闻乐见的各种校外活动，教育和影响学生。总之，学校要加强与家庭和社会各方教育力量的联系，逐步形成以学校为中心的学校、家庭、社会三结合的教育网。

（五）因材施教原则

因材施教原则是指教师要从学生的思想认识和品德实际出发，根据学生的年龄特征、个性差异和当前的思想实际确定内容和方法，使德育更具有针对性。学生之间的差异是多方面的。对每个学生的发展情况还要用发展的观点来对待，应当看到学生并不是一成不变的。在不同的年龄阶段，学生的身心发展都有不同的特点，尤其是在道德行为、道德意识方面有较大差异。学生的个性差异也使教育者在选择德育方法时要因材施教，同样的心理内部矛盾会因个性差异而有不同的表现，需要用不同的方法去促进矛盾的转化。社会是不断发展变化的，学生不可能生活在真空中，其思想实际必然会带有时代色彩，会随时代的变化而产生变化。

贯彻这一原则的要求如下：

（1）深入了解学生的个性特点和内心世界。"因材施教"首先要"知材"，深入了解学生的一般情况与个别特点是进行"因材施教"的基础。18世纪德国的教育家施多惠说："教学必须符合人的天性及其发展规律。这是任何教育的首要的、最高的规律。"孔子深入了解学生的方法是"视其所以"（观察他的日常行为），"观其所由"（看他经历之事），"察其所安"（细查他的意志所向）。

（2）根据学生的个人特点有的放矢地进行教育。"因材施教"要面向多数，照顾两头，正确对待学生在个性特点和素质方面存在的差异。现代教育是面向班集体进行的，在教学中，教师要从大多数学生的实际出发，把主要精力放在集体教育上，与此同时，也要根据学生的不同特点，提出不同的要求，采取不同的方法。不能不顾学生的素质差异都采取一种模式一种方法。

（3）根据学生的年龄特点有计划地进行教育。不同年龄阶段的学生，心理发展、认知都不同，尤其是在道德认知与行为方面，应根据不同年龄不同学段提出不同要求，这也是符合儿童身心发展的需要。

（六）知行统一的原则（理论与实践相结合原则）

知行统一的原则是指在德育过程中，既要重视思想道德的理论教育，又要引导学生参加实践锻炼，既要提高学生思想品德认识，又要培养学生的道德行为习惯，以便把理论和实践、知和行统一起来，使学生做到言行一致、表里如一，最终促进学生品德的知、情、意、行全面和谐地发展。

贯彻这一原则的要求是：

（1）加强思想道德的理论教育，提高学生的思想道德认识。学校要向学生进行系统的马克思主义的基本理论和社会主义政治、法纪及道德规范教育，使学生对世界、对社会、对道德和人生形成正确的立场、观点，明辨是非、真假、善恶、美丑的正确标准，学会运用这些理论分析、评价、解决社会现实生活中的问题，从根本上提高学生的道德认识和能力水平，指导和评价自己的行动。学校在传授理论的过程中，既要搞好显性的德育课程，还要注意通过隐性的活动课程进行。结合学生的学习、生活和品德实际，使学生掌握思想品德教育的内容和要求，懂得做人的道德，使系统的理论教育成为有血有肉、生动活泼、有的放矢的教育。

（2）组织学生参加各种社会实践活动。德育原则的实现离不开学生的实践，学生的实践活动除学习活动外，还包括各种各样的集体活动。学校应当组织学生多参加一些工农业劳动、公益活动以及社会活动等，以这些活动为载体，对学生进行实践教育，晓之以理、动之以情、导之以行，在活动中使学生提高认识、陶冶情感、锻炼意志，形成良好的品德行为习惯；同时引导学生运用相关的德育理论分析、解决实践活动中遇到的道德问题，培养他们分析是非、解决问题的能力。

（3）对学生的评价和要求要坚持知行统一的原则。在衡量学生的思想品德时，既要看动机又要看行动，既要看认识又要看实践，唯有如此，才能使学生养成知行统一、言行一致、表里如一的优良道德品质。

（4）教师要以身作则，严于律己。教师在与学生的交往过程中要言行一致，为学生做出示范。教师在对学生进行教育时，既要言传也要身教，把言教与身教结合起来。要求学生做到的，教师首先自己要做到，只有教师以身作则，才能使教师的言教具有权威性、严肃性，激发学生积极行动，否则学生不会信服教师的德育理论，也就不会去行动。因此，教师的言行一致、行为示范对学生的言行统一具有重要的教育作用。

（七）长善救失原则

长善救失原则又称发扬积极因素、克服消极因素原则，是指教师在德育过程中要善于依靠、发扬学生自身的积极因素，调动学生自我教育的积极性，克服消极因素。学生身上的积极因素和消极因素通常表现为优点和缺点、先进思想和落后思想。在德育过程中，要一分为二地看待学生，依靠和发扬学生的积极因素，并用它去克服消极因素，因势利导，长善救失，促使学生的品德健康发展。具体而言，学生的品德是在其品德内部矛盾斗争中形成和发展的，每个学生的品德都是积极因素和消极因素的矛盾统一体。学生品德中的积极因素和消极因素在一定条件下可以相互转化。德育过程就是要促使学生品德结构的缺点和落后因素转化为优点和积极因素，从而使学生的品德朝着更好的方向发展。

贯彻这一原则的要求是：

（1）一分为二地看待学生。每个学生都既有优点也有缺点。在德育过程中既要看到他们品德中的缺点、弱点和消极因素，又要关注他们的优点和积极因素。在所谓的后进生身上，缺点、弱点和消极因素可能较为明显，优点和积极因素可能较微弱，或表面上被缺点和消极因素所掩盖，不易被发现，这就需要教师用更大的耐心去发掘他们品德中的闪光点，加以扶植，使其不断发扬光大，用这些闪光点去克服缺点和消极因素。对于表现优秀的学生，品德中的优点、长处是主要的，但也存在缺点和消极因素，教师在充分发扬先进学生的优点和积极因素的同时，也要指出他们品德中的缺点和消极因素，使他们正确全面地认识自己，严格要求自己，向更高目标前进。

（2）使学生正确认识自己，自觉地发扬优点，克服缺点。学生思想的进步、品德水平的提高，主要依靠他们自觉地开展品德内部的矛盾斗争，没有学生的主观努力，品德内部矛盾的转化就难以完成。德育工作要善于根据学生的品德实际和行为表现给予必要的理论和方法指导，引导他们全面正确地认识自己的品德水平和状况，促使他们自觉地开展积极的品德矛盾斗争，发扬优点、克服缺点，实现品德水平的提升。

（3）根据学生特点，因势利导。青少年学生的特点是精力旺盛，活泼好动，如不正确加以引导，就会把旺盛的精力用到不正当的活动中去，造成不良后果。因此，德育过程中，要根据学生的特点组织各种健康有益的活动，把他们旺盛的精力引导到积极的活动中，使他们受到教育，品德得到发展。同时，学生品德中的优点和缺点、积极因素和消极因素是相对的，在一定条件下可以互相转化，教师要通过耐心细致的观察，引导学生不断克服缺点和消极因素，使其向积极的方面转化，化消极因素为积极因素，推动学生品德健康迅速地成长。

（八）正面教育与纪律约束相结合原则

正面教育与纪律约束相结合原则是指教育者对学生要坚持以正面引导，说服教育为主，调动学生接受教育的自觉性，同时辅之以必要的纪律约束，使二者结合起来。

贯彻这一原则的基本要求如下：

（1）坚持正面教育原则，摆事实，讲道理，以理服人。正面说服教育是指通过摆事实、讲道理，使学生明辨是非、善恶，提高认识，形成正确观念和道德评价能力的一种教育方法。德育工作重在循循善诱，提高学生的思想认识，教给学生正确的思想观点和方法。所以，教师要对学生坚持正面教育。教师要根据学生的年龄特点提高学生的道德认识，激发学生养成良好行为习惯的动机。对中低年级学生主要是正面引导，因为他们年龄小，对是非、善恶、美丑的辨别与判断能力差，教师可以通过讲故事、看图片等生动形象的办法提高认识，帮助学生明辨是非，分清善恶美丑。高年级学生自我意识较强，要给他们更多的机会进行价值判断，允许他们发表自己的看法、观点，及时发现存在的问题并纠正，将其认识引向正确的方向。同时配合以高水平的说服教育。对于那些在认识上或行为上有错误、缺点的学生，应该从爱护的角度出发，通过讲事实，摆道理，提高他们对错误、缺点的认识，启发他们改正错误、缺点的自觉性，产生进步的愿望。

（2）建立合理的规章制度，把正面教育与纪律约束结合起来。通过制定合理的集体规章制度进行纪律约束，并使学生产生集体归属而自觉约束自己。纪律约束是指教育学生自我控制和改善行为，让学生从爱和约束中学会自尊与自控。对于小学高年级学生，可以通过与他们一起制定规章制度使他们产生对规则的认同感和对集体的归属感，让他们养成自觉遵守纪律的习惯和意识，体现自己作为集体一员的主人翁角色，培养他们对自己、对集体、对社会负责的责任感。

（3）要树立典型，表彰先进，给学生以正面的积极的影响。榜样是无声的力量，是活的教科书。一方面，教师要引导学生学习先进人物的模范行为，鼓励他们树立远大理想，养成严格遵守纪律的习惯。同时还要通过榜样矫正学生的一些缺点，让学生经常对照检查，改正自己的不良行为。如：一年级学生刚入学，首先组织他们参观校园，观看大哥哥、大姐姐的礼貌表现、组织纪律、集合、列队、升旗、课间活动和放学排路队等，大哥哥、大姐姐的模范行为给一年级学生以直观形象的教育，使他们的行为表现有了标准、有了榜样，他们就会比较快、比较好地规范自己的行为。另一方面坚持以表扬、鼓励为主。当学生做得对时，要及时给予表扬。如："你真棒，真了不起，太好了。"当学生还没达到要求时，要给予鼓励。如："别怕，你能行的。""没关系，再来一次，你一定能做好的……"即使是后进生，也要多看到他们的优点、长处，充分利用表扬、鼓励手段激励他们进步的信心，相信他们通过努力一定会有进步，而不能只看到他们的缺点、错误，挫伤其自尊心、自信心和争取进步的积极性。

（4）教师要以身作则，增强说服的力量。在学生看来，教师的形象是无比高大的，教师的威信是无可怀疑的，教师是真理和美德的象征，是一切美好的化身。他们确信教师是自己可以仿效的榜样。教师的任何一个"不经意"的错误或者行为的不检点，将使几节、十几节、几十节课的素质教育毁于一旦，给学生造成一时一事、一生一世的影响。在学生面前，每一个教师都应该是一面旗帜，都应该是学生的榜样。所以，教师要注意自己的言行，凡是要求学生做到的，教师首先要做到，这对学生良好行为习惯的形成会起到很好的促进作用。

（九）集体教育与个别教育相结合的原则

集体教育与个别教育相结合是指在德育中教师要教育集体、培养集体，并通过集体的活动、舆论、优良风气和传统教育个人，同时通过教育个人影响集体的形成和发展，把教育集体和教育个人辩证地统一起来。

集体是学生思想品德形成和发展的最佳环境。活动和交往是学生思想品德形成发展的源泉，是学生社会性发展的重要场所。因此，集体不仅是德育的客体，也是德育的主体。健全的集体具有巨大的教育力量，它的目标、要求、舆论，赋予个体的权利和义务、集体成员间的相互帮助和影响都以有形、无形的力量影响着集体中的每个成员，塑造着他们的灵魂。集体使学生学会正确处理人与人之间、个人与集体之间的关系，养成遵守纪律、团结友爱的良好行为。同时，对学生进行集体教育，要从学生的实际出发，考虑学生的年龄特征和个别差异。每个学生的家庭、社会环境、所受教育、个人生活经历和主观态度都不同，气质、性格和思想品德也有一定的差异，因此，教师在进行集体教育的同时，也要深入了解每个学生的特点，进行个别教育。

贯彻这一原则的要求如下：

（1）建立健全学生集体。集体不是自发形成的，只有通过有意识地培养和教育才能建立。要发挥学生集体的教育作用，就要重视学生集体的培养。要耐心组织、精心培养一个具有共同目标、良好风气、严格纪律、朝气蓬勃、团结友爱的学生集体，通过发挥集体的教育作用，培养学生各种优良个性品质，改变不良行为习惯。

（2）充分发挥学生集体的教育作用。培养集体的过程也是教育学生的过程。集体一旦形成，就成为相对于个体而存在的教育力量。要充分发挥学生集体的教育作用，首先要指导和帮助集体中的干部做好工作，通过干部的聪明才智和组织作用，把教师的教育意图变为对学生的要求；其次要充分发挥集体舆论、风气和传统的作用，使每个学生意识到自己在集体中享有的权利和应尽的责任；最后要开展集体活动，通过活动教育学生，使之形成良好的品德。

（3）加强个别教育，把集体教育和个别教育结合起来。集体是由个体组成的，集体中的个体不仅有共性，而且各具个性。集体教育解决共性问题，个别教育解决个性问题，集体教育和个别教育相辅相成。如果只抓集体教育，忽视个别教育，个别学生的问题可能就会影响整个集体；反之，如果做好了个别教育，可用典型个别带动集体全面，就可能对集体教育起到推动作用。因此，既要进行集体教育，又要进行个别教育，使学生的个性在集体中得到发展和表现。只有每个学生的个性得到充分发展，集体才会丰富多彩、朝气蓬勃。

第二节　德育的途径与方法

一、德育途径

德育途径又称德育组织形式，是教育者为实现德育内容、完成德育任务、达到德育目的对学生实施德育可供选择和利用的渠道。

（一）德育途径的分类

德育途径分为学校德育、家庭德育和社会德育三大途径。学校德育是实施德育的主要渠道，发挥着系统的指导作用。家庭德育和社会德育一般起辅助性的作用。现代教育的民主化与普及化，又把学校德育工作对个体和社会的促进作用提升到了一个前所未有的历史地位。我国2021年10月23日颁布的《家庭教育促进法》，就明确指出中小学、幼儿园要为未成年人的家庭提供家庭教育指导服务。

现代学校的德育具有多种渠道。政治思想品德课是学校德育课程化的主要形式，肩负着系统进行德育的重要任务。其他学科在传授文化科学知识的同时兼具育人的责任。思想政治课程和其他学科的育人性一般被认为是学校进行德育实施的显性课程；学校的各种课外活动、社会实践、生产生活劳动以及共青团、少先队、学生会等活动均具有一定的育人性，一般被认为是学校德育实施的隐性课程。

（二）我国中学德育途径

通过对学校德育途径的分析，我们知道学校德育途径主要有显性课程与隐性课程。显性课程又分为专设的德育课程或德育活动（又称"直接德育课程"）与学科课程（又称"间接德育课程"）。隐性课程主要是学校组织的各种活动，表现在学校的制度、校园文化各个层面。根据具体的学校工作，我们大致可以将学校德育途径划分为思想政治课程与学科课程、社会实践活动、课外活动、校外活动、共青团组织的活动、校会、班会、周会等，其中思想政治课程与学科课程是中学德育的基本途径。

1. 思想政治课程

思想政治课程是学校实施德育的基本途径。是学校组织根据一定社会的政治观点、道德规范，有目的、有计划、有组织、系统地对学生施加影响，使他们形成符合一定社会所要求的思想品德的课程。随着社会经济、文化的发展，各个国家都非常重视思想政治教育。尽管西方社会的政治与教育分离，其在学校进行道德教育的时候不涉及政治，但其公民教育中依然渗透着与其社会相适应的国情、法治与政治文化等。在学校里开设专门的德育课程有助于系统全面地向学生传授道德知识和道德理论，从而能够更好地提高学生的道德认识、道德判断力、道德逻辑分析能力。随着现代社会国家治理的法治化，学校的德育不仅仅是单纯的道德教育，更重要的是培养具有社会责任感的公民。2001年6月，《基础教育课程改革纲要（试行）》中将原来基础教育的思想品德课程改为品德与生活、品德与社会课程。2016年6月，教育部、司法部和全国普法办联合印发《青少年法治教育大纲》，同年，中小学的思想品德课更名为道德与法治，目前部编《道德与法治》教材内容丰富多样，注重生活性、时代性，以专题形式展示了学校德育工作的具体内容，也更容易让学生接受。

2. 学科课程

学科课程也称间接德育课程，就是指语文、历史、数学、物理、化学等非专门开设的德育课程，这些课程中固有的价值教育与道德教育存在着非常密切的相关性，使学科课程成为道德教育的一个重要途径。学科课程与道德教育的相关性主要表现如下：

第一，学科课程自身蕴含着非常丰富的德育素材。美国当代德育学家托马斯·里克纳

(Thomas Lickona)认为,各科教学对于道德教育来说是一个"沉睡的巨人",潜力极大,所以不运用各科教学对道德教育进行间接的价值和道德渗透简直是令人遗憾的。他还列举了各门学科中存在的可以利用的价值因素,譬如语文课中榜样人物和反面角色的相互对比,又如历史课中伟人的德行、自律精神等。

第二,知识教学和道德教育之间存在内在的张力。一方面,道德在学科教育中有不容忽视的地位,道德教育是各门学科的目标之一。另一方面,学科课程的学习,有助于提高学生的理性思维能力,而理性思维能力正是学生世界观、价值观形成的前提条件。

第三,所有的学科都面临如何处理本学科与其他学科的关系问题,道德教育更不例外。在许多国家的教育方针中,虽然没有将德育课单独呈现出来,但都强调通过人文学科等其他非专门的形式进行道德渗透。

学科课程与直接德育课程相比,最大的优势在于以一种学生不自觉的形式潜移默化地实现道德教育的影响,体现的是"润物细无声"的效果。比如,我们现在提倡的课程思政,其实发挥的就是这种作用。因此,在实践操作中,我们要充分认识到直接德育课程与间接德育课程各有所长,我们要做的就是扬长避短,而不是相互替代。

(三) 德育途径的优化和整合

1. 提高学校德育途径的有效性

当前我国处于努力建设和谐社会的现代化进程中,物质层面的群体结构、组织结构,精神层面的意识形态和价值观都随着社会主要矛盾的改变而改变。2017年10月18日,习近平总书记在十九大报告中强调,中国特色社会主义进入新时代,我国社会主要矛盾已经转化为人民日益增长的美好生活需要和不平衡不充分的发展之间的矛盾。人们的生活除了物质文化生活需要,还有政治生活、社会生活、生态文明等领域的需要。学校作为实现德育目标的主体,在这样的背景之下,必须做好内部资源的整合和优化,坚持社会主义的核心价值观引领,使其对青少年的道德成长真正起到引导作用。

2. 充分挖掘各类课程的德育资源

第一,中小学语文、历史、地理、艺术和其他各类课程都要挖掘对学生进行德育的内容,使学生在学习知识、增强能力的过程中受到思想道德教育。

第二,明确全员育人、全程育人的要求,把德育落实到教学、管理、服务的各个方面,各类课程教师要提高师德和专业水平,爱岗敬业,教书育人,为人师表,以良好的思想素质和道德风范影响、教育学生。学校管理和服务人员要在严格管理和优质服务中体现育人导向,使学生从中受到感染和教育。

第三,学校积极开展丰富多彩的德育活动,在活动中增强德育效果。中小学要通过各种仪式教育,比如隆重的开学仪式、升旗仪式、毕业典礼等激发学生爱国情感,培养学生的荣誉感和责任意识;大力开展日常校园文化活动,把德育与智育、体育、美育有机结合起来,寓教育于健康向上的文化活动之中;积极开展网上思想教育活动,建设一批融思想性、知识性、趣味性、服务性于一体的校园网站,使校园网成为传播先进文化的新渠道、加强德育的新阵地、全面服务学生的新平台;深入开展社会实践活动,让学生在实践中受教育、长才干、做贡献。

3. 整合各种德育途径

第一,学校内部德育资源的整合。要依照学校规章制度,严格校规校纪,加强和改进学校管理，形成良好的校风、教风、学风；要做好服务工作，把解决思想问题与解决实际问题结合起来，不断改善办学条件，提高办学水平，指导学生处理好在学习、成才、择业、交友、健康、生活等方面遇到的问题；充分调动学生的积极性和主动性，提高学生自我教育、自我管理、自我服务的能力。

第二，学校德育、家庭德育和社会德育整合。构建学校、家庭、社会紧密配合的德育网络，使德育工作由学校向家庭辐射，向社会延伸。学校要主动和学生家长及社会各方面加强沟通与合作，使各方教育互为补充、形成合力；要正确引导家庭教育，通过家长学校、家庭教育指导中心、家访等多种形式，引导家长树立正确的人才观、质量观和择业观，掌握科学教育子女的方法。要高度重视并充分发挥校外教育基地、爱国主义教育基地和社区教育的作用，依托社会的各种活动，组织开展富有吸引力的德育活动。

二、德育方法

有教必有法。《求是》杂志 2019 年第 1 期发表的习近平总书记重要文章指出，"学习掌握唯物辩证法的根本方法，不断增强辩证思维能力，提高驾驭复杂局面、处理复杂问题的本领。'事必有法，然后可成。'"强调事物发展有其规律，推动工作必须遵守基本规律，讲究科学方法。由此可见，讲究方法是解决问题、达到目的的重要途径。只有掌握了科学有效的方法，才能取得事半功倍的效果。在实际的教育实践中，不存在没有任何方法的道德教育。德育方法和德育途径（渠道）、德育目标、德育内容以及德育的评价方式等自始至终都是紧密地联系在一起的。有经验的教师往往在面临具体的德育现象时，能够做到从容不迫、有条不紊，甚至不假思索地应对，他们看似不假思索，其实都是在反复权衡德育目标后，在内心自觉做出的最有益的选择的结果。任何德育目标的实现，都脱离不了方法的协助。

（一）德育方法的内涵及意义

1. 德育方法的内涵

德育方法是为了实现教育的目标，教育者和受教育者参与德育活动所采用的一系列的活动方式和手段的总称。

第一，它服务于一定的德育目的，是为了实现德育的目标而采用的，当然要依据一定的德育和教育的规律和原则。德育方法是达成德育目标的中介，目标的设立总是受制约于德育过程之外因素的影响，包括社会政治的、经济的、文化的和教育体制等众多因素。

第二，它由教师和学生共同参与，包含教师的施教方式，如教师的教学风格和教学魅力以及个性特征，也包含学生接受教育的方式，如学生自身的性格气质等。在教育过程中，教师和学生都是主体，需要双方的参与和主观能动性的发挥。因此，在教育教学中，任何方法的应用，都是教师与学生主体间参与的过程。当然，在这里教师是教的主体，学生是学的主体，是一种主体间的指导。

第三，它是一系列的方式、手段的结合，既包含内在的思维过程，也包括外显的动作，既有显性的因素，也有隐性的因素，衡量方法的适切性核心的问题是德育方法的选择是否有利于学生品德的发展，是否有利于德育目标的实现。

2. 德育方法的意义

第一，科学合理的德育方法，可以提高德育的实效性。选择正确有效的德育方法有助于提高整个德育系统的科学性和实效性。因为，影响德育效果的因素是多样的，方法是其中的一个重要因素。

第二，科学合理的德育方法能够加强各个不同阶段德育的相互衔接。不同年龄阶段学生的心理承受能力和道德发展阶段不同，结合不同年龄阶段学生身心发展的特点，采用相互衔接的德育方法，能够提高学生的道德水平，促进学生的道德发展。

第三，德育是一个复杂的教育系统，针对不同的德育内容，构建促进学生道德发展的德育方法系统，是现代学校德育研究的一个趋势与方向。当今社会是一个信息化社会，传媒的多样性决定了学生接受知识的多元性，如何运用行之有效的方法解决问题，是促进学生道德成长的关键。而系统性的德育方法则有利于学校德育更好地发挥作用。

(二) 我国学校几种常用的德育方法

我国德育活动形式丰富多彩，历史上积累起来的德育方法也非常丰富。对不同的德育方法进行分类和分析，有助于对方法的掌握和灵活应用，增强德育实效性。我国学校德育方法基本可以分为说服教育法、榜样示范法、情感陶冶法、实践锻炼法、品德评价法和自我教育法。

1. 说服教育法

说服教育法又称说理教育法，是通过语言说理传道，使学生明理晓道、分辨是非，提高学生品德认识的方法。简言之，说服教育法就是通过摆事实、讲道理、启发引导的方式，使学生提高认识，形成正确观点的方法。说服教育法是在德育方法中最常用，也是较为有效的方法之一。

说服教育法的基本精神就是重视对儿童进行正面教育。从提高品德认识入手，以理服人，启发自觉，调动内在的积极因素，充分发挥儿童的主体性，引导他们不断进步。其实，无论采用哪种途径、用何种方法进行教育，一般都伴随着说服教育法。

教师在具体运用说服教育法的时候，必须对说服与说教，说服与压制、强迫之间的差异做出明晰的区分。说服教育法强调对学生讲道理，用充分的证据、合于逻辑的推理使学生信服。教师在进行说服教育时，应当考虑到学生身心发展的实际和他们的经验发展水平，采用能够被他所理解的方式。此外，教师的态度、民主的作风、和学生之间亲近的距离、教师个人魅力和情感因素都制约着教育的效果。说服教育中不仅仅有理智因素的参与，还包含相当大的感性成分，是一个情理交融、以情动人、以理服人的过程。理智和情感共同作用于学生的整个身心才能达到预期的效果。

说服与压制、强迫、利用权威不同。说服教育重在尊重学生的主体地位，把学生看成有理智、具有主体性的人是实施说服教育的前提。而强制、压迫和利用权威则不同，这些方式把学生看作必须遵从权威和强势的弱者，没有主动性、主观性、能动性，没有自身的价值选择的权利和自由，只是盲从、服从、消极被动的人。即使仅仅从追求德育的实效性方面看，这些方式也是不能采用的。压制和强迫可能会立竿见影，但是在学生未能理解、不能接受的情况下，这种方法不可能长期延续下去，会引起学生的反感。相比之下，说服则不同，它需要耐心和充足的理由和推理过程，只有通情达理的教育，才可以引起感情上的共鸣，收到良好的效果。说服教育，要力争做到"情是深的、心是暖的、语言是生动的"教育。教师要利用自己充沛的热情和坚定的信念唤起学生的积极情感，引导他们在道德冲突中选择正确的航向，不断提升自己的道德觉悟。

说服教育的具体方式主要有讲解、报告、谈话、对话、讨论等。运用说服教育法，要注意做到以下几个方面：

（1）明确目的性，要有针对性。教师要从学生的思想实际出发，进行说服教育，注意个别特点，针对性地解决问题，有的放矢，符合学生实际，切中要害；要适应学生的年龄特征和认识水平，防止教育的成人化、形式化；要结合形势发展，防止脱离生活实际，特别要分析学生面临的新情况、新问题。

（2）富有知识性、趣味性。要有感染力，通情才能达理。以理服人、以情感人、情理交融，才能收到说服的效果。这就要求教师说理生动、亲切、具体、形象，并在态度上充满热情，信念坚定，以诚待人，关心爱护学生。这样才能打动学生，激起情感共鸣，将认识转化为学生的内心信念，自觉地指导实践。

（3）善于抓住时机进行说服。教师要善于抓住教育时机，拨动学生心弦，引起情感共鸣。说服要与提出行动要求相结合。说服的各种方式应相互配合、综合运用；要有真实性，所述道理应符合客观实际，所举正反事例应真实可靠；分析问题应实事求是，不夸大、不隐瞒、不缩小。

（4）要以诚待人，有民主性。要鼓励学生敞开心扉，讲出心里话，允许发表不同意见和保留看法。要以商谈、讨论、交换意见的方式进行谈话，尊重学生人格，语重心长，与人为善。

2. 榜样示范法

榜样示范法是用榜样人物的高尚思想、模范行为、卓越成就教育影响受教育者的思想、情感和行为的一种方法。例如"桃李不言，下自成蹊""其身正，不令而行；其身不正，虽令不从""身教胜于言教"等都体现了榜样示范法的作用。

社会学习理论的代表人物班杜拉，特别强调榜样对于儿童道德成长的影响。他认为，父母或者教师在教育的过程中，需要重视利用榜样的示范作用，适时适机地做出选择。榜样示范法的特点就在于榜样的示范。当然，这种示范形式可以是直接的也可以是间接的，目的都是把高深的思想、良好的品德具体化、人格化，使儿童在不知不觉、潜移默化中模仿。榜样富有形象性、感染性和可信性，并且在实践中很容易采用，具有可行性。列宁说："榜样的力量是无穷的。"孔子也说过："三人行，必有我师焉。择其善者而从之，其不善者而改之。"无数中外教育家都曾经向我们指出了榜样的重要性，认为榜样本身具有巨大的教育作用，有作为德育方法存在的教育心理学的优势。虽然不同历史时期，榜样具有不同的时代特征，但是蕴含在榜样身上的品质有着超越历史的特征。而榜样"润物细无声"的功效，能增强教育的可信度，是教育入耳入脑的鲜活的教科书，具有极强的感染力。形象和生动的榜样比起空洞的理由和生硬的说教，更加亲切、更加直接，更加容易为儿童所接受和效仿。

运用榜样示范法的基本要求：

（1）对榜样的选择必须慎重，要选好示范的榜样。榜样应具有先进性、时代性、典型性。榜样总是产生于一定的时代，有着鲜明的时代特征，代表着这个时代的先进性。榜样必须与儿童的年龄阶段、思维特点以及他们的生活息息相关。榜样一般有三种：一是教育者的示范；二是伟人及英雄人物典范；三是典型的优秀学生。

（2）引导学生深刻理解榜样精神的实质，不要停留在表面模仿的层面，要观照主流文化的引领。

（3）激起学生对榜样的敬慕之情。教师要使榜样对学生产生力量，推动他们前进，就必须使学生了解榜样。榜样人格具体、生动、形象，对学生具有巨大的感染力和说服力，容易被学生领会和模仿。

（4）激励学生自觉用榜样来调节行为、提高境界。教师要引导学生向榜样学习，绝不能仅仅停留在故事情节的介绍或一时的感情冲动，而应转化为对学生实际行动的引导，将敬慕之情转化为道德行动与习惯，逐步巩固，加深这种情感。

3. 情感陶冶法

情感陶冶法又称情感教育法，是教师利用环境和自身的教育因素，对学生进行熏陶，使其在耳濡目染中受到感化的方法。它表现为非强制性、愉悦性、隐蔽性和无意识性。一般来讲，情感陶冶法就是让情境、环境和人发生作用，即"陶情"同时也"冶性"。陶情是与人的认知活动相联系的情感和情趣的化育过程；冶性则是和情感联系的认知上的进步乃至人格上的提升。因此，情感陶冶法在道德教育中的运用，就是侧重于情感的功效。例如，让学校的每一面墙都"开口说话"，让学校的一草一木、一砖一石都发挥教育影响，"仁言不如仁声之入人也"，春风化雨等都体现了情感陶冶法。

列宁曾明确地说过，没有人的情感，就从来没有也不可能有人对真理的追求。在品德教育过程中，情感是最好的催化剂。情感陶冶法的优势就是将教育意向和教育内容寓于生动形象、趣味盎然的情境之中，使得学生的认知和情感高度统一，以较少的实践获得较高的功效。当然，和其他方法结合起来它才能发挥更大的作用。情感陶冶法的方式主要有人格感染、艺术陶冶和环境陶冶。人格感染是教育者以自身的人格威望及对学生的真挚热爱和期望对学生进行陶冶的方式。环境陶冶是利用美化的校园环境、优良的校风和班风、美化的家庭环境和良好的家风等，对学生进行潜移默化的影响，以达到陶冶情操、培养品德、净化灵魂的目的。

运用情感陶冶法，要注意做到以下几点：

（1）要有信心和耐心，长期坚持。无论是教育还是环境熏陶的作用，都要经过一个长期的过程，才能显示出来。因此，特别要求教育者要有诚心、耐心、信心和恒心，只要坚持不懈，自然会有好的收获。

（2）要利用社会环境的有利因素，控制和克服不利因素。社会环境是复杂的，积极因素和消极因素交互并存，而且环境中的教育因素对人的感染也不是自发产生的。因此，教育者要自觉利用社会环境中的积极因素，发现和利用生活中的美好事物教育学生；对于环境中的消极因素，要引导学生提高免疫力，防止不良思想对学生的侵害。

（3）要创设有利于学生健康成长的教育情境。教育情境是教育者按照德育目的和要求，运用教育艺术和教育机制，精心设计的一种教育场景。情境教育是在可控制条件下的情感陶冶，收效比较显著。

（4）情感陶冶法要与说服教育法相结合。情感陶冶法必须与说服教育法结合起来才能发挥最大的教育功效。

4. 实践锻炼法

实践锻炼法是指通过有目的、有计划地让学生参加各种实践活动，在活动中锻炼思想、增长才干、培育优良思想和品德行为习惯的一种德育方法。实践锻炼法是促进学生品德内化的有效方法。道德教育应当在活动中培养儿童的道德品质,唯有在活动中,儿童才能掌握道德知识,养成道德品质。美国教育学家杜威提出的教育即生活、教育即生长,就是让学生要在实践中发展学习的能力。

实际锻炼法是培养学生良好的道德和健康人格的需要。人的思想品德和个性的形成,需要的不仅仅是理论修养,更多的是实践。对儿童来说,道德知识往往不是靠灌输得来的,而是在实践中体验到的;即使是灌输的道德知识,没有实践体验的巩固,也是不牢固的,很难形成道德意志,获得稳固的良好的道德行为。著名教育家苏霍姆林斯基说:"道德准则,只有当它们被学生自己追求、获得和亲身体验的时候,只有当它们变成学生独立的个人信念的时候,才能真正成为学生的精神财富。"

实践锻炼法是锻炼新型人才的需要,也是解决面临实际问题的主要手段。学生在面对具体的道德任务时,往往会无所适从,因此,道德实践法就创设了一个桥梁和平台。在完成任务的过程中,它培养了学生的道德情感,巩固了道德认识,练习了道德策略。实践锻炼法使得德育过程寓于学生的主体学习和探索之中,不仅有利于道德知识的积累,也有利于道德技能训练和价值观念的培养,是行之有效的活动策略,具体方法包括劳动锻炼和社会实践法等。

运用实践锻炼法,要注意以下几点:

(1) 要有明确的目的和严格的要求。不论何种形式的实践活动,都要向学生讲明实践的目的和意义,提出严格的要求,使学生知道应该怎样做、在实践中遇到困难怎么办,鼓励他们自觉锻炼。

(2) 要调动学生的主动性,切合学生的实际。选择锻炼形式、提出锻炼要求,要照顾到学生的年龄特征和个别差异,切合学生的实际情况和认识水平,并应根据不同学生的特点,选择不同的锻炼内容和方法。

(3) 要及时进行总结。要肯定成绩,找出差距,表扬先进,激励后进,使学生从实践效果的反馈中,加深情感体验、巩固成绩、增强信心与决心。

5. 品德评价法

品德评价法是教育者依据学生守则、德育大纲等要求对学生的思想和言行进行肯定或否定的评价,促使其发扬优点、克服缺点、形成良好品德、纠正不良品德、全面发展,实现教育工作目标的方法。在学校教育中,教师对学生的品德能否做出公正客观的评价,会对学生良好品德的形成和发展产生重大的影响。

品德是关于个体在思想、政治、道德、法治、心理等方面行为特征的总和。因此,作为评价者应全面观察学生的行为,对学生的品德状况做出公正、客观的评价。但实际上班主任要把握一个班几十个学生的全部行为是不可能的。因此,任何一个教育者对学生的实际观察都是极其有限的。这种有限性随着学生生活活动空间与时间的推移会变得越来越小。一个教育者如果想从他所掌握的有限行为中,对学生整体品德面貌做出较为客观而准确的评定,就需要学会洞察学生的学习、生活,避免对学生产生不正确的评价。

教育者运用品德评价法需要遵循以下要求:

(1) 有明确的目的和正确的态度。无论采用何种评价,教育者都必须明确评价的目的,并在尊重、信任学生的基础上,以说明道理、辨明是非为前提,不能随心所欲、随意滥用,更不能把评价当作发泄个人好恶情感的机会。

(2) 公正合理、实事求是、坚持标准。教育者要深入学生实际,全面了解学生的实际情况。同时,坚持是非面前人人平等,发扬民主精神,奖惩以事实为重、不徇私情、不讲情面,使评价具有较高的信度。还要尽可能地激发学生广泛参与的意识,让学生参与评价,发扬集体舆论的优势作用。

(3) 注重学生的发展。学生的优点与错误均要以发展的眼光来看。在评价时,必须防止简单的非好即坏的价值标准,要做到奖其功而不护其短,惩其过而不折其长。同时,评价要有弹性、有分寸,恰如其分,留有余地。

(4) 因人而异,因材施教。要善于对不同层次的学生提出不同要求,并促使他们在各自的基础上向更高的层次努力。

(5) 奖惩和教育结合起来,坚持育人为目的,不为了奖惩而奖惩。班主任的实际工作经验告诉我们,品德评价的主要形式是属于肯定性评定的表扬、奖励和属于否定性评定的批评、惩罚。然而,对于已经拥有自我价值观念和个性,拥有较强自尊心、自信心的绝大多数学生来讲,具有普遍意义和实际运用价值的是表扬和批评。通过表扬,可以强化他们的自尊和自信,增加他们的荣誉感和责任感,从而唤起他们积极向上的内在力量。通过批评,可以促使其反省,认清自己的错误及其原因,唤起克服缺点的勇气和力量。但是,必须慎重运用肯定和否定的评价方法,在不挫伤他们自尊心的基础上,将肯定和否定相结合。

在德育工作中,对学生进行品德评价,可以帮助教师进一步准确了解学生的思想品德和自己的工作效果,并根据反馈的信息改进自己的工作、调整工作计划、改变工作方法;可以帮助学生正确了解自己,明确自己的努力方向,提高自我评价能力,养成听取他人意见的良好品质,从这个角度讲,品德评价本身就是一种重要的德育手段和德育活动;同时,也可以帮助家长及时了解自己的子女,促使他们配合学校,对子女进行针对性的教育。

6. 自我教育法

自我教育法也称自我修养法、品德修养指导法、指导自我教育法,是指在教育者的启发引导下,受教育者对自己的思想品德表现进行自我认识、自我监督、自我克制、自我提高,主动为自己提出目标,采取措施,实现思想转化和进行行为控制,形成良好品德习惯的德育方法。真正的教育是自我教育,自我教育的关键是激发、调动人的主体意识。而主体意识是一种觉醒水平,是人自主性的心理机制。当人们的主体意识得到调动以后,就能够自觉地唤起自我的情感、兴趣,从而激励自我自觉地进行创造性活动,推动自我积极地实践,进而发展自己、完善自己。

要充分调动学生的主动性、积极性,摆正学生在德育中的位置,发动他们开展自我教育活动,通过开展批评与自我批评来提高认识,形成一种每个学生都是德育工作者的氛围。而自我批评则是要让学生学会自省和自警,培养学生的自律能力。自省,就是要求学生常思贪欲之害、常怀律己之心,如孔子所言"吾日三省吾身",孟子主张"自反""自强",荀子指出"君子博学而日参省乎己,则知明而行无过矣",不断地对自己的思想和行为进行检查。自警,就是要让学生时时警戒、提醒自己,规范和指导自己的思想和行为，通过自觉地调节和控制自我，成为一个有所作为、有所成就的人。

运用自我教育法，应注意以下几点要求：

（1）要激发学生自我教育的愿望和培养自我修养的自觉性。一个人自我教育能力的强弱，主要受四方面因素的影响：自尊心和荣誉感；积极表现与上进要求；自我分析与评价意识；集体观念与集体气氛。凡是自尊心荣誉感强、积极表现要求上进、具有自我分析评价意识的人，必然会注意自我约束、自我要求，努力使自己的思想言行符合社会的要求。因此，培养自我教育能力，就要培养自我教育的心理素质，提高自我修养的自觉性。

（2）要根据学生的年龄特征不断提出自我教育的要求。低年级学生，自我调节与控制言行的能力比较薄弱，主要依靠教育者与父母的管理和教育。从小学高年级开始到初中以后，学生的自我意识逐渐增强，独立性和批判性的要求提高，自控能力提高，这个时候就要注重对学生自我教育的引导，通过自我教育进行纠偏。

（3）要不断提高学生的品德思维与品德评价能力。要求学生进行自我教育，必须使他们有一个判断是非、区别真伪、辨别美丑的标准，能够独立地分析自己的思想品德表现。

德育方法是由一系列德育手段、德育方式组合而成的，是丰富多彩的。教育者在具体的道德教育活动中不能仅仅采用某一种德育方法，而是需要在不同的方法之间游刃有余，进行选择和整合。德育活动是具有一定艺术性的实践活动，终归需要面对一定的学生，在一定的情境下进行。因此，教育者在自觉地对德育方法整合之后，还需要及时地对方法进行反思、批判和创造，为德育方法的更新注入新鲜的血液和活力。

三、德育方法的选择和实施

德育方法的构建是一个系统而长期的工程。苏联教育学家马卡连柯认为，具有教育意义的不是孤立的教育手段，而是和谐组织起来的手段体系。应当说，在德育方法上也是如此。不同的德育方法往往依据不同的德育目的，遵循不同的德育原则，并且是在相异的情境中选择的结果。在德育实践中对德育方法的选择要注意方法的针对性和实效性。

（一）注意考虑社会生活实际

一切道德都是社会性的。恩格斯曾说："人们自觉地或不自觉地，归根到底总是从他们进行生产和交换的经济关系中吸取自己的道德观念。"也就是说人的道德观念的形成很大程度上是由社会环境特别是社会经济关系决定的。作为没有完全社会化的学生更是如此，他们不可能脱离当代中国的社会现状和道德现实。

面对价值取向多元化的现实，培养道德主体是社会发展的必然要求。道德主体是在道德活动中具有认识能力和实践能力的人。在价值趋向多元化的今天，积极的与消极的、东方的与西方的、传统的与现代的、现代的与后现代的等多种价值观的并存成为不争的事实。德育作为塑造主体灵魂的社会实践活动，其重要使命就是引导学生接受社会主导的主流价值观，使学生学会在纷繁复杂的价值现象面前做出正确的选择。社会的价值导向比较单一时，学校德育往往通过制定道德规范、宣传正确的价值观、向学生灌输价值准则完成自己的使命。面对社会价值取向多元、甚至要求我们要用包容的态度面对一切的时候，传统的灌输教育就很难达到目的。所以学校教育在坚持社会核心价值观的同时，要教会学生如何辨析、取舍和选择，成为道德自我发展的主体。

学生的生活既有家庭、社会的影响，更有学校的影响。学校生活与社会生活不可能完全脱节。严格来说，学校的德育影响要与社会影响形成一定的张力，通过社会实践与学校相互影响不断促进学生的道德品质形成。因此，学校德育必须走出封闭的课堂，推行多种多样开放式的德育模式，运用多种多样的德育方法，加大实践环节，让学生走向社会，投身于火热的社会实践生活，体验复杂多变的社会道德情境，尝试进行道德抉择。让学生在现实的人际交往中体验情感，在克服各种困难中磨炼自我意志，在解决具体问题中履行道德行为，真正做到学校德育实践化、学校德育社会化。

（二）有针对性地克服德育存在的问题

经济全球化、科技国际化、文化多样化、信息多元化正冲击着校园。现代通信工具的发达，使学生再也不囿于在课堂、报纸上了解世界，互联网成为一个方便、快捷地了解世界的窗口。多元思想观念、道德规范的并存、交流和碰撞，使学生的思想道德充斥着各种矛盾。面对这些考验与挑战，必须研究德育与文化的关系，研究学校德育的环境，研究"环境与成才"的关系，有针对性地开展工作。

德育是学校按照一定的社会要求，有目的、有计划、有步骤地培养受教育者，使其具有一定政治、思想和道德品质的活动。德育的独特功能，是把社会的政治原则、思想体系、道德规范转化为学生的精神财富。应该说，社会环境的影响是学生思想品质形成和发展的决定性因素。但是社会影响是极其复杂的，既包含积极因素，又有消极因素，而且这种影响缺乏计划性、系统性。学校德育要以其自身特有的优势，对社会影响进行有利的调节和控制，促进学生思想内部矛盾向有利于形成良好思想品质方面转化，在学生思想品质形成过程中发挥主导作用。

（三）密切结合青少年的发展实际

新时代的青少年处于一个多元、开放、变化的社会环境中，他们在道德发展、价值选择和人生取向等方面都面临着多方面的选择。一方面，青少年学生必须在教师的指导下学会自我判断、自我抉择、自我控制和自觉成长，这是道德主体必备的意识和能力。另一方面，当代青少年自身有成为道德主体的需要。随着主体教育理论的发展，道德生活的主体性日益受到重视。国家、集体、个人作为不同的利益主体对教育的需求存在着内容上和层次上的不同。国家要求教育培养"经济人"和"政治人"，集体要求教育培养"组织人"，个体则想通过教育使自己成为"主体人"。德育要取得好的效果，首先要尊重青少年的主体地位，要给青少年足够的尊重和信任。要正视、相信青少年的接受能力。要深入了解青少年，根据青少年的天性来进行教育。要开展互动教育，调动青少年的积极性和主动性。要改变以教育者为中心的思维方式，改变"灌输式"的教育方式，使青少年由教育过程的被动接受者变为主动参与者，在师生主体间的互动教育中达到自我教育的目的，让青少年懂得自己要求自己，自己监督自己。只有青少年真正参与社会实践，成为他们自身的道德主体，他们才能有感受，才能在感受中升华道德情感，形成道德认识，并转换为道德行为。只有密切结合青少年的发展实际，使青少年在社会生活实践中不断提高思想境界和道德境界，最终达到自我道德的和谐统一，才能真正实现德育的目标。

思考题

1. 联系实际谈谈德育基本原则有哪些。
2. 试述学校常用的德育方法及其基本要求。
3. 如何选择德育方法？如何提高德育方法的有效性？
4. 简述贯彻教育影响一致性与连贯性德育原则的基本要求。
5. 简述长善救失德育原则的基本要求。

第五章 中学生品德的形成与发展

学习目标

1. 了解中学生品德发展的特点、过程及影响因素；
2. 能在教育教学活动中根据影响品德发展的因素，帮助学生形成良好的品德；
3. 理解品德不良的含义，了解品德不良的类型；
4. 能说出常见的中学生品德不良现象，并能根据品德不良现象形成的原因采用恰当的方法进行矫正；
5. 理解社会主义核心价值观的科学内涵及中学生培育社会主义核心价值观的重要性；
6. 掌握社会主义核心价值观培育的策略，能在教育教学活动中对中学生进行社会主义核心价值观的培育。

本章知识结构图

```
                              ┌── 中学生品德发展的特点
         ┌─ 中学生品德发展概述 ─┼── 品德发展的一般过程
         │                    └── 影响品德发展的因素
         │
         │                        ┌── 品德不良的含义及类型
         │                        ├── 中学生常见的品德不良行为
中学生品德的├─ 中学生品德不良行为及其矫正 ─┼── 中学生品德不良行为形成的原因
形成与发展 │                        ├── 中学生品德不良行为的矫正方法
         │                        └── 中学生品德不良行为的矫正过程
         │
         │                              ┌── 社会主义核心价值观的内涵
         └─ 中学生社会主义核心价值观的教育与培养 ─┼── 中学生社会主义核心价值观培育的重要性
                                        └── 加强中学生社会主义核心价值观培育的策略
```

中学阶段是品德形成的关键期，了解中学生品德发展的特点、过程及影响因素有助于教师帮助学生形成良好的品德。受多种因素的影响，中学生在成长中会出现一些品德不良行为，教师要掌握品德不良矫正的方法。中学生正处于人生成长历程中最为重要的时期，加强对中学生社会主义核心价值观的培育具有十分重要的意义。

第一节 中学生品德发展概述

一、中学生品德发展的特点

品德发展是指个体的品德发展，即指个体随着年龄的增长，其品德遵循着一定的规律，是一个由简单到复杂、由量变到质变的过程。[①] 中学生品德发展是随着其身体的发育、心理的完善而逐渐成熟起来的，与他们的认知水平、心理发展水平、社会环境、家庭教育和学校教育有着密切的联系。中学阶段是学生品德形成发展的关键时期，具有鲜明的特点。

（一）从他律向自律发展

在中学阶段，学生的品德发展非常迅速。中学生的品德发展遵循皮亚杰的道德发展阶段理论，即伦理道德从他律向自律过渡，道德规范由他律阶段的认识肤浅逐渐变成自我阶段深刻起来，主要表现在以下几个方面：

1. 自我意识增强

在品德发展的过程中，中学生更加关注自我修养，并努力加以提高。[②] 与小学生相比，中学生对自我道德修养的反省性和监控性有了明显的提高，这为他们产生自觉的道德行为提供了有效的前提。

2. 品德结构更加完善

中学生的道德认识、道德情感与道德行为三者有机协调，再加上道德意志逐步提高，形成一个较为完善的动态结构。这样，他们不仅按照自己的道德准则去行动，而且也逐渐使其成为稳定的个性心理结构的一部分。

3. 道德理想与信念逐渐形成

中学阶段是个体道德信念与理想逐渐形成并以此指导行动的时期。在初中阶段，个体品德发展不稳定，但伦理道德已开始形成。到高中阶段，个体品德发展趋向成熟，表现为独立、自觉地依据道德信念、价值标准等来调节自己的行为，使个体道德行为更具有原则性、自觉性。

4. 道德行为习惯逐步巩固

由于道德理想与信念的指导，中学生能够把内心形成的道德认识、情感和意志，外化为个人自觉的道德行为，并逐渐形成与道德伦理相一致的、较为稳定的道德行为习惯。

（二）由动荡向成熟过渡

科尔伯格在皮亚杰的研究基础上进行扩展，提出人类道德发展的顺序性，认为个体的

---

① 任平，孙文云．现代教育学概论［M］．广州：暨南大学出版社，2018：311.
② 杨韩生．现代教育学［M］．沈阳：沈阳出版社，2015：360.

道德成熟过程就是道德认识的发展过程，道德认识的过程可以通过教育过程培养而形成。初中生和高中生的品德发展具有较明显的差异。

1. 初中生的品德发展具有动荡性

从总体上看，初中阶段学生的品德发展具有动荡性，是容易发生品德两极分化的时期，表现为品德的不成熟、不稳定。虽然初中生道德观念的原则性、概括性与小学生相比有所增强，但还带有一定程度的具体经验特点；道德情感表现丰富、强烈，好冲动；道德意志水平与小学生相比虽然有了很大提高，但有时显得比较薄弱；道德行为有一定的目的性，但愿望与行动经常存在冲突。据相关研究，初二是品德发展的关键期。

 拓展阅读

初二现象①

初中生正值"身心聚变"时期，其中初二学生尤为明显，美国心理学家霍林沃斯称之为"心理性断乳期"。还有人认为初二是整个中学阶段"最危险"的阶段，初二学生最难管理，被称之为"初二现象"。从大量青少年犯罪案例分析来看，14岁（相当于初二年级）是青少年犯罪的易发期。种种状况表明，初二是人成长发展的转折点，也是教育的关键期。另外，初二是初中生活开始分化的时期。经过一年的学习、生活，环境熟悉了，人也熟悉了，一些学生就不像初一那样规矩了。所以初二学生无论在学校还是在家里，我们都要特别关心。

"初二现象"的焦点问题

1. 早恋

初二学生的年龄基本在14岁左右，这个年纪的学生已经进入青春期，不管是男生还是女生，他们的身体和心理都发生了许多巨大的变化。青春期的学生对异性有着羞涩的好奇，对自己喜欢的异性过分关注，甚至暗中往来。某中学教育处主任介绍，早恋现象主要集中于初二年级，同学之间肆无忌惮地开玩笑，部分男女生表现过分亲密。

2. 上网

初中阶段，初二学生上网最多，尤其是男生，有的几乎整天都泡在网吧里，不停地打游戏，饿了就在网吧干吃方便面，有的甚至逃课上网。这些学生往往很难管教，有时即使老师把他们带回学校，对其进行教育或者惩罚，也往往收效甚微。

3. 学习成绩下降

在学习上，初二是一个分水岭。一部分同学适应了初中的学习节奏，在初二进步很快，成绩由中等上升为优秀；但也有一部分学生存在畏难情绪，将心思用在学习之外，成绩迅速下降，对学习失去兴趣，自暴自弃，从此一蹶不振。

4. 逆反心理严重

初二学生的另一特点是"不服管教"，总认为自己是对的。一些同学对老师、家长的批评教育不再虚心接受，开始反驳顶撞，甚至嘲笑师长；越是父母、老师不让做的事，他们做得越起劲，一定要和师长"对着干"。

---

① 马慧. 快乐学习　快乐成长 [M]. 兰州：敦煌文艺出版社，1997：197-198.

2. 高中生品德发展趋向成熟

对于高中生而言，首先，他们对于道德知识的理解更加概括、抽象和深刻，他们可以理解一些抽象的道德概念、道德原则及道德理论等，能够把握道德当中社会与个人之间的关系。其次，他们的社会性道德情感进一步提高，面对社会的一些公共道德事件的反应能力、素养进一步提高。最后，他们道德行为的可塑性减小，行为习惯也趋于稳定。总之，高中阶段学生的品德发展进入了以自律为主要形式的成熟时期，并初步形成人生观和世界观。

二、品德形成的一般过程

人的品德的形成过程不是自发的，而是在人与人、人与社会交往过程中，在错综复杂的多重力量下综合形成的。[1] 品德的形成一般需要经历依从、认同、内化三个阶段。

（一）依从阶段

这一阶段也称他律阶段，依从包括从众和服从两种意义。从众是指人们对于某种行为要求的依据或必要性缺乏认识与体验，跟随他人行动的现象。服从是指在权威命令、社会舆论或群体气氛的压力下，放弃自己的意见而采取与大多数人一致的行为。[2] 这个阶段迫于外界的要求，个体在行为上保持与群体的一致，而内心可能是抵触和不接纳的。依从阶段的个体行为具有盲目性、被动性和不稳定性，随情境的变化而变化。如有的学生为了获取荣誉而带有功利性地做好事。

处于依从阶段的品德，水平较低，但是一个不可缺少的阶段，是品德建立的开端环节。

（二）认同阶段

这一阶段也称自律阶段。认同是指个体在思想、情感、态度和行为上主动接受他人的影响，使自己的态度和行为与他人相接近，从而能够自愿、主动接受规范影响。认同实质上就是对榜样的模仿，其出发点就是试图与榜样一致。与依从相比，认同更深入一层，它不受外界压力控制，行为具有一定的自觉性、主动性和稳定性等特点。在这个阶段，主体尽管对道德行为规范本身仍缺乏清晰而深刻的认识与体验，但由于对榜样的仰慕，在行为上就表现出试图与榜样一致的特点。认同的愿望越强烈，对榜样的模仿就越主动，在困难和压力面前，就能表现出坚强的意志和毅力。[3] 如有的学生看到别人做好事，内心非常敬佩，决定以后遇到这样的情景也要这样做。

影响认同的因素主要有榜样的特点、行为的性质、示范的方式等。这一阶段，个体的认识、行为比他律有了自觉的一面，但还没有达到自动化的状态。

（三）内化阶段

这一阶段也称自由阶段。内化是指个体在思想观点上与他人的思想观点一致，将自己所认同的思想和自己原有的观点、信念融为一体，构成一个完整的价值体系。这一阶段，个体的行为动机是以规范本身的价值信念为基础的。以价值信念为基础的行为通常能给人

---

[1] 任平，孙文云. 现代教育学概论 [M]. 广州：暨南大学出版社，2018：309.
[2] 张晓剑，王啸，薛飞豹. 新教师专业成长 [M]. 青岛：中国海洋大学出版社，2016：49.
[3] 王晓戎. 教育心理学 [M]. 西安：陕西师范大学出版社，2018：191.

带来一种满足感，即获得某种内部奖励，此时个体的价值信念就成为稳定和自觉行为的内在条件。这种状态是通过不断实践获得的。如有的学生经常帮助别人并从中获得了愉悦感，所以，一看到别人有困难，就积极主动地前去帮助。

在内化阶段，个体的行为具有高度自觉性和主动性，并具有坚定性。此时，稳定的品德形成了。

三、影响品德发展的因素

影响品德发展的因素是多方面的，其中家庭、学校和社会是影响学生品德发展的外部因素。此外，学生自身的个性特点与其品德的形成和发展也有密切联系。

（一）外部因素

1. 家庭教育对学生品德发展的影响

家庭是儿童的第一所学校，父母是儿童的第一任老师。家庭是影响儿童、青少年品德发展最早、最连续持久的环境因素。[①] 每一个人的成长都不可避免地带上家庭教育的烙印。

（1）家庭结构。家庭结构是否完整对中学生的身心发展有重要的影响。如果孩子缺乏应有的父爱或母爱，心灵上容易受到创伤，那么对孩子品德发展易造成不利影响。

（2）父母的文化程度、品德修养。我国有关研究表明，家长的文化程度、品德修养对子女的品德发展也有显著影响。家长的文化程度是影响家长教育观念、教养方式和教育能力的重要因素。一般来说，家长文化程度越高，越容易接受先进的教育观念和合理的教养方式，也具有较强的教育能力，因而有利于子女的品德发展。父母常常是孩子心目中的榜样，他们的言谈举止对孩子有直接影响。

（3）家庭气氛。家庭气氛对子女的品德发展也有一定影响。家庭气氛是指家庭集体中的人际关系、情绪色彩和一般态度。如果家庭充满温馨和睦的气氛，孩子就会有安全感，这种气氛容易激励孩子奋发向上，形成良好品德。如果家庭充满了紧张的气氛，父母一直争吵不休，孩子长期生活在这种缺乏温暖和安全感的环境中，身心发展将会受到严重损害，品德发展也会受到不良影响。还有些家庭缺乏健康的精神生活，追求低级趣味，在这种家庭氛围中长大的孩子心灵会受到污染，很难形成正确的人生观、世界观。[②]

2. 学校教育对学生品德发展的影响

学校是有目的、有计划、有系统地对儿童和青少年进行教育的专门机构，因此学校也是影响儿童和青少年品德发展的重要因素。这种影响不仅通过德育途径来实现，还通过诸如集体舆论、班风、教师的工作作风及他们之间的关系等因素来实现。

（1）班集体。班集体是构成学校集体的基本单位，中学生在班集体里接受着教师系统的教育和引导。教师在上岗之前都接受过系统的教育，具备一定的资质，他们根据一定社会的思想政治观点、道德行为规范和学生的身心发展规律，通过学科教学，全校、年级、班级的团队活动，以及课外和校外活动，有目的、有计划地塑造学生的心灵，培养学生良好的道德品质。

---

① 董世华. 教育知识与能力简明教程 [M]. 武汉：华中师范大学出版社，2016：168.
② 卢家楣，伍新春. 现代心理学基础理论及其教育应用 [M]. 上海：上海人民出版社，2014：490.

案例

诚实守信不能丢①

"同学们,诚实守信是一个人的立身之本,是人立足社会中应具备的起码的道德。看看宋庆龄先生在面临各种困境时,是如何做到诚实守信的。有一天,宋庆龄女士告诉幼儿园的小朋友,要到幼儿园去看望他们。幼儿园的小朋友听了都很高兴,都等着宋奶奶的到来。可是天有不测风云,晴朗天空刮起了大风,霎时间飞沙走石,路上的行人都睁不开眼,大家议论,宋奶奶可能不会来。正在这个时候,宋奶奶不顾漫天风沙,满脸笑容地走下汽车,来到孩子们中间。一位老师感动地说:'天气不好,我们以为您今天不会来了。'宋奶奶说:'不,我不能失信,应当遵守诺言。'同学们都听到了,面对这么小的事情,我们的国母尚且如此,我们有什么理由不自觉做到诚实守信呢?

"同学们,诚实守信是一种美德,诚信是做人的一种品质,是职业道德的根本。是个人成就事业的根基。作为新时代的青少年,在学好文化知识的同时,还应该培养诚实守信的思想品质。同学们,请记住,诚信无价,让我们从自己做起,从现在做起,从身边的每件小事做起,做一个诚实守信的好公民!"

这是一名教师在班级中对学生进行思想品德教育的案例。教师通过生动的语言告诉学生,为什么要遵守诚实守信的道德规范以及如何成为一名诚实守信的好公民,从而提高学生的道德水平。

(2)教师的领导方式与作风。教师的领导方式与作风也与学生品德形成紧密联系。如果教师以民主的态度对待儿童和青少年,他们将向情绪稳定、态度友好等方向发展;如果教师采取专制的态度对待儿童和青少年,将易使他们向情绪紧张、攻击性和不能自制等方向发展;而如果教师采取放任的态度对待儿童和青少年,将易使他们向无组织、无纪律等方向发展。②

(3)同伴群体。在学校里,每个学生都生活在一个或数个相对稳定的群体之中,这些群体有正式学生群体和非正式学生群体。非正式群体主要是以情感为纽带,以满足成员的交往、归属的心理需要为目的,大家会奉行群体多数成员认同的行为规范和价值观。因此,学生交往的群体对其态度和道德行为有着很大的影响。

3. 社会环境对学生品德发展的影响

如果说年幼儿童的品德主要受家庭教育的影响,那么,随着儿童进入青少年时期,社会环境对他们的影响越来越大。社会环境包括社会风气、社会舆论及大众媒介等。中学生不可能与社会隔绝,他们的道德信念和道德价值观正处于形成的过程中,很容易受到环境的影响。

(1)社会风气。社会风气的好坏对学生思想品德的形成有直接的影响。学生在社会生活中的所见所闻与学校、家庭里的教育一致,教师对学生的教育就容易达到教育的目的。如果学生观察到的现象和所感受到的事物与教师的教育不一致,学生就会迷惑不解,从而产生思想矛盾,甚至产生抵触情绪,严重影响学生良好品德的形成。

---

① 蒋一支. 品德发展与道德教育 [M]. 杭州:浙江大学出版社,2013:153-154.
② 莫雷. 教育心理学 [M]. 广州:广东高等教育出版社,2005:381.

（2）社会舆论。所谓舆论，是人们在信息和思想沟通之后的一种共鸣，是表达众人对某些人和事、思想观点的看法、意见和态度，是对人们言行的是非善恶等的认识和评价。健康的社会舆论能扶持社会风气、遏制错误，有助于学生良好品德的形成和发展；不健康或比较偏激的社会舆论对学生个体品德的形成和发展产生消极的潜移默化的影响。

（3）大众媒体。随着时代的发展，网络、电视等大众传媒得到了空前的发展。看电视、上网成了包括中小学生在内的大多数人的生活娱乐方式。若中小学生不能正确看待大众媒体不同层面的报道，对负面、消极的东西不是加以批评并从中吸取教训，而是加以效仿，则会影响个体品德的发展。

（二）内部因素

影响品德发展的内部因素是指学生自身的各种因素，如智力水平、受教育程度以及其他各种心理因素。

1. 认知失调

认知失调理论是美国心理学家费斯廷格提出的。这个理论认为，人类具有一种维持平衡和一致性的需要，即力求维持自己的观点、信念的一致，以保持心理平衡。当认知不平衡或不协调时，个体就会产生不舒服或紧张的心理状态，试图通过改变自己的观点或信念，以达到新的平衡。① 认知失调是个体品德改变的先决条件。

2. 态度定式

个体由于过去的经验，对所面临的人或事可能会具有某种肯定或否定、趋向或回避、喜好或厌恶等内心倾向性。这种事先的心理准备或态度定式常常支配着个体对事物的预料与评价，进而影响着是否接收有关的信息和接收的量。对教师有消极态度定式的学生，可能会把教师的教诲和要求当成为耳边风，甚至引发冲突。

3. 智力水平

智力水平与品德之间的关系非常复杂。国外的一些心理学家在这方面做了不少研究，结果表明：智力与道德判断、道德行为是有关系的，尤其是在童年和少年时代，聪明的儿童在行为动机的道德判断上的得分比智力中等的儿童高。② 但智力和道德品质并不是成正相关的。一个人的智力和先天有关，受遗传因素影响很大。道德品质是后天养成的，与个体所处的环境、接受的教育等有关。

4. 受教育程度

青少年的道德认识和道德判断不仅与智力水平有关，也与他们的受教育程度有一定关系。据科尔伯格等人的研究，人的道德观念可以迁移到道德行为上，这就意味着受教育程度是影响品德形成与改变的因素之一。当然，受教育程度与品德发展水平之间的关系也是很复杂的，在生活中文化水平低甚至一字不识的人呈现出高尚的道德品质的例子也比比皆是。

---

① 任平，孙文云. 现代教育学概论［M］. 广州：暨南大学出版社，2018：312.
② 姬建峰，贾玉霞. 心理学［M］. 西安：陕西人民出版社，2017：306.

5. 道德认知水平

品德的形成与改变取决于个体头脑中已有的对道德准则和规范的理解水平与掌握程度。根据皮亚杰和科尔伯格等人的研究，要改变或提高个体的道德水平，必须考虑其接受能力，遵循先他律而后自律的原则。教育工作者对儿童和青少年讲道理，即传递社会认可的道德观念时，要了解他们的道德认知水平，不能脱离他们的接受能力。

第二节　中学生品德不良行为及其矫正

在每所学校里，都不同程度地存在着一些品德不良的学生，这些品德不良的学生在学校会严重影响整个班级的正常教学秩序，走出学校还会影响社会治安和败坏社会道德风尚。所以，对学生品德不良行为的矫正，不仅直接关系到他们个人的前途，也关系着全体学生道德品质的发展，关系着整个社会的道德风尚。

一、品德不良的含义及类型

（一）品德不良的含义

品德不良是指个体具有的不符合社会道德要求的道德品质与道德行为，表现为个体经常违反道德准则或犯有较严重的道德过错，有的甚至处在犯罪的边缘或已有轻微的犯罪行为。

在鉴定学生的行为是否是不良品德行为时，要注意与过错行为进行区别。所谓过错行为，是指学生无意间，或由于粗心大意、计划不周，或对问题认识不清而犯下的过错行为。二者既有联系，又有区别。过错行为是品德不良行为的开端和基础，是品德不良的前奏，而品德不良行为是过错行为的继续和发展。二者的区别：过错行为的目的性、有意性差，而品德不良行为受不良道德认识和错误思想支配，动机是有意的，目的是明确的；过错行为具有情绪性和不经常性，而品德不良行为具有相对的稳定性。

拓展阅读

中小学生品德不良的判断标准[①]

中小学生品德不良的标准通常包括两个方面：一是年龄标准，年龄应低于18岁，如果是18岁以上的，就诊断为反社会人格障碍。二是行为标准，具体指品行失调的持续时间至少超过6个月，同时至少具备下列情况中的3个：

（1）不止一次地在所有者不在场的情况下偷窃，或当着被害人的面行凶抢劫、敲诈勒索等。

（2）在与父母或其他监护人同住期间，离家出走，至少有两次整夜不回家，或是一次出走而不再回家。

（3）经常说谎（不包括为了避免挨打或为了摆脱性骚扰而说假话），或有伪造行为。

---

① 沈德立，傅安球. 青少年品德障碍及其矫正［M］. 北京：教育科学出版社，1997：1-2.

(4) 故意纵火或蓄意毁坏他人财物。
(5) 经常逃学。
(6) 未经他人允许，擅自闯入别人的住宅、建筑物或汽车。
(7) 虐待他人，或残忍地虐待动物。
(8) 强迫他人与自己发生性行为。
(9) 不止一次地在打架斗殴中使用凶器。
(10) 经常无端挑起斗殴。

中小学生品德不良，按程度不同可分为轻度、中度和重度。轻度的，是指青少年的品行问题刚刚符合或略超过上述标准的条款，而且只对他人造成轻微的损害；重度的，是指青少年的品行问题对照上述标准的条款，已经超过了许多，而且对他人造成了较大程度的损害；中度的，是指青少年的品行问题的数量和对他人的损害程度介于轻度与重度之间。

（二）品德不良的类型

1. 顽固型

这是一些在学校里表现最差、教育难度较大的学生。他们上课不认真听讲，作业不按时完成，欺负弱小同学，把教师的教育当作耳旁风，是非颠倒，美丑不分。这些学生人数不多，能量甚大，在同伙中有一定的号召力、威慑力，是学校和班级不安定因素的主要根源。

2. 随流型

这是一些未定型的品德不良学生。他们没有坚定的道德意志，其行为、观点、评价完全取决于当时的情境，取决于影响他们的势力。当他们暂时没有遇到不良影响时，往往比较平静；但遇到不良影响时，就随流而下。他们对不良影响没有辨别力、抵抗力，常不知不觉、糊里糊涂地犯下错误。

3. 忏悔型

这是一些由于受自己直接需要的刺激、诱惑而犯错误的学生。他们缺乏自制力，抵抗不住自己直接需要的冲动，常常采取不道德的手段满足自己的需要。但一旦犯了错误之后，便悔恨不已，受到良心的责备。他们懂得什么是好的、什么是坏的，并且犯了错误之后，自己也体验到道德堕落的痛苦；但当直接需要再次刺激的时候，还是难以控制自己，重犯错误，结果又用忏悔、悔恨的形式来减轻良心的谴责。

4. 冲动型

这是一些难教的学生。他们情绪激昂，不善于在集体中找到自己的位置。他们经常受到批评羞辱，因而觉得人们对他们不公平，只看到他们的缺点。因此，他们常常愤愤不满、十分敏感，只要别人稍有轻视他们的表示，或他们觉得受辱时，就火冒三丈、怒不可遏。这些学生自尊心特强，有正义感，"路见不平，拔刀相助"，往往"好心办坏事"。

二、中学生常见的品德不良行为

（一）攻击行为

攻击行为是一种经常有意地伤害和挑衅他人的行为。① 这种行为是儿童、青少年中比较常见的一种问题行为，对儿童、青少年的人格和品德的发展有着消极的影响，严重的甚至会导致儿童、青少年走向犯罪。中学生的攻击行为是指中学生以口头或身体的方式对他人的身心进行伤害的行为。比如，用木棍、拳头打人，用语言伤害、侮辱他人人格等行为都属于攻击行为的范畴。攻击行为细分的话可以分为需求得不到满足而产生的攻击行为、娱乐性攻击行为、模仿性攻击行为、习惯性攻击行为及迁怒性攻击行为等。

案 例

爱打人的小明

小明父母工作不稳定，平时忙于工作，疏于关注小明的成长，只关心小明的成绩。由于小明父母的文化水平较低，教育素养较低，不懂得运用科学合理的教育方法。一旦小明成绩不好，他们就打小明。小明在家里受了委屈，就对比他弱小的同学拳脚相向，有时生起气来连老师也不尊重。老师对他的这种行为虽然也进行了批评教育，但由于家长的不配合，收效甚微。久而久之，小明就形成了爱打人的坏习惯。②

由案例看出，小明的攻击行为属于模仿性攻击行为。小明的父母教育方式不当，孩子成绩一旦不好，就动手打孩子，小明从那里习得了攻击行为。因此，从源头上讲，小明的行为属于模仿性攻击行为。此后，小明的攻击行为因为没有得到纠正而形成了习惯，所以小明的攻击行为又属于习惯性攻击行为。

（二）撒谎行为

撒谎是一种虚构或捏造事实的行为，中学生的撒谎主要表现在用不正当的方式隐瞒部分或全部事实。由于这种行为具有欺骗性，所以常常被教师、同学和父母看成是一种不能容忍的品性问题而受到谴责。如果学生从说谎的过程中得到了"甜头"，便会一发而不可收，最终发展成虚伪的、不可信赖的人。作为教师应注意分析学生撒谎的原因，坚持正面引导，帮助他们矫正撒谎行为。

（三）偷窃行为

偷窃行为是指趁人不备非法占有他人财物的行为。③ 一般来说，学生的偷窃行为多为小偷小摸，既不构成犯罪，也不构成行政处罚，只是一种品行上的问题。通常，学生偷窃的对象是公共或私人的财物，如少数的钱财、文具、图书、食品等。偷窃所得的物品，一是据为己有，二是送人或扔掉，三是变卖成钱后花掉。小偷小摸行为如果不及时矫正，易发展为严重的盗窃，危害社会安定。

（四）破坏行为

破坏行为指个体以发泄其内心不满为目的，故意破坏他人或公共物品或活动的行为。

---

① 谢香. 二十一世纪中学生心理健康教育典范（下）[M]. 长春：吉林摄影出版社，2000：1302.
② 庞云凤，王燕红. 小学班级管理策略 [M]. 济南：山东人民出版社，2014：184.
③ 何绍纯，王旭飞. 中学生心理辅导指南 [M]. 沈阳：东北大学出版社，2009：136.

比如，某学生因为嫉妒同学成绩好，放学后留在教室有意损坏该同学的书本、文具等。学生的破坏行为是其内心状态的一种反映，是其内心压力的一种释放方式。但是，他们的破坏行为不仅给公私造成物品上的损失，还影响其他同学的正常学习，甚至影响正常的教育教学活动，给其人际关系带来负面影响，使其成为同学中不受欢迎的人，这将大大影响其社会性的发展。

（五）沉迷网络行为

沉迷网络行为指个体形成了网络迷恋，沉迷于上网聊天或网络游戏，通宵达旦废寝忘食，沉溺其中难以自拔。中学生如果沉迷网络，将严重影响学习和身心健康。

（六）逃学、离家出走行为

作为一名学生，应该按时上课，应该让父母、教师知道自己的行踪。然而，有些中学生却无故逃学，甚至离家出走。这是一种学生的非身份行为，而且还容易与其他不良行为结合起来。

此外，吸烟、赌博、不正当性行为及说话不文明、搬弄是非等也属于品德不良行为。

三、中学生品德不良形成的原因

中学生品行不良形成的原因是非常复杂的，概括起来，有两个方面：一是中学生成长的客观环境的消极影响，二是自身不良的心理因素。

（一）客观原因

中学生品行不良形成的各种客观原因可归纳为家庭、学校和社会等方面。

1. 来自家庭方面的原因

家庭是个体首先接触也是接触最多的一个环境，父母作为孩子的第一任教师，其言谈举止、教养方式等都在潜移默化地影响着孩子品德的形成。研究表明，学生的不良品行与家庭的影响有很大关系。

第一，养儿不教。有些父母工作繁忙或经常外出，没有时间顾及孩子，只注重孩子物质上的满足而忽视了品德教育。比如，家里的钱物随便乱放，心中无数，孩子乱花钱也不过问，孩子从小养成自由散漫、挥霍无度的坏习惯，甚至从偷用家中钱物开始，发展到偷拿别人的东西。另外，还有些父母不和或离婚，或对小孩撒手不管，致使孩子心灵受挫，妨碍其良好品行的形成。

第二，教而不当。家长望子成龙心切，在管教方式上，或者严厉有余而关爱不足，或者无原则地溺爱与庇护，或者父母双方对孩子要求不一、宽严有别，或者祖父母、外祖父母对孩子进行袒护而对父母的正常教育横加干涉，等等，这些做法都不利于孩子良好品行的形成。

第三，父母本身的言传身教差。有些父母思想落后、行为不端，公开教唆孩子做不该做之事。有些家庭不公开教唆孩子做坏事，但自己的不良行为经常暴露在孩子面前，成为孩子模仿的对象。这些家庭的孩子形成不良品行是必然的，而且矫正起来是十分困难的。

2. 来自社会方面的原因

社会环境是影响个体最长远、最全面的社会因素。

第一，社会风气的不良影响。我国虽然是社会主义国家，但由于正处于经济体制转型时期，再加上西方资产阶级腐朽思想的侵蚀，拜金主义、官本位思想、讲排场、拉关系、追求奢侈生活等在社会上仍有一定的市场，这必然对青少年心理产生消极影响。青少年耳濡目染，自然而然形成一些不良的道德行为。

第二，传媒的负面影响。大众传播媒介，例如电视、广播、报纸、网络等，其主导倾向是积极的，但良莠不齐，总有些传媒在某些时空环境向青少年传播了负面效应的信息。即使传媒对一些消极社会现象进行批判时，由于青少年认知水平的局限性，也往往使他们从负面去效仿和认同。

第三，反社会的非正式团体的存在。当前社会，存在着由不良分子和不法分子组成的"团伙"或"黑帮"，他们聚在一起，从事吸毒、偷盗等非法行为。这些反社会的非正式团体经常采用拉拢、欺骗、诱惑、恫吓等手段驱使青少年与其一起做坏事，从而使青少年的心灵受到了毒害，沾染了不良的行为。

3. 来自学校方面的原因

儿童从六七岁开始就进入学校接受系统的教育，大部分时间生活在学校，从小学到中学，要经历十几年的时间，而这一阶段又恰恰是学生智力、人格全面发展的关键时期。因此，学校教育对学生品行的形成更具有主导意义。但是，在学校教育工作中，某些教育工作者由于教育理念的落后、教育方法不恰当及自身修养有待提高等，给学生不良品行的形成、蔓延和恶化制造了机会和条件，主要表现如下：

第一，教师教育理念落后。受应试教育的影响，个别教师没有树立育人为本的教育评价观，对学生的评价过于重视智育，而轻视德育。他们认为学生只要成绩好，就一好百好。对那些成绩落后、升学无望的学生，他们疏于教育与管理。这不利于学生良好品德的形成。

第二，教师教育方法不当。有些教师在教育过程中不能以正确而恰当的方法对待学生。对学生在成长中出现的问题，要么轻描淡写地说两句，不做认真彻底的处理，致使学生的缺点、错误向更严重的方向发展；要么采取强制、惩罚的态度，结果使学生产生对立情绪和逆反心理，加速了学生不良品德的形成。

第三，教师自身修养有待提高。有些教师自身品德不良，一方面容易使学生学习和仿效，形成一些不良的习惯；另一方面，即使教师对其进行正确教育，也不能令学生信服，削弱了教育效果，从而妨碍了学生良好品德的形成。

（二）主观原因

除了上述的客观原因，造成学生品德不良的还有自身的心理因素。

1. 道德认识的偏颇

道德认识是品德心理结构的首要环节，正确的道德认识是良好道德行为产生的前提。研究表明，不良品德行为往往与学生道德认识上的错误或偏颇有密切的关系。有些学生不理解或不能正确理解有关的道德要求和道德准则，如把与教师顶撞视为"英雄行为"，把欺负弱小视为"勇敢"。有的学生虽知道什么能做、什么不能做，但这种道德认识没有转化为指导道德行为的信念，一旦在充满诱惑力的不良环境因素的影响下，就有可能走向邪路。

2. 道德情感的匮乏

道德情感是道德品质中的动力部分,是促进道德观念转化为道德行为的重要力量。调查发现,品德不良的学生道德情感往往匮乏,主要表现在:其一,缺乏集体主义的荣誉感,有着一定的小团伙意识;其二,缺乏责任感和义务感,不仅表现在对班级、学校和社会上,也表现在对自己的各个方面;其三,缺乏羞耻感,做了坏事不仅不感到耻辱,反而引以为荣;其四,缺乏自尊心。

3. 道德意志的薄弱

道德意志是道德认识转化为道德行为的主要自我制约因素。不少学生表现出品德不良行为,并非他们道德认识的无知或欠缺,也不是他们对是非、善恶分辨不清,而是因为道德意志薄弱,经受不住外部环境的诱惑,而做出了违背社会道德规范的行为。主要表现有:其一,缺乏意志的果断性,面对不良的诱惑时,没有与之决裂的果断;其二,缺乏意志的坚韧性,不能将某些良好的道德品质坚持到底;其三,缺乏意志的自制性,不能或不会有效地自我约束、自我控制、自我监督。

4. 道德行为的不良习惯

习惯是个体在社会生活中形成的一种不需要意志控制的、自发的、自然而然的行为。形成良好的道德行为习惯是个体培养道德行为的关键。如果个体已经形成了某种不良的习惯,他就会在类似的情境中无意识地表现出相应的行为,并且因此产生愉快的情绪体验。如有的学生总爱欺负弱小同学,看到受害者的痛苦表情内心不是自责,而是有一种成功感。不良习惯如果不予以根除,任其发展,就必然会导致品行不良。

5. 性格上的某些缺陷

从心理学的角度看,虽然性格没有优劣之分,但一个人性格上的某些缺陷会严重影响他的行为。例如,执拗、任性、骄傲、自私等不良性格特征,很容易使学生无视他人和集体的利益,一心维护个人私利,甚至做出破坏集体纪律和社会公德的行为。

四、中学生品德不良行为的矫正方法

对中学生品德不良行为的矫正可以采用不同的方法。然而,要使这些方法产生预期的效果,必须了解和把握好影响矫正方法的多种心理因素。

(一)影响品德不良行为矫正方法的心理因素

1. 不良行为的动机

任何一个品德不良的学生做出违反道德的行为,总是受一定的动机所驱使的。有时,学生品德不良行为可能受多种不同的动机驱使,教师只有了解行为背后的真正动机,才能采取相应的教育措施。

2. 认知意义的障碍

中学生由于受认识水平所限,有时会按似是而非的理解来领会道德要求,由此造成了认知的障碍。教师可使教育内容适合学生实际,以正反事实对比帮助学生消除这种障碍。

3. 道德要求不符合学生的需要

当教师提出的道德要求与学生的实际需要尖锐矛盾时，学生就会产生对立情绪，出现非激情式的对抗性情绪障碍（如故意忽视教师的要求）和激情式的对抗性情绪障碍（如公开对抗教师），为此，教师应视情况机智处理。

4. 品德不良行为成为习惯

学生已经形成的坏习惯会以一种惰性的反应阻碍其接受正确的教育。为此，教师既不能轻易原谅其过错，也不宜深究其动机，可进行正面对比性教育，也可运用行为矫正术。

5. 自卑心理

品德不良学生往往自卑心理较重，从而影响其奋发上进。教师应善于发现他们心灵中的闪光点，保护他们的自尊心，帮助他们消除自卑心理。

6. 教育的时机

品德不良学生的转变是一个由量变到质变的渐进过程，一般要经历醒悟、转变、自新三个阶段。有了醒悟，才会有以后的转变。教师应该抓住学生开始产生改正愿望这一教育时机，给以充分鼓励和帮助，促进他们向好的方向转化。

7. 外界诱因的影响

品德不良学生的错误行为既受自身错误道德观念的支配，也受外部诱因的影响。因此，教师既要帮助他们改变错误观念，也要有效地控制外部诱因的影响。在一定时期内，可引导学生避开直接诱因。当学生有了一定进步后，可给予他们与诱因接近的机会，以锻炼抗诱惑能力。但这种做法应在估计不会出问题的情况下进行，而且要有适当的引导和监督。

（二）品德不良行为的矫正方法

关于品德不良行为的矫正，有研究者提出了以下切实可行的方法。①

1. 因势法

因势法即因势利导，抓住时机给予适当的教育和激励。因势法又有顺势和反势之别。顺势指在学生有了悔过之意和进步要求时，要及时给予鼓励、表扬，促其发展正确的思想、行为，顺势走向更新之路。反势指在学生思想处于正确与错误、高尚与低级的矛盾斗争中时，提供适当的反面例证，帮助学生认识它的危害性，促其猛醒，激其向上，摆脱旧势力、旧习惯的束缚。

2. 情境法

情境法指创设一定的道德情境，如开展维护公德、尊老爱幼、文明礼貌、互帮互学等活动，使品德不良者在良好情境的影响、熏陶下，既克服自身欲望，又纠正不良行为。

3. 榜样法

榜样对矫正品德不良行为有巨大的作用。提供良好的品德榜样，可以使学生得以对照、思索、学习、效仿，逐渐形成优良品德。榜样可以是集体的，也可以是个人的；可以

---

① 荆建华，刘兴杰，吕纪增. 教育理论专题 [M]. 成都：成都科技大学出版社，1994：100-101.

是抽象的，又可以是具体的；可以是理想的英雄人物，也可以是身边的凡人小事。只要具有一定的教育意义，都可以做榜样。

4. 角色扮演法

运用一定形式改变学生的角色地位，让其充当新的角色，以体验新的人格，接受新的要求，改变不良品德。运用此方法时要注意，要因人而异，对不同行为、不同的人，应采取不同的扮演方式，角色跨度不可太大，以免脱离实际。

5. 行为考验法

考验是一种信任的表示，它可以使人产生一种尊严感，成功的考验会提高改邪归正的自信和意志力。但应当注意考验要在一定的基础上进行，要有适当监督，争取成功。

6. 长善救失法

品德不良的学生身上有缺点，也有优点。但在现实生活中，人们往往只看到他们品德不良行为，而忽视了他们身上的优点，致使部分学生有着严重的自卑心理，表现出"破罐子破摔"的现象。如果教师善于发现他们的优点，及时给予他们合理、科学的表扬，不但能够使他们的心理产生强烈的震撼，而且能够激起他们摒除不良行为的自觉性，使其依靠自身的努力克服不良品德行为。

五、中学生品德不良行为的矫正过程

（一）认识醒悟

认识醒悟是品德不良转化过程的起始阶段。品德不良的学生一旦认识到自己的某些行为是违背社会道德规范的，教育者就应采取相应的措施来加以劝说教育，让他们能及时意识到自己所犯的错误并加以改正。品德不良的学生在学习生活中往往受到很多人的谴责，他们内心也渴望他人理解、关心与尊重，教育者应真诚关心他们，给予他们更多的关心和爱护。一些品德不良的学生往往意识不到自己的不良行为会给自己有切身利益的人或社会带来不良的后果，教育者应抓住时机适时引导，激发他们良知上的觉醒，促使他们醒悟。

（二）行为转变

行为转变是品德不良转化过程的第二个阶段，是建立在认识醒悟的基础之上的。当品德不良的学生产生了改过自新的心向与意愿，并且对自己的错误初步有所认识之后，在行为上会产生一定的转变。在行为转变阶段，品德不良的学生常有反复的现象。这很正常，因为在不断的矛盾斗争中，有时可能正确的道德动机战胜了不道德的动机，因而能继续前进；但有时也可能战胜不了不良诱惑，重又犯错。教育者应积极而耐心地激励和指导学生坚持良好的行为，分清是非。

（三）改过自新

品德不良的学生转变之后，假如长时期不再出现反复，或很少出现反复，就逐步进入改过自新阶段。进入改过自新阶段的学生完全以崭新的道德风貌出现在师生的学习生活之中，同学们信任他们、尊重他们。对待这些个体，教育者要注意：一是避免歧视，要实事求是地把他们看成是好学生，加倍关心他们的成长；二是更为积极地帮助他们形成完整的自我观念。

第三节　中学生社会主义核心价值观的教育与培养

2013年12月，中共中央办公厅印发的《关于培育和践行社会主义核心价值观的意见》指出，培育和践行社会主义核心价值观要从小抓起、从学校抓起。因此，要遵循青少年的身心特点和成长规律，在中学生中积极培育和践行社会主义核心价值观，使他们初步养成诚实守信、孝敬感恩、勤俭节约、团结友善等良好品德。

一、社会主义核心价值观的内涵

（一）社会主义核心价值观的含义

社会主义核心价值观是中国共产党人和中国人民在继承中华优秀传统文化，借鉴人类优秀文明成果，特别是在我国社会主义建设、改革开放中逐步形成和发展起来的价值观念和价值追求，反映了社会主义核心价值体系的丰富内涵和实践要求，是社会主义核心价值体系的高度凝练和集中表达。

要全面、正确理解社会主义核心价值观这一概念，需要从以下两个方面着手：

1. 社会主义核心价值观是社会主义发展理论的深刻体现

19世纪30年代，"社会主义"作为与"资本主义"相对立的一种思想体系在欧洲出现，圣西门、欧文等提出用社会化的方式来解决资本主义所造成的一系列严重问题。此时的"社会主义"，属于空想社会主义。19世纪40年代，马克思、恩格斯在投身工人运动和科学研究的基础上，提出了唯物史观和剩余价值理论，从而把社会主义由空想变成了现实。科学社会主义诞生之后，就在欧洲开始广泛传播。自19世纪40年代以来，社会主义由一种思想体系不断发展为实践运动和社会制度，社会主义为越来越多的人所接受，其原因是社会主义与人类之间有一种基本的价值关系。人类之所以需要社会主义，是因为它对于我们有可以利用的价值，能够满足我们某些最重要的价值需求。社会主义所具有的某些价值，如平等、正义、和谐，正是人类最渴望、最重要的价值需求。这样，社会主义与人类之间就建立了一种被需求与需求的价值关系。①

2. 社会主义核心价值观是中国特色社会主义实践的价值凝练

中国共产党作为马克思主义政党，坚持以人民利益为价值标准，以实现人的"自由而全面的发展"为终极价值目标，探索构建特色鲜明、层次鲜明的中国特色社会主义核心价值观。2006年10月，中国共产党十六届六中全会第一次明确提出"社会主义核心价值体系"的科学命题；2007年10月，中国共产党十七大报告把建设社会主义核心价值体系作为推动社会主义文化大发展大繁荣的首要任务；2011年10月，中国共产党十七届六中全会强调社会主义核心价值体系是社会主义先进文化的精髓，是兴国之魂；2012年11月，中国共产党十八大报告明确提出了"倡导富强、民主、文明、和谐，倡导自由、平等、公正、法治，倡导爱国、敬业、诚信、友善"的社会主义核心价值观。社会主义核心价值观

---

① 黄进.论核心价值观［M］.南京：南京师范大学出版社，2014：14-16.

是经过吸收我国民族传统文化，借鉴其他国家和民族的文化，并且根据当前我国的基本国情形成的，它涉及经济、政治、文化、思想等社会生活的方方面面，集中体现了社会主义意识形态的本质属性，是中国特色社会主义制度的精神内核。它应是在我国长期社会主义革命和建设条件下，人民群众在生活实践中所形成的主导价值观，在社会生活中处于主导、统摄或支配地位，是为广大人民群众所普遍接受、认同的价值观。

总之，社会主义核心价值观是社会主义制度的内在精神的根本体现，是社会主义基本的、长期稳定的社会关系及价值追求的集中反映，是社会主义意识形态的本质体现。[①]

（二）社会主义核心价值观的基本内容

富强、民主、文明、和谐，自由、平等、公正、法治，爱国、敬业、诚信、友善，这二十四个字，从国家、社会、公民三个层面回答了我们要建设什么样的国家、建设什么样的社会、培育什么样的公民的重大问题，是当代中国精神的集中体现，凝结着十四亿中国人民共同的价值追求，是社会主义核心价值观的基本内容。

"富强、民主、文明、和谐"是从国家层面来倡导的，是我国社会主义现代化国家的价值追求。"富强"是社会主义核心价值观的首要价值目标，是中国特色社会主义经济建设的核心价值。自人类产生以来，就一直在不断创造、积累物质财富，设法摆脱贫穷。社会个体如此，民族、国家也是如此。富强是中华民族的千年夙愿，它作为一种价值追求，不仅为当代中国社会普遍认同，而且深深积淀在中华传统文化中，历久弥新。"民主"是公民管理国家的权利，是人类一直在追求的一种价值理念，是中国特色社会主义政治建设的核心价值，没有民主就没有中国特色社会主义。以马克思主义为指导思想的中国共产党自成立之日起就为争取实现人民民主而不懈奋斗。当前，每一个中国人正以前所未有的主人翁姿态通过各种途径和形式管理国家和社会事务，成为国家、社会和自己命运的主人。"文明"是人类社会发展到一定阶段的产物，是社会进步的重要标志，是中国特色社会主义文化建设的核心价值。概括地讲，人类社会的发展史就是一部人类文明史。在社会主义核心价值观中，文明集中体现着社会主义文化建设的前进方向和社会主义精神文明的价值追求。"和谐"是中国特色社会主义社会建设和生态文明建设的核心价值。和谐不仅是中国传统文化的核心理念，而且是人类现代文明和灵魂的核心。在西方，法国的空想社会主义者在18世纪提出了建立和谐社会的构想。马克思主义批判地吸收了空想社会主义中的合理成分，科学地描绘了未来理想社会的蓝图。中国特色社会主义和谐社会建设，正是实现这一价值目标的伟大实践。[②]

"自由、平等、公正、法治"是从社会层面来倡导的，是我国社会主义社会应有的价值追求。"自由"是社会主义社会的终极价值，主要指公民在法律规定的范围内，自己的意志、行为、活动不受限制的权利。自由是人全面发展的前提，是人类永恒的哲学话题和生存话题，与人不可分离。尊重自由，追求自由和保护自由，让个人实现自由全面的发展是社会主义社会不断发展、完善的现实诉求。"平等"是人和人之间的一种关系、人对人的一种态度，是社会主义社会的基本前提。追求平等是人类的天性，也是社会进步的助推器。平等是社会主义核心价值观的根本原则，是社会主义优越性的集中体

[①] 黄进. 论核心价值观 [M]. 南京：南京师范大学出版社，2014：16.
[②] 朱霁. 跨文化视域下的社会主义核心价值观传播 [M]. 湘潭：湘潭大学出版社，2019：7-11.

现，有利于促进社会的公平正义，有利于维护社会的稳定和谐。"公正"即社会公平和正义，是古往今来人们不断追求的理想目标。公正的实现程度，是衡量社会文明进步的重要尺度。① 公正是社会主义的本质体现，是构建和谐社会和实现科学发展的必要前提。公平正义是法治的生命线，我们必须以法治精神守护社会公平正义。促进社会公正，是全面深化改革的出发点和落脚点。"法治"是治国理政的基本方式，是实现自由、平等、公正的制度保证。② 把法治确立为社会主义核心价值观的基本要素之一，鲜明体现了推进中国特色社会主义伟大事业的价值目标，深刻反映了完善和发展中国特色社会主义制度的价值共识。

"爱国、敬业、诚信、友善"是从个人层面来阐述的，是作为我国公民应有的价值追求。"爱国"是公民的社会美德。爱国指的是公民对自己国家的深厚感情，对祖国充满热爱，并自觉报效祖国。爱国主义是世界各国永恒的话题，是文明社会不变的价值追求。中华民族具有源远流长的爱国主义传统，尤其是在社会生活发生重大变化时期，总有那么一大批英雄豪杰，不顾自己的安危，为了国家和人民的利益挺身而出，用他们的大智大勇大爱谱写出惊天地、泣鬼神的壮丽诗篇。"敬业"是社会对人们工作态度的一种道德要求，具体指个人在职业活动中，树立主人翁责任感、事业心，力求干一行、爱一行、专一行，努力成为本行业的行家里手，是公民重要的职业道德。中华民族历来有"敬业乐群""忠于职守"的传统，敬业是中国人民的传统美德。"诚信"指的是人说话要算数，对自己的承诺负责，言必信，行必果，是公民的基本道德。诚实守信是人类千百年传承下来的优良道德品质。诚信既是个人道德的基石，又是社会正常运行不可或缺的条件。诚信缺失的个人将失去他人的认可，诚信缺失的社会将失去人与人之间正常关系的支撑。"友善"即与人为善，是公民的宽容和善良凝聚的一种宽厚的德行。友善要求人们善待亲人、朋友、他人、社会和自然。善待亲人以建立温馨的家庭关系，善待朋友以凝结真挚的朋友之情，善待他人以构建和谐的人际关系，善待自然以形成良好的自然生态。友善，这种公民必备的优秀个人品质，不仅是构建和谐人际关系的道德纽带，也是维护良好社会秩序的伦理基础。

社会主义核心价值观的基本内容兼顾了国家、集体、个人三方面的价值追求，它们之间相互依存、相互促进。社会主义核心价值观既坚守了马克思主义立场，又体现了时代精神，从国家、社会、公民三个层面回答了我们要建设什么样的国家、建设什么样的社会、培育什么样的公民的重大问题，是当代中国精神的集中体现。③

二、中学生社会主义核心价值观培育的重要性

党的十八大以来，习近平总书记多次提到社会主义核心价值观教育要从中小学抓起，呼吁帮助青少年"扣好人生的第一粒扣子"。为此，教育部对中小学德育工作专门提出了有关培育和践行社会主义核心价值观的指导意见，并明确指出了对中学生进行社会主义核心价值观的教育培养是中学德育工作立德树人的根本任务。

---

① 王晓青. 公正视野下的中国特色社会主义政治制度 [J]. 河北大学学报（哲学社会科学版），2014，39（3）：24-27+159.
② 徐青英. 社会主义核心价值观与师德修养 [M]. 长春：东北师范大学出版社，2015：17.
③ 朱霁. 跨文化视域下的社会主义核心价值观传播 [M]. 湘潭：湘潭大学出版社，2019：6.

（一）中学生社会主义核心价值观培育是培养社会主义事业接班人的需要

2013年12月，中共中央办公厅印发的《关于培育和践行社会主义核心价值观的意见》中指出："培育和践行社会主义核心价值观，是推进中国特色社会主义伟大事业、实现中华民族伟大复兴中国梦的战略任务。""培育和践行社会主义核心价值观要从小抓起、从学校抓起。"[①] 这是党和国家从培养社会主义事业接班人的战略高度提出的育人要求。

青少年是国家的希望、民族的未来，是未来社会主义建设事业的接班人和建设者。未来他们将成为中国"两个一百年"奋斗目标的参与者与实践者，他们是实现中华民族伟大复兴的重要新生力量。中学时代正处于由少年期向青春期的过渡阶段，也是价值观初步形成的关键时期。[②] 中学生思想素质的高低直接关系到社会主义事业建设的成败，他们迫切需要社会主义核心价值观的培育和引导。

在当代中国，国家的发展壮大、民族的兴旺发达、社会主义现代化建设事业的蓬勃发展，需要用民族精神来凝聚共识，需要用社会力量来推进，更需要有广大青年一代又一代的永续接力。而社会主义核心价值观是我党凝聚社会主流价值的思想理论，是推进力量中最核心、最深沉、最持久、最有力的精神力量[③]，是广大中学生最需要的精神食粮。

（二）中学生社会主义核心价值观培育是推进中学德育工作的需要

2012年11月，胡锦涛同志在中国共产党第十八次全国代表大会上的报告中指出：全面贯彻党的教育方针，坚持教育为社会主义建设服务、为人民服务，把立德树人作为教育的根本任务，培养德智体美全面发展的社会主义建设者和接班人。

中学阶段是一个人世界观、人生观、价值观初步形成的关键时期。对中学生价值观的教育要与中学德育工作的目的相联系，这是当前推进中学德育工作的现实需要。目前，中学德育工作面临很多问题，例如，互联网上国外多元思想文化交流信息的影响，国内各种社会现象和社会思潮的影响，中学生价值观教育教学工作自身存在的不足和影响，等等。

中学德育工作是中学生社会主义核心价值观教育的主要渠道，要贯彻落实教育部《中小学德育工作指南》的精神，明确中学德育工作教育培养中学生树立社会主义核心价值观的目标、内容、措施和途径，同时要用社会主义核心价值观来引导和丰富学校德育工作。

（三）中学生社会主义核心价值观培育是促进中学生个人成长成才的需要

对中学生进行社会主义核心价值观教育，既是中学德育工作的任务要求，也是每一个中学生在成长阶段必须面对的价值观的自我教育。

2014年4月，教育部《关于培育和践行社会主义核心价值观进一步加强中小学德育工作的意见》（教基一〔2014〕4号）特别强调，培育和践行社会主义核心价值观，加强中小学德育，是深化教育领域综合改革、促进中学生健康成长的现实选择。这既是对中学德育工作的外在要求，也是对中学生个人健康成长成才的内在要求。

中学生只有将国家、社会、学校、家庭的价值观教育要求与个人价值观的形成和确立

[①] 中共中央办公厅印发《关于培育和践行社会主义核心价值观的意见》[N]. 人民日报，2013-12-24（01）.
[②] 周围，王美平. 论中学生社会主义核心价值观培育的重要性及特点 [J]. 法制与社会，2016（24）：250-252.
[③] 李凯，程新桂. 乐学 乐群 乐信 积极心理学视野下的政治课有效教学 [M]. 芜湖：安徽师范大学出版社，2018：149.

相联系，才能达到国家、社会、学校、个人四方面对中学生价值观教育的要求。中学生必须从思想和心理上深刻认识到，要将这些外在的要求与个人的内在要求相统一，将个人价值观融入社会主义核心价值观的要求中，内化于心、外化于行，才能在人生道路上健康成长、幸福生活。

三、加强中学生社会主义核心价值观培育的策略

中学生社会主义核心价值观的培育既要把握价值观教育的特性，还要关注中学生身心发展的特点，通过多种途径来开展。

（一）发挥课堂教学平台价值观教育的主渠道作用

课堂教学是中学生获取文化知识的重要途径，也是社会主义核心价值观培育的主渠道。思想品德课主要是对中学生进行思想政治教育。因此，社会主义核心价值观教育，思想品德课责无旁贷。在具体教学中，思想品德教师可以运用积极心理学的相关理论，在教学目标设计、知识呈现、教学法选择和教学评价等环节，全面关注学生核心价值观的确立。如在教学目标设计上要注重情感态度价值观维度，使价值观目标有明确的定位和载体依托。社会主义核心价值观的宣传教育不能仅靠思想品德课，每周2~4课时的思想品德课穿插式的教育远远不够。教书育人、德育为先，这是所有教育工作者都应秉持的原则和职业操守。中学生社会主义核心价值观的培育，是所有教育工作者的共同责任。教师在课堂教学中要根据中学生身心发展的规律，改变单向灌输式的授课方式，发挥中学生的主观能动性，让他们积极参与讨论，从感性认知上升到理性认知水平，从而牢固树立社会主义核心价值观。

案 例

体育课堂教学中的德育

去年的一次排球课上，我向同学们讲解垫球技术要点，我按照考试大纲要求说明排球要垫高到一米，并做了标准示范。这时，同学们一片哗然："这么高啊！"因在其他班级的课堂上也遇到过相似的反应，我做了充分的准备，并借机说："我要送大家一句话——有难度要练，没有难度创造难度也要练。"有同学笑着反驳："不对啊，应该是没有条件创造条件也要上。"我随后问："大家有没有人知道'没有条件创造条件也要上'这句话是谁提出来的？"结果没有一个人知道。我简要向大家介绍了铁人王进喜的事迹，告诉大家"有条件要上，没有条件创造条件也要上"这句话是王进喜在20世纪60年代建设大庆油田时发出的豪言壮语，并说："同学们，你们现在缺少的不是条件，而是战胜困难的勇气。现在你们爸爸妈妈为你们创造出优越的学习条件，如果在学习过程中，你们不注意培养自己战胜困难的勇气，将来走上社会，你们就很有可能成为一个弱者，甚至被别人欺负。因此在这里，老师要送大家的一句话就是'有难度要练，没有难度创造难度也要练'，同学们能记住我的话吗？"同学们齐声回答："能。"在随后的练习中，同学们情绪高涨，练习非常刻苦。①

---

① 吴晓阳，于海涛. 体育课中实施德育教育的案例与分析［J］. 运动，2012（10）：83-84.

案例中的体育教师不仅在课堂上教学生垫球的技术,而且在教学过程中巧妙地对学生进行了思想政治教育。中学生社会主义核心价值观的培育,是所有教育工作者的共同责任。

(二) 开展丰富多彩的社会主义核心价值观培育实践活动

社会主义核心价值观的培育不仅需要教育工作者的教育宣传,而且必须经过实践。学校要根据中学生生理发育、心理发展的特点,从日常学习生活、身边的小事入手,精心策划与社会主义核心价值观教育相关的系列实践活动,自觉地运用社会的价值标准规范自身的行为,进一步将社会主义核心价值观内化于心、外化于行,实现个人的生命价值和人生意义。比如:组织郊游、踏青等户外活动,使他们感受大自然的美好,增强热爱家乡、热爱祖国、热爱自然的情感;成立"志愿者服务队",走进社区、走上街头,参加各种义务劳动,使他们增强热爱劳动、热爱集体的观念;在实践过程中了解社会、思考人生、感悟生活、增强社会责任感,塑造健康向上的人格品质。这些活动的开展,使他们有了发挥特长、张扬个性、感悟生活的机会和舞台,在实践中将优良的思想道德转化为自己的品质,精神生活得到充实,道德境界得到升华,知行得以完美结合。[①]

(三) 营造中学生社会主义核心价值观的积极体验环境

积极心理学认为,个体经验是由所处环境塑造,同时又在环境中得到体现。良好而积极的氛围,有利于中学生形成有责任感、积极向上品质,进一步促进中学生自觉践行社会主义核心价值观。一方面,我们要注意营造公平公正、自由平等的社会环境,搭建更加诚信励志、包容扶持的社会平台,激发核心价值观的精神正能量,促进中学生积极人格和品质的形成。另一方面,我们要重视校园文化、班级文化的建设,促进社会主义核心价值观对中学生的熏陶。校园作为中学生学习和生活的最主要场所,要努力创造优良的校风学风,营造和谐的人际交互环境,创造文明有序、民主包容的组织文化,充分发挥学校育人功能。在中学生日常的学习、生活、心理方面充分地给予指导和关心,促进他们对核心价值观的情感认同。同时,帮助中学生建立温馨、和谐的家庭环境,通过良好的家庭环境,提升中学生的主观幸福感和成长发展期待。

(四) 拓新中学生心理辅导模式与自我教育互动平台

良好的情绪、情感有助于中学生加深对社会主义核心价值观的认知和理解。学校的心理健康教育工作者,要充分将中学生心理健康教育理论和社会主义核心价值观结合起来,丰富内涵,开展相关主题的团体辅导和素质拓展等心理教育活动,运用人际交互作用、社会学习、能力提升等积极心理辅导方法,培养中学生乐观、坚韧的积极人格力量,使中学生真正认识自我,领悟社会主义核心价值观的真正内涵。同时,要对中学生社会主义核心价值观自我教育互动平台进行创新建设,充分发挥平台的自我教育和自我管理功能。一方面,利用网络、手机等媒体,建设中学生自我价值观教育的网页、QQ 群等虚拟教育平台;另一方面,通过学生自我管理中心、社区志愿服务站等实体教育平台,引导他们进行理性的思考、感受、情感表达,促进他们自觉理解和接受社会主义核心价值观教育。

[①] 李凯,程新桂. 乐学 乐群 乐信 积极心理学视野下的政治课有效教学 [M]. 芜湖:安徽师范大学出版社, 2018:157-158.

思考题

1. 简述品德形成的三阶段及其主要内容。
2. 简述中学生品德不良矫正的方法。
3. 简述社会主义核心价值观教育的主要途径。

第二篇　班级与班级管理

第六章 班级与班级管理

学习目标

1. 掌握班级与班级管理的概念、内涵及作用；
2. 重点掌握班级管理的任务、内容与管理模式；
3. 了解班级管理的原则、方法及典型案例；
4. 了解集体教育理论对班级管理的指导意义。

本章知识结构图

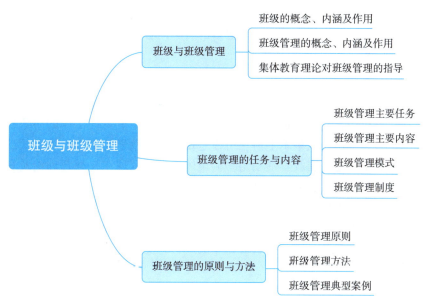

第一节　班级与班级管理

一、班级的概念、内涵及作用

（一）班级的概念

16世纪，文艺复兴时期的著名教育家埃拉斯莫斯率先正式使用"班级"一词。[①] 班级随着班级授课制的出现而产生，作为一种教学组织形式而存在，班级教学是现代最具代表性的一种教育形态。班级授课制是人类社会发展到一定历史阶段的产物。17世纪，捷克教育家夸美纽斯最早在《大教学论》中对班级授课制进行了系统描述，奠定了班级组织的理论基础。[②] 最早是欧美一些学校出现以班级为单位的教学组织形式，随后夸美纽斯对此组织形式进行总结而确定下来。后来赫尔巴特进一步完善了这一理论，苏联的教育家凯洛夫最终完善了这一理论。中国最早使用班级授课制是1862年。[③]

班级授课制的优点：有利于大面积培养人才，扩大教学规模；有利于发挥教师的优势，突出教师的主导作用；有利于发挥班集体的教育作用，促进学生全面发展；有利于进行教学管理和教学质量评价。[④]

班级授课制的缺点：是一种一对多的交往形式，一定程度上忽视了学生个体的独立性、自主性；课堂教学形成了比较固定的教学模式、课堂惯例，教学形式固定化、程式化；无法照顾学生个体不同的学习需求、情绪体验。

班级授课制的局限性：学生学习的主动性和独立性受到一定程度的限制；学生的探索性、创造性不易发挥；不能够容纳和适应更多的教学内容和方法；难以照顾学生的个别差异；不利于因材施教。

（二）班级的内涵

班级是学生集体的基层组织，是学校进行教育和教学活动的基本组织单位，是教师和学生开展活动、进行信息交流的最基本的组织形式。班级是班主任工作的对象，是建立和培养班集体的基础和条件。从根本上讲，班级是现代学校教学的基本组织形式。班级在其产生之初，其职能主要是开展教学活动组织的集体。发展到现在，教育理论及实际工作者为了开发班级的多种职能，更倾向于把班级看作是教育性的学习集体和生活集体。[⑤]

学生是班级构成要素中的一个重要因素，班级活动和班级建设一切要以学生为中心。班级活动既反映着社会对受教育者的培养要求，又反映着社会环境的渗透和影响。在班级活动中，学生要和教师、同学这些群体中的成员打交道，这些都构成了学生们的社会

---

① 刘岩，王萍. 班主任与班级管理［M］. 北京：北京师范大学出版社，2013：1.
② 齐学红. 班级管理［M］. 北京：北京师范大学出版社，2015：95.
③ 王廷波，卜庆刚，刘丹. 逐步走向"育人为本"的班级管理——基于俄罗斯、美国、日本、韩国、中国中小学班级管理的分析［J］. 教育科学研究，2022（6）：80-84.
④ 高晨. 学生核心素养培育背景下初中班级管理研究［D］. 郑州：郑州大学，2021：12-14.
⑤ 齐学红. 班级管理［M］. 北京：教育科学出版社，2018：165-167.

关系。可见，社会性是班级的一个重要特点。①

班级作为一种组织，有其特定的构成要素。根据班级的自身特点，可将其构成要素分为两个方面：一是硬件要素，如教师和学生、教育场地、教育资源等；二是软件要素，如班级目标、组织机构、班级活动、班风班纪、人际关系等。也可将其构成要素分为三个方面：一是人的要素，如教师和学生；二是物的要素，如教室、教材、运动场等；三是制度、文化要素，如班级规章、班级文化等。

(三) 班级的作用②

1. 培养和提升学生的社会适应能力

教育社会学认为，班级是一个微型社会。即是说，班级存在一定的组织结构，履行学校的社会职能，班级集体的共同愿景、发展目标、组织结构、角色分配、人际互动等，都是社会关系的缩影和投射，深刻地影响着学生社会化的发展。班级情境中的活动和师生关系、同学关系的处理，为学生参与社会生活和处理社会关系提供了学习和实践的平台。同时，班集体为学生选择职业、扮演社会角色及发展相应能力奠定基础。

2. 发展学生个性，促进学生全面发展

班集体的学习、交往及活动的经历和体验是学生个性发展的重要资源。一方面，班集体能够提供学生个性发展的有利条件；另一方面，班集体为学生特殊才能的发展提供有利条件。在班级活动中经常得到重视、受到关注、赢得肯定和欣赏的学生，往往有积极的体验，形成积极进取的个性。关注班级每一位学生的成长，为他们提供展现才能、发挥作用的机会和条件，让每一位学生都在班集体中找到自己发挥作用的舞台，使他们的个性在班级的各种活动过程中得到更好的发展，是成功的班主任共同的工作经验体会。

3. 提供成长环境，保障学生身心健康

班集体可以说是教育化的微型社会。班级健全的规章制度、和谐的人际关系以及各种有利的环境和条件，都为学生身心的安全和健康发展提供了重要的保障。同时，班级教育管理者的责任感、专业素养，以及对班级学生的关注，都能够及时预测、发现和干预危害学生身心发展的不良因素，为学生提供有利的成长环境和条件，保证学生身心的健康发展。

二、班级管理的概念、内涵及作用

(一) 班级管理的概念

班级管理是班主任按照学校计划和教育目标的要求，充分利用和调动学生班级内外的力量，对班级教育任务进行的计划、组织、指导、协调等活动。简单地说，班级管理是指班主任对全班学生的思想、学习、劳动、生活等各项工作的管理。班级管理是管理学在学校教育领域的运用与具体体现，是学校管理的基本组成部分。自有班级，便有班级管理活动。班级管理活动是为创建良好的班级环境，以实现教育目标而进行的综合性活动，也是实现班级教育目标和管理目标的一种重要手段。③

---

① 黄诗佳. 社会学视域中的新型班级管理模式探讨 [J]. 淮北职业技术学院学报, 2021, 20 (6)：33-35.
② 王桂艳. 德育与班级管理 [M]. 北京：北京师范大学出版社, 2015：113.
③ 谢作俊. 群体交往视角下的班级管理困境突破 [J]. 教育理论与实践, 2021, 41 (20)：15-17.

班级管理是一种组织活动过程，它体现了教师和学生之间的双向活动，是一种互动的关系。参与者是教师与学生双方。教师的管理与学生（班委会）的管理合起来，构成班级管理。① 班级管理的最高追求是促进学生发展，因此班级管理的起点、过程与归宿都应以教育学生与发展学生为宗旨，班级管理的全过程同时也是对学生进行教育活动的全过程。在班级管理中，"管理"只是手段，"教育"才是班级管理的根本，是班级管理活动的突出特点。

　　班级管理表现出复杂性的特点，从时空上看，包括课内课外、校内校外；从内容上看，包括班级常规管理、班集体建设、班级活动的组织和实施等；从相关群体看，包括教师与学生、学校的行政管理人员、学生家长、社会团体等；从目标上看，包括近景目标、中景目标、远景目标等；从对象上看，包括人、财、物、时、空等多方面的管理。

（二）班级管理的内涵

　　教育的最大期待是通过班级管理达到学生自主发展目标。② 也就是说，学生的主体性得到明显体现。班级管理有助于实现教学目标，提高教学效率；有助于维持班级秩序，形成良好的班风；有助于锻炼学生能力，让学生学会自治自理。

　　班级管理是学校管理的基础，是学校管理活动的具体化，是学校工作正常运转的关键。学校的工作计划和教育目标及要求通过班级管理来实施与体现，只有通过高效的班级管理，才能真正实现学生的教育过程，促进学生的全面发展，学校工作才能有整体的提高和稳定的发展。

　　班级管理以满足学生的发展为目的，学生的发展是班级管理的核心，班级管理确立学生在班级中主体地位，发展学生的主体性是学校管理的宗旨。现代班级管理强调以学生为中心，尊重学生的人格和主体性，充分发挥学生的聪明才智，发扬学生在班级自我管理中的主人翁精神。建立一套能够持久地激发学生主动性、积极性的管理机制，推动学生和班级全面、良好发展。③

（三）班级管理的作用④

1. 有助于实现教学目标，提高教学效率

　　班级组织产生的根本原因是为了更有效地实施教学活动，因此，如何运用各种教学技术手段来精心设计各种不同的教学活动，组织、安排、协调各种不同类型学生的学习活动，是班级管理的主要功能，也是检验学校班级管理成效的重要方面和重要手段。

2. 有助于维持班级秩序，形成良好班风

　　班级常规管理是指通过制定和执行规章制度管理班级的活动。规章制度是学生在学习、工作和生活中必须遵守的行为准则，具有管理、控制和教育作用。班级是学生全体活动的基础，是学生交往活动的主要场所，因此，调动班级成员参与班级管理的积极性，共同建立良好的班级秩序和健康的班级风气，是班级管理的基本功能。

---

① 齐学红. 班级管理［M］. 北京：教育科学出版社，2018：201-202.
② 张艳琼. 初中生参与班级自主管理问题及对策研究［D］. 哈尔滨：黑龙江大学，2021：34-36.
③ 同②52-53.
④ 王桂艳. 德育与班级管理［M］. 北京：北京师范大学出版社，2015：116.

3. 有助于锻炼学生能力，学会自治自理

班级组织中存在着最基本的人际交往和社会联系，存在着一定的组织层次和工作分工。因此，班级管理的重要功能就是不但要帮助学生成为学习自主、生活自理、工作自治的人，而且要帮助学生进行社会角色学习，获得认识社会、适应社会的能力，而这对于促进学生的人格成长及发展进步是极其重要的。

三、集体教育理论对班级管理的指导

安东·谢苗诺维奇·马卡连柯是苏联著名的教育革新家、教育理论家和教育实践家。集体教育理论是马卡连柯教育思想体系的核心和主要内容，理论的提出从共产主义教育的总目的出发，以马克思主义关于个人与集体的关系原理为依据，理论研究的中心问题是如何组织和培养集体。

(一) 集体教育理论的内涵

马卡连柯是集体教育理论的开创者。所谓集体教育，就是"在集体中，通过集体和为了集体而进行的教育"。[①] 集体教育理论的总体原则表现为在集体中，为了集体、发展集体。集体教育理论形成了集体的教育任务与手段、教育目的与方法、教育理论与实践的统一，也进一步说明教育集体不仅是目的和手段，同时也是方法与实践。

第一，平行教育影响。马卡连柯在《教育目的》一文中陈述道："每当我们给个人一种影响的时候，而这种影响必定同时应当是给集体的一种影响。相反地，每当我们涉及集体的时候，同时也应当成为对于组成集体的每个个人的教育。"他提出的平行教育影响表明了集体教育与个人教育的统一性，教育集体的同时会影响身处集体之中的个人，教育个人的同时也会对其所身处的集体产生影响。

第二，对集体提出前景。这是马卡连柯最深刻的教育思想之一，他指出个人的前景应当包括在集体的前景之中，但这种包括不是指个人前景与集体前景的对立，也不是指在集体前景中每个个人的前景都是相同或相似的，而是指每个个人要为实现集体的前景而奋斗，把个人前景的努力目标包括到实现集体追求的前景之中去。马卡连柯说，应当把复杂的前景，分为由近及远的各种近景、中景和远景。[②]

第三，优良的作风与传统。马卡连柯认为："培养优良的作风和传统，对于美化集体和巩固集体具有非常重要的意义。"他指出，培养优良集体的重要目的就是要培养集体的优良作风和传统，并且要使集体的优良作风和传统得以传承和发扬光大。集体的优良作风应具体表现为：身处集体中的成员要具有强烈的集体荣誉感和责任心；具有积极向上、团结奋进的精神风貌；具有规则意识，综合文明素养高。

(二) 集体教育理论的原则与功能[③]

1. 集体教育理论原则

马卡连柯集体教育理论原则主要体现在社会性原则、目的性原则、自治性原则、主体性原则等方面。

---

① 马卡连柯. 马卡连柯教育文集 [M]. 吴式颖，等译. 北京：人民教育出版社，2005：201-203.
② 朱芳转. 马卡连柯集体教育理论指导下的高校班集体建设 [J]. 渭南师范学院学报，2021，36 (2)：14-16.
③ 同②.

（1）社会性原则。每个集体都是整个社会的一部分，集体中的每个成员只有通过集体才能参与社会活动。马卡连柯指出，集体成员以对集体的义务、关系、职责、荣誉以及行为和集体联系着，这种成员间有组织的联系，是教育过程中最有决定意义的东西。

（2）目的性原则。马卡连柯指出，集体如果没有目的就没有办法找到有效的方法，每个集体都应当有自己的集体目的。集体目的是集体共同的思想基础。集体目的是一种凝聚力、感召力，能将身处集体之中的每个个人团结凝结在集体之中。集体是有目的的个人集合体。

（3）自治性原则。集体的运行需要自治性原则，它是集体的核心。在集体中，多数人参与或参加集体自治工作，是集体民主制度与责任制度结合的最好表现。马卡连柯集体教育理论提出的集体自治性原则包括两个方面：一是实行领导责任制；二是实行集体民主。

（4）主体性原则。马卡连柯指出，由学生组织起来的集体，不仅是教育的对象，而且是社会和集体的实践者，是教育的主体。主体性原则强调了集体对学生自我教育、自我发展的积极作用，学生的自我教育只有从教育的客体转化为教育的主体才能真正地实现。

2. 集体教育理论功能

（1）培养青年学生集体主义思想和品质。马卡连柯的集体主义教育思想主要是以青年群体为教育对象。集体主义思想是我们国家建设和巩固社会主义社会的强大力量和根本思想保证。在社会主义社会里，个人利益和集体利益、个人幸福和集体幸福在本质上是一致的。不可能有置身集体之外的个人，因此也就没有离开集体的个人利益和个人幸福。青年的集体主义思想、集体主义品质都必须通过集体来培养。集体也是对青年学生进行共产主义教育的基本途径之一。

（2）使青年学生在优良集体中得到发展。集体是把个人意向和集体意向相结合的组织，集体具有整合、凝聚功能，具有强大的教育力量。马卡连柯的集体教育理论也指出，任何方法原则上只能从学校和集体组织中得出来，而不会仅从教师和学生两方面得出来。集体对身处其中的每个个人无时无刻不产生教育影响。要把青年学生培养成为一个爱集体、爱人民、爱国家、爱社会主义的时代新人，就要把集体作为教育对象，发挥集体的教育力量，促使集体中的每个成员良好发展。

（3）培养青年学生的集体和社会责任感。马卡连柯集体教育理论中所指集体是以集体主义为主导地位的集体，这样的集体有共同目标、严明纪律、坚强核心、正确舆论、共同作风等，是一个团结一致的集体，这样的集体必然存在个人对集体的高度责任感。集体是社会中的集体，个人对集体的高度责任感必将同样体现为个人对社会的高度责任感。集体实践活动把个人利益和集体利益结合了起来，是联系个人和集体的纽带，是培养个人对集体和对社会履行责任与义务的途径和方法。

第二节　班级管理的任务与内容

一、班级管理主要任务

班级管理的任务是使班级按既定的要求，按班级的特点和活动规律，保证学生能够正常地从事学习和其他各项活动，保证学生能够健康成长，保证班级有正常的秩序，使学生成为品德、智力、体力、心理等各方面都得到发展的合格人才。

（一）完成教育目标任务①

班级管理是为了培养学生成为合格的人才，班级管理的任务是依据党的教育方针、教育目标、学校教育要求来确定的。班级管理是一个动态的过程，它是教师根据一定的目的要求，采用一定的手段措施，带领全班学生，对班级中的各种资源进行计划、组织、协调、控制，以实现教育目标的组织活动过程。班级管理是一种有目的、有计划、有步骤的社会活动，这一活动的根本目的是实现教育目标，使学生得到充分、自由、全面的发展。

（二）建设良好班级集体

建设一个良好的班级集体，始终是班主任的中心工作。班主任应该把主要精力投入班级集体的建设中去，这也是班级管理的重要任务。班级集体的健康发展是班级管理的方向，健康的班集体又能促进班级管理目标的实现，班级集体的成熟是班级管理成功的一项标志。班主任应善于应用马卡连柯集体教育理论的原则与功能对班级加强管理。班主任要做好这项工作，不仅自身要勤勉和积极创新，还要善于领会学校的管理目标和意图，善于调动其他教师的力量来帮助班级集体的建设，善于调动学生的积极性，使学生经常处于积极进取的状态，还要善于协调学校其他组织机构及社会、家庭的力量。②

（三）处理班级的日常事务

处理班级的日常事务不仅是实现班级管理目标的一个具体环节，也是使班集体能够正常运作的必要条件。班级工作的管理成功与否取决于日常事务的处理。忽视日常管理工作，会造成班级集体的混乱和不协调，势必影响班级管理目标的实现。班级日常管理工作涉及的具体内容很多，主要是保证学生正常的学习、生活以及开展各项活动的一些管理内容，包括班级的学习管理、班级的思想品德教育管理、班级的体育卫生管理、班级课外活动管理等。③

（四）开展班级课外活动④

开展好班级课外活动，是班主任加强班级管理的重要途径和手段。在开展班级课外活动中，班主任要善于发现学生的兴趣，并加以适当的扶持、引导和帮助，保护学生可贵的求知好奇心，为他们创造条件，努力为学生争取更多的尝试机会。课外活动和主题班会都是学生自我提高的好形式，要有目的地组织一些班级学习兴趣小组，如科技小组、文艺小组、板报小组等，这样既可以为学生提供自我表现、自我提高的机会，更能形成良好的班风，唤起学生自我教育、自我发展的自觉性。

（五）强化学生自我管理

所谓自我管理，是对学生的认识、情感、行为等全方位的自控要求。强化学生自我教育、学生自我教育能力的培养，也是班主任工作的关键。⑤ 在认识方面，要引导学生自我观察、自我分析、自我评价，学会全面认识自己。在情感方面，要启发学生自我体验、自

---

① 檀传宝. 德育与班级管理［M］. 北京：高等教育出版社，2013：251.
② 王桂艳. 德育与班级管理［M］. 北京：北京师范大学出版社，2015：117.
③ 同①252.
④ 同②118.
⑤ 张艳琼. 初中生参与班级自主管理问题及对策研究［D］. 哈尔滨：黑龙江大学，2021：13.

我激励，达到自我感悟、自我调整的目的。在行动上，要引导学生养成自我检查、自我训练、自我调节的习惯。对学生中常见的问题要通过民主讨论的方式制定班级公约，还可以通过班级各种兴趣小组调动学生的积极性。

二、班级管理主要内容

班级管理内容非常丰富，涉及面广，主要包括班级组织建设、班级制度管理、班级教学管理、班级活动管理等。班级管理内容要建立"以学生为本"的班级管理机制，满足学生的发展需要；在班级管理中要以学生为中心，尊重学生的主体地位，建立一套能够持久地激发学生主动性、积极性的管理机制；在班级管理中注重训练学生自我管理班级的能力。班级管理制度改革的重点是将以教师为中心的班级教育管理转变为以学生为中心的自我教育管理。①

（一）班级组织建设

班级组织建设主要是指班级岗位角色的分配与运作。班级组织建设的工作主要包括以下几个方面：班级组织建设的设计；指导班级组织建设；发挥好班集体的教育作用。

1. 班级组织建设的设计

班级是一个社会组织，为了实现班级组织目标，首先必须对班级的发展进行设计，班级据此开展活动。学生的能力素质是通过参与班级中多样性的实践活动而得到发展和提高的。班级组织建设的设计，主要依据两方面的因素：一是社会的政治、经济、文化发展对青少年的要求，具体表现为按照教育方针、教育目标的要求；二是班级群体现有的发展水平。

在班级组织建设的设计中，既要设计班级发展的近景目标、中景目标与远景目标，更要注意发展目标之间的螺旋式上升的逻辑关系，还要注意到集体目标的获得依赖于每个个体的共同努力，注意到个体目标与集体目标的一致性。在设计目标时，目标一定要具体、清晰、明确，以便每个学生对每个层次目标达成的发展路线和努力方向清晰了解。

2. 指导班级组织建设

指导班级建设是为了促使班集体尽快形成并良好发展。在班级建设过程中，要充分发挥班级中两大主体的重要作用，既要求班主任具有良好的管理素质与高度的责任感；同时，班集体中的全体学生的建设热情与积极参与更是班级建设不可忽视的重要力量。

衡量一个班集体组织水平高低的标准如下：②

第一，群体目标导向的亲社会性与成员对目标的内化程度。也就是说，社会的要求被班级成员认同并且内化为自己的抱负水平。第二，健康舆论对集体的整合性与对成员的参照水平。一个团结的、对原则问题有一致认识和高度情绪认同的组织，必然有统一的对成员起参照作用的舆论。第三，人际关系的民主平等性与成员的归属感水平。班级组织成员彼此之间能够心理相容，每个人在组织中都有归属感、满意感、责任感和义务感。第四，共同活动的动机、目的、价值的中介性与成员对活动的积极性水平。以具有积极社会意义的共同活动为中介，班级成员才能形成各种特殊关系。第五，管理与自我管理机构的完善

---

① 刘岩，王萍. 班主任与班级管理 [M]. 北京：北京师范大学出版社，2013：21.
② 同①26.

性与成员的自主、自觉性水平，是班级形成教育主体、教育力量的保证。第六，班级成员的个性与能力得到充分、自由、全面的发展。

3. 发挥好班集体的教育作用

建设和培养良好的班级组织，发挥好集体的教育作用，是班级组织存在与发展的基础。班级建设主要有两方面的重要作用：社会方面，良好的班级可以很好地传递社会价值观和社会生活规范，为青少年健康发展指明方向，以便形成青少年的社会行为方式。同时，良好的班级为高质量的科学文化知识的学习与掌握创造条件，为青少年更好地掌握社会生活的基本技能提供角色学习条件，形成社会角色认知。

建设和培养良好的班级组织，发挥好集体的教育作用，需要做好以下工作：一是培养集体意识，使班集体中的全体成员能够自觉按照集体的目标信念、价值标准和行为规范要求自己，正确认识和处理个人与集体、个人与社会的关系；二是培养集体主义情感，引导学生在集体中友好合作、乐于助人、平等交往、相互团结，形成和发展热爱集体的荣誉感、自豪感、责任感等积极的情感体验；三是培养学生具有组织集体和管理集体的能力和技能；四是培养学生自觉遵守纪律的行为和习惯，勇于批判错误舆论，善于坚持正确意见；五是培养公民意识，使每个成员自觉地意识自己在集体中的地位，扮演好不同的成员角色，为适应未来的社会生活打好基础。[①]

（二）班级制度管理

班级制度的制定是班级管理能否实现实效与高效的重要前提。了解班级制度制定的方法与程序，才能使制定出来的制度能够在管理实践中发挥应有的作用。班级制度管理的主要内容有成文的制度和非成文的制度。成文的制度是学校教育教学工作的基本规范要求，即实施常规管理的制度。非成文的制度是指班级的传统、舆论、风气、习惯等，即不成文的、约定俗成的非常规管理的制度。[②]

1. 根据实际制定班级制度

现阶段，制定中学班级制度的依据主要有三个方面：一是中学生行为规范；二是学校有关的规章制度；三是班级学生的具体实际。《中小学生守则》《中学生日常行为规范》是制定班级制度的重要依据。学生是班级的主人，他们是班级制度制定的参与者，也是班级制度的践行者，还是班级制度的监督者，只有学生在班级制度管理中充分发挥三大角色的重要作用，才能达成班级管理目标。

2. 班级制度制定的方法

在班级制度的制定过程中，应该充分发挥班级民主，采用"教师引导—学生讨论—修改确定—逐步完善"的模式制定班级制度，这样才能切实发挥班级制度的重要规范与约束作用。[③] 班级制度应该是灵动和有时效性的，必须坚持"学生制度学生定，定好制度为学生"的宗旨，要对班级基本制度进行整合梳理，制定出诸如"本班一日公约"之类的系统可操作性规章制度，这就是基本制度具体化的过程。班级制度要达到或基本达到"事事

[①] 胡娟. 以人为本思想在初中班级管理中的渗透策略探究［J］. 文化创新比较研究，2020，4（13）：143-144.
[②] 樊雪宁. 初中班级学生自主管理中的问题研究［D］. 桂林：广西师范大学，2019：20-23.
[③] 李倩. 从看班、管班到带班：班级管理的社会学审视［J］. 教育理论与实践，2019，39（20）：13-15.

有人管，人人有事管"的全员参与、全程管理状态。①

3. 实行班级制度

班级制度的制定是为了更好地规范与约束学生，推动班级各项活动的开展，促进班级管理目标的实现。班级制度制定后，需要确立精细化的管理模式，促进班级制度发挥作用。应该具有一套详细的评价制度，并达成每个学生对评价制度的基本认可，以便使评价有其存在的意义与价值。②"立法"更要"司法"。评价形式要多元化，既要有教师评价，又要有生生互评和学生自我评价。评优既要评综合先进，又要评单项优秀。

（三）班级教学管理

教学是学校的中心工作，班级教学管理的核心是教学质量管理。班级教学管理的内容主要包括以下几个方面：明确班级教学管理的目标和任务；建立有效的班级教学秩序；建立班级管理指挥系统；指导学生学会学习。③

1. 明确班级教学管理的目标和任务

教学是由教师的教和学生的学所组成的一种人类特有的人才培养活动。通过这种活动，教师有目的、有计划、有组织地引导学生积极自觉地学习和加速掌握文化科学基础知识和基本技能，促进学生多方面能力素质全面提高，使他们成为社会所需要的人。④因此，建立稳定正常的教学秩序，是完成教学任务、提高教学质量的重要环节。在班级教学管理过程中，应真正实现教学的核心地位，明确班级教学管理的目标和任务，并协调其他教育活动，实现学生学习的主体地位与中心任务；注重良好课堂教学秩序的维持与维护，建立有效的监督检查制度，优化教学活动，使全班同学得到最大限度的发展。

2. 建立有效的班级教学秩序⑤

教学是以课程内容为中介的师生双方教和学的共同活动。通过教学，教师把人类长期积累起来的科学文化知识传授给学生，使他们迅速成长为德智体美劳全面发展的合格人才。因此，建立稳定正常的教学秩序，是提高教育质量的重要环节，是班级日常管理的重要内容。班主任在抓教学正常秩序方面，应注意以教学为主，协调其他教育活动，使学习成为学生的中心任务；保持良好的课堂教学秩序，使教学活动得以优化发展；发挥学生的主动性，使课堂教学与课外活动统一起来。

3. 建立班级管理指挥系统

班级管理指挥系统主要包括三个方面：一是要形成以班主任与任课教师为核心的教师系统，处理好彼此之间的关系，努力形成教育合力；二是要形成以班级学生干部为核心的教学管理系统，发挥沟通与桥梁作用，将班级教学管理中的问题及时上传下达，努力带动班级学生遵守学习纪律与学习规范，并对影响教学的各种行为进行规范与约束；三是形成以学习小组为核心的教学管理系统，做好班级基层教学管理工作，彼此鼓励与促进，实现小组学习目标，促进小组内成员不断成长。

---

① 檀传宝. 德育与班级管理［M］. 北京：高等教育出版社，2013：312-314.
② 同①307-308.
③ 成欣欣，米俊魁. 班级管理制度潜存的正向德育功能：引导学生品德形成［J］. 中国德育，2019（15）：6.
④ 丁泽."弱化"班主任的班级管理，强化学生自我管理能力［J］. 教育现代化，2019，6（A2）：190-191.
⑤ 刘岩，王萍. 班主任与班级管理［M］. 北京：北京师范大学出版社，2013：30.

4. 指导学生学会学习

学习指导包括培养学生正确的学习动机、浓厚的学习兴趣、积极的学习情绪、坚韧的学习意志；还包括培养学生稳定的注意力、敏锐的观察力、高超的记忆力、敏捷的思维力和丰富的想象力；也包括较强的动手操作能力、自学能力和较高的学习效率。[①] 对学生的学习指导是班主任和任课教师的重点工作内容之一。学习指导能够调动学生的学习积极性，督促学生完成学习任务，帮助学生掌握正确的学习方法、克服学习上的困难、养成良好的学习习惯，使学生体验到学习中"成功的快乐"。[②]

（四）班级活动管理

班级活动是指由班级成员参加的集体活动，它是学校教育活动的有机组成部分，是实现培养目标的重要途径之一。

1. 班级活动界定

广义的班级活动是指在教育者的组织和领导下，为实现培养目标、完成教育计划而组织的由班级成员参加的一切活动，包括学习活动、生活活动、班会活动、团队活动、综合实践活动等。[③] 狭义的班级活动指在班主任的组织和领导下，为实现班级教育目标而举行的各种主题教育活动，如主题班会、读书活动、手抄报比赛等。[④]

2. 班级活动选题

活动的主题，指活动的意义和通过活动所要达到的目的。班级活动主题可以多种多样，但都是为了达成班级管理目标。开展班级活动，可以通过以下三个方面选择活动主题：一是依据学生的实际情况，从学生群体中选题；二是依据学校的中心任务，从学校教育教学环境中选题；三是依据社会对学生的要求，从社会生活实际中选题。不论班级活动选择何种主题，都应该达到一定的教育目的，班主任或任课教师都应该加强指导与管理，确保班级活动达到应有的效果。

3. 活动形式选择

选择采用什么形式进行班级活动管理，主要是要考虑所采用的形式是否有利于激发学生的热情、调动学生的主动性和积极性，有助于班级活动管理任务的完成和目标的实现。为了提高班级活动管理的效率，优化班级活动管理的效果，在班级活动管理过程中要重视把集体教育和个别教育有机地结合起来，把与学生的自我教育管理结合起来，更好地实现班级的目标。同时，注意考虑具体采用的形式对班级活动管理过程中其他因素有什么积极或消极影响，通过分析、比较，确定合适的班级活动管理形式，使班级活动有序开展。

4. 班级活动种类

这里我们依据学校班级工作的实际，归纳几种常见形式的班级活动：

（1）班级例会。班级例会是班级组织实行民主管理的例行班会，属于班级的常规活动，主要有一般性班会和微班会两种。一般性班会大都是一周召开一次，时长一节课，围

[①] 赵加慧. 初中班级管理效能提升策略研究［D］. 哈尔滨：哈尔滨师范大学，2022：16-18.
[②] 刘岩, 王萍. 班主任与班级管理［M］. 北京：北京师范大学出版社，2013：30.
[③] 王桂艳. 德育与班级管理［M］. 北京：北京师范大学出版社，2015：108-110.
[④] 檀传宝. 德育与班级管理［M］. 北京：高等教育出版社，2013：252.

绕本周学校主要活动或者班级主要问题展开讨论。微班会，顾名思义就是小型的班会，它具有时间短、针对性强、容易操作等特点。晨会、夕会、课前几分钟等，均可以召开微班会。

（2）主题班会。主题班会是班会的另一种形式，主要是根据班级学生的年龄特点和成长的实际问题，拟订一个大家感兴趣的主题，经过充分的准备而实施。与一般班会相比，它具有较强的针对性。在内容上可以是独立的主题，也可以是系列的主题；就形式而言，可以是主题报告会、主题汇报会、主题讨论会、成果展评会、主题竞赛等。①

（3）文体活动。文体活动主要以丰富学生的课余生活、活跃班级气氛、增进心理交融、增强班级的凝聚力为目的，主要形式有诗歌朗读会、文娱晚会、故事会、庆节日祝联欢会，还有体育竞赛、各种文体兴趣小组活动等。

（4）学习活动。学习活动主要是指为了调动学生学习的积极性，扩大学生的知识视野，以班级全体成员为对象而开展的活动，例如作业展览、学习经验交流会、学习方法指导会、知识竞赛、智力竞赛、课外阅读活动等。

（5）科技活动。开展科技活动主要是为了丰富和开阔学生的视野，满足学生的求知欲和多方面的兴趣爱好，例如组织科技参观、指导进行科技制作、设置科技兴趣小组等。②

（6）社会实践活动。实践性活动主要是指为培养学生的创新能力和实践能力而开展的班级活动。开展实践性活动是提高学生综合素质能力必不可少的一项措施，形式有参观访问、社会调查、社会公益劳动、社区服务、春（秋）游等。

三、班级管理模式

（一）常规管理

常规管理是指通过制定和执行规章制度以管理班级经常性活动的管理模式。一般来说，班级的规章制度主要由三部分组成：教育行政部门统一规定的有关班集体与学生管理的制度，如学生守则、日常行为规范等；学校根据教育目标、上级有关指示制定的学校常规制度，如考勤制度、奖惩制度、作业要求等；班集体根据学校要求和班级实际情况讨论制定的班级规范，如班规、值日生制度等。

（二）平行管理③

平行管理是指通过对集体的管理去间接影响个人，又通过对个人的直接管理去影响集体，从而把对集体和个人的管理结合起来的管理模式。平行管理的理论源于马卡连柯的"平行影响"教育思想。

（三）民主管理④

民主管理是指班级成员在服从班集体的正确决定和承担责任的前提下，参与班级管理的管理模式。班级民主管理的实质是在班级管理的全过程中，调动学生自我教育的力量，使每个学生都积极主动地参与班级事务。

---

① 陈彦竹. 班级主题活动中价值引领的内涵与策略 [J]. 教学与管理，2020（7）：26-27.
② 中公教育教师资格考试研究院. 教育知识与能力 [M]. 北京：世界图书出版公司，2020：341.
③ 刘良. 班主任在班级管理中的作用体现 [J]. 文学教育（下），2020（6）：176-177.
④ 王桂艳. 德育与班级管理 [M]. 北京：北京师范大学出版社，2015：128.

(四) 目标管理[①]

目标管理是指班主任与学生共同确定班级总体目标，然后转化为小组目标和个人目标，使其与班级总体目标融为一体，形成目标体系，以此推动班级管理活动，实现班级目标的管理模式。

四、班级管理的制度

(一) 班主任的职责

（1）全面了解班级内每一个学生，深入分析学生思想、心理、学习、生活状况。采取多种方式与学生沟通，有针对性地进行思想道德教育，积极引导学生进行自我教育，发扬学生的主动精神和创造精神，促进学生德智体美劳全面发展。

（2）对学生严格要求，耐心帮助，热情关怀，平等对待每一位学生。努力做好后进学生的转化工作。工作中发扬民主作风。严禁体罚、变相体罚和侮辱学生人格。注意发挥集体的教育作用，在进行集体教育的同时注意培养学生良好的个性品质。

（3）认真做好班级的日常管理工作，维护班级良好秩序，培养学生的规则意识、责任意识和集体荣誉感，营造团结互助、健康向上的集体氛围。指导班委会和团队工作。

（4）组织、指导开展班会、团队会（日）、文体娱乐、社会实践、春（秋）游等形式多样的班级活动，注重调动学生的积极性和主动性，并做好安全防护工作。

（5）组织做好学生的综合素质评价工作，指导学生认真记载成长记录，实事求是地评定学生操行，向学校提出奖惩建议。

（6）经常与任课教师和其他教职员工沟通，主动与学生家长、学生所在社区联系，努力形成教育合力。

（7）以身作则，言传身教。衣着整洁，仪表端庄。在思想、道德、文明行为等方面努力成为学生的表率。

(二) 学生日常行为管理制度

（1）遵守《中小学生守则》《中学生日常行为规范》和学校《学生手册》，按时到校上课，不迟到、不早退、不旷课。

（2）尊敬师长，团结同学，举止文明，诚实守信，礼貌待人，不抽烟、不喝酒、不随地吐痰，不乱扔杂物。

（3）生活俭朴，穿着整洁。女生不烫（染）发，不化妆，不佩戴首饰；男生不留长发，不剃光头。

（4）自觉遵守学校纪律、公共秩序、国家法令，积极参加学校、班级活动，争做优秀学生。

(三) 学生学习管理制度

1. 课内外学习

（1）上课精神饱满，不打瞌睡，不走神，认真听讲。

---

① 刘岩，王萍. 班主任与班级管理［M］. 北京：北京师范大学出版社，2013：33.

(2）课堂上不吃零食，不做与上课无关的事。

（3）认真、按时完成教师布置的作业和练习，不抄袭他人作业。

2. 计算机室

（1）认真做好计算机课的课前准备，遵守计算机室的有关规定及纪律，不大声喧哗。

（2）听从计算机课教师指导、安排，按要求进行实验操作，认真填写计算机操作记录。

（3）离开计算机室前，按要求打扫卫生。

3. 考试

（1）认真参加考试，严格遵守考试纪律。

（2）因病、因事不能参加考试，需提前履行请假手续。

（3）学校、年级组织的各类考试，考场布置、卫生符合要求。

（四）班级卫生管理制度

（1）墙壁、天花板：无乱写乱画、乱张贴现象，无灰尘。

（2）门窗：无污染，玻璃洁净明亮，沟槽干净。

（3）地面：清洁干净，无纸屑、痰迹等，物品摆放有序。

（4）桌椅：摆放整齐，横竖成行，无乱写乱画现象。

（五）课间操、集会管理制度

（1）课间操：准时到达指定场地，队列整齐，做操认真规范。

（2）集会：整队集合迅速，无缺席，保持安静。

（六）公共财物管理制度

（1）爱护公共财物，不乱写乱画，不破坏公物。

（2）爱护花草树木，不践踏草坪，不折损花木。

（3）节约用水用电，不私接电器，离开教室随手关灯。

（七）安全保卫管理制度

（1）遵守交通规则，不抢道，不闯红灯。

（2）遵守消防安全，不随意动用校园消防设施。

（3）与同学和睦相处，不结伙打架斗殴。

（4）不盗窃和损坏公物及他人财产。

第三节　班级管理的原则与方法

一、班级管理原则

班级管理原则，是进行班级管理时必须遵循的要求和准则，它体现了班级管理工作的特殊性，反映了学生身心发展和教育管理的规律。班级管理原则对于建立和发展班级集体、全面实现班级目标、提高教育质量具有重要的意义。

班主任在进行班级管理时应坚持以下基本原则：

（一）方向性原则

方向性原则指班级管理工作必须坚持正确的方向，用正确的思想引导学生。班主任作为全面负责班级学生思想、学习、健康与生活等方面工作的教师，在思想上必须坚持正确的立场和方向。[1]

（二）民主性原则

民主性原则指班主任充分发扬民主作风，教师与学生互相尊重，在和谐、融洽的气氛中调动学生参与各种班级事务的积极性和创造性，共同参与班级管理活动，并善于集中和依靠集体的智慧与力量进行班级管理。

（三）实效性原则

实效性原则指班级管理的开展要根据班级、学生的实际情况，及时发现班级中的各种问题，班主任通过采取具有可行性和操作性的班级管理策略，切实促进班集体和学生的健康成长，提高教育管理质量和效果。

（四）全面管理原则

全面管理原则指班主任在进行班级管理时，并不能只是注重学习，而应该面向全体，从整体着眼，在管理过程中兼顾班级的组织建设、制度、教学、活动等多个方面。[2]

（五）教管结合原则

教管结合原则指把班级的教育工作和对班级的管理工作辩证统一起来，班主任对学生既要坚持正面引导、耐心教育，又要凭借必要的规章制度要求学生、约束其行为，实行严格的教育管理。[3]

（六）全员激励原则

全员激励原则指班主任应发挥发展性评价的作用，激励全班每个学生，充分发挥他们的智力、体力等各方面的潜能，促进个体目标和班级总目标的同步实现。[4]

二、班级管理方法

班级管理方法，指用来实现班级管理目标而采用的手段、方式、途径和程序的总和。班级管理方法是否科学对促进班级建设和班集体发展有重要的制约作用，方法得当则事半功倍，方法不当则事倍功半。[5]

（一）实施班级管理方法应考虑的因素

在班级管理中说服教育、情境感染、情感沟通、心理疏导、规范制约、舆论调节、实

---

[1] 张春兰. 构建有效初中班级管理模式的探讨［J］. 课程教育研究，2019（49）：20-21.
[2] 王桂艳. 德育与班级管理［M］. 北京：北京师范大学出版社，2015：133.
[3] 塔拜苏姆·努尔. 初中青年班主任班级管理现状调查研究［D］. 南京：南京师范大学，2021：28.
[4] 刘岩，王萍. 班主任与班级管理［M］. 北京：北京师范大学出版社，2013：42.
[5] 王庆芹，周成. 浅谈班主任班级管理的创新及实践［J］. 中国校外教育，2019（29）：36-37.

践锻炼等方法都是被实践证明有效可行的方法，① 但是，由于每一种方法都有其适用的范围和局限性，在具体运用过程中受到各种因素的制约。因此，在选择使用班级管理方法时，要注意对各种方法进行比较，选出最佳的方法。

一是要考虑到具体任务的特点和内容的要求。如培养正确的班级舆论，可以更多地采用说服教育、座谈讨论、事件分析、辩论会等方法；培养班级良好的人际关系，则可以选择采用心理移位、角色体验、组织协作活动等，让学生在活动中感受集体的温暖和团结的力量，达到培养集体意识、集体归属感的目的。

二是要考虑班级学生的具体实际。在学生发展的不同年龄阶段，在不同的班级发展阶段，学生的认识水平、自主程度、兴趣爱好也各不相同，因而，培养班集体所采用的方法也应有所不同。如学生整体的认识水平、自主性程度较高、自觉性较强，则可相应选择以学生为主的管理方法。

三是要考虑具体教育管理方法的特点及适用范围。如规范制约、舆论调节等方法就比较适用于各方面发展得较好、学生认识水平较高的班级。同样，班级教育管理者自身的条件及具体教育管理环境也是要考虑的因素，要尽可能做到扬长避短，优化班级管理方法的功能。

（二）班级管理方法具体实施

1. 量化管理法

量化管理法指对班级的各项活动如学习、纪律、卫生、生活等，用数据记录和分析的方法进行组织、管理、评价和控制的过程。量化管理法是管理的最基本的方法。它可以在师生之间、学生之间及时反馈，并且公开透明，方便在班级里形成快速有效的教育、监督、管理网络体系。同时，它还可以让学生自觉矫正自己的思想行为，促进自我教育，增强自律性。②

2. 制度管理法

制度管理法指班级管理者通过制定规章制度，并运用规章制度管理班级的方式。作为一个班集体，必须建立健全科学且行之有效的规章制度，使之成为全体学生行为的准则，让学生在学习和生活中有"法"可依。制度出来后，还要及时做好指导和监督工作，帮助学生解决生活、学习等方面的实际问题，并随时做好个别调查，杜绝弄虚作假现象，定期评定，奖惩分明。③

3. 民主管理法

民主管理法指班级管理者广泛发动学生积极参与管理活动并完成各项任务的管理方式。学生是班级的主人，采用民主管理方法，可以提高学生的主人翁意识，增强学生的责任感，有利于增强和提升学生自我管理能力，有利于营造和谐的班级气氛，为教育教学提供良好的环境。④

---

① 张宝书. 中学班级管理 [M]. 北京：北京大学出版社，2015：178-179.
② 张作岭，姚玉香. 班级管理案例教程 [M]. 北京：清华大学出版社，2018：112-113.
③ 刘岩，王萍. 班主任与班级管理 [M]. 北京：北京师范大学出版社，2013：48.
④ 袁洪瑞，王玲. 班级问题管理的内涵、价值及实施策略 [J]. 教学与管理，2022（7）：43-47.

4. 情感沟通法

情感沟通法指管理者在管理班级过程中通过运用正确的方式方法，采用合理恰当的谈话技巧，达到了解学生心声、教育感化学生的目的，从而达成班级管理的目标。马卡连柯说："没有爱与情感就没有教育。"管理者与学生的情感沟通是班级人本化管理的首要策略，是做好班级一切工作的基础。

5. 自主管理法

自主管理法指班级管理者让班级成员依据教育目标的要求以及自己和组织自身的特点，独立自主地管理班级活动的管理方式。①

班级自主管理法是班级管理的最高境界，其目标就是要达到"人人有事做、事事有人做、处处有人管、时时有监督"的班级管理模式。

三、班级管理典型案例

案例一

一个心理疾患学生的救助

案例主题：中学生心理健康教育。

案例背景：随着学习任务的加重和竞争的加大，中学生面临的学习、生活等方面的压力明显增大，由此产生的心理问题也日益突出，直接影响到中学生的健康成长和校园的和谐稳定。近几年，中学校园接连发生的学生跳楼、自残、自杀等事件引起了全社会的关注和重视。加强中学生"健康心理、珍爱生命"教育，引导中学生以积极、正常、健康的心理状态去适应当前以及今后发展的社会环境，预防精神疾患和身心疾病的发生，应成为社会和学校广大教育工作者的一项重要工作内容。

案例事件：这是曾发生在我所带班级一个自杀未遂学生身上的案例。学生张小华（化名）在一个周末（因她是住校生，出事的周末在校未回家），当宿舍同样未回家的同学选择去参加学校举办的课外兴趣班活动时，未履行请假手续，私自离校，拿上自己平时偷偷积攒的安眠药，坐上公交车，在市区外一大桥下服药企图自杀，已处于重度昏迷状态的她被路人及时发现并送医院抢救，自杀未遂，救回了性命。张小华自杀事件的发生，令我和她的班级同学及宿舍同学始料未及，她平时性格内向，不善言谈，但与班级同学和宿舍同学相处融洽，未曾发生过什么不愉快的事情。她自杀行为的前期表现毫无征兆，没有任何人觉察。在深度了解她的自杀行为原因后得知，她患有严重的心理疾病（幻觉）并已持续很长时间，但她并不知道自己患病，并一直认为自己被"鬼"纠缠，很不幸运，并且无法摆脱，加之家庭方面和继母的关系处理不好，心情长期郁闷、失眠，每天都是要靠服用安眠药才能勉强睡一会儿。长此以往，她觉得活着很痛苦，便产生了自杀的念头和行为。

案例分析与启示：张小华"自杀"事件虽然已经过去多年了，但这件事至今在我心中记忆深刻。这几年，每当做学生思想教育工作或者给学生进行安全教育讲座时，我总是把

---

① 杨荧. 自主德育视角下的中学班级管理模式构建［J］. 教学与管理，2019（25）：19-21.

张小华"自杀"事件作为一个典型案例时常讲起。

回顾、总结张小华"自杀"事件，我觉得我们做得比较好的地方体现在：一是宿舍同学团结和睦，大家对张小华的关心和关爱意识比较强，对张小华出走的异常行为表现和可能将发生的意外情况判断比较准确，做到了及时发现、及时汇报。二是张小华"自杀"事件发生后，班级同学给予了张小华极大的爱护与帮助，大家想方设法救助张小华，鼓励她、关心她、照顾她，看护她，使她再没有发生出走或自杀的行为，比较成功地挽救了张小华的生命。三是作为班主任，我经过努力做通了张小华家人的工作，给张小华创造了一个比较和谐的家庭环境，这一点也有利于张小华病情的好转和康复。四是张小华中学毕业后，我和班级同学一如既往地鼓励她、关心她、帮助她，使她身体完全康复。

反思张小华"自杀"事件，我们工作中的失误和不足体现在：一是对有特殊情况的学生关心、了解不够。我作为张小华的班主任，对她特殊的家庭情况和心理状况却一点都不了解，没有做到及时关心她、爱护她和帮助她，致使张小华发生了自杀行为，险些失去了生命。二是我们大家普遍缺乏心理健康知识。作为班主任，我对心理健康知识也是了解不多，对学生的心理异常问题没有做到及时发现、科学指导和及时疏导。作为张小华的宿舍同学，也缺乏对身边心理异常同学的发现和关注，在张小华曾流露出"人活着真痛苦，还不如死了算了"的思想时，没有引起大家的重视和关注，这也使得我们失去了前期救助张小华的良好时机，以至于直到张小华自杀事件的发生，才使我们大家意识到了张小华是一个患有心理疾病的学生。三是作为张小华本人，也缺乏基本的心理健康知识，不能做到正确面对生活中遇到的挫折和困难，不能正确认识自己患有的心理疾病，作为一名当代中学生，思想中还存在"鬼神论"，这也使得她比较愚昧地生活在痛苦之中，并且险些为此失去了生命。

案例待探讨的问题：一是学校要高度重视学生心理健康教育工作，要正确认识加强中学生心理健康教育工作的重要性。作为学校，要注重从加强师资培训、家校联系、知识普及、心理咨询、活动开展等方面着手，努力提高学生心理健康教育工作的实效性。二是中学生心理健康教育应是一个社会问题。建议国家应从小学甚至幼儿园开始，就要积极关注和加强学生的心理健康教育工作。各级各类学校均应开设相应的心理健康教育课程和配备专职的心理健康教育师资。国家应积极建设正规的心理健康教育咨询机构和心理疾病治疗机构，努力做到学生心理健康问题及时发现、及时教育、及时疏导、及时治疗。国家、社会、学校、家庭以及学生本人应共同关注和重视心理健康问题，努力形成教育引导合力，积极预防和减少中学生心理健康疾病的发生。

案例二

班级"学困"学生的教育帮扶

案例主题：班级"学困"学生的教育与帮扶。

案例背景：每个班级或多或少都会存在学习困难的学生（简称"学困"学生），对班级"学困"学生既要一视同仁、严格要求，又要关心爱护、因材施教，教育引导班级"学困"学生勤奋学习、积极进取，并采取切实有效的措施帮助班级"学困"学生顺利完成学业。

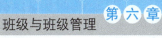

案例事件：这是我在做班主任工作时，一个由于父母工作变动，中途转学转到我班上的学生，他名字叫王杰（化名）。转学来我班上前，我就了解到他不爱学习，学习底子较差，是一名"学困"学生。王杰转到我班上后，学习进步不大，还表现出上课迟到、早退、旷课等现象，来我班的第一学期期末考试绝大多数课程不及格。王杰不仅学习不在状态，而且生活习惯也不好，在宿舍不能和同学和睦相处，来我班上时间不长就在宿舍发生了打架事件，宿舍同学意见很大，大家一致要求集体调换宿舍，没有人愿意和王杰一起住，他和宿舍同学的关系也很紧张。

解决问题的思路、方法及效果：针对王杰的这种状态，我多次和他谈心，对他进行批评教育。在和他的交谈中我了解到他的家境比较贫寒，因为这一点他一直比较自卑，感觉自己的生活不能和其他同学相比，加之学习成绩差，觉得班上同学都瞧不起他，没有人愿意和他交往，便产生了自暴自弃的想法，对学习也失去了信心。了解实际情况后，针对王杰的现状和表现，我和班上的学生干部商量制定出了解决问题的思路和方法：

一是由我给宿舍同学分别谈话，要求大家以宽容的心态接纳王杰，大家相互理解、相互约束，共同营造和谐温馨的宿舍氛围。二是针对王杰的学习，班上成立了学习互助小组，我专门将王杰分到了各科学习成绩优异的同学组里面，大家利用课余时间为王杰补课，和王杰一块儿学习，共同进步。三是我专门安排班长与王杰一对一"结对子"，专门将班长调换到王杰宿舍，与王杰同住，由班长具体负责联络王杰，督促王杰按时上课、按时作息，协助我做好王杰的教育管理工作。四是学校为王杰申请了贫困助学金，解决了王杰的生活困难问题。五是针对王杰能歌善舞的特长，专门将王杰吸纳进了学校学生舞蹈队。在学校的元旦文艺联欢会上，专门为王杰安排了文艺节目表演，在王杰表演节目时，我安排班上同学为王杰献花，表达大家对王杰的欣赏、关心与关爱。慢慢地，王杰变了，变得知道学习了，变得能和同学和睦相处了，变得自信、活泼、开朗了，学习成绩也提高了，没有不及格的课程了。

分析与启示：分析王杰的转变和我们对他的教育管理工作所取得的成效，有以下几方面的工作启示：

一是要注重学生思想教育工作方法的科学性，工作方法因人而异。科学的思想教育方法有利于思想教育遵循学生的思想活动的规律，沿着正确的方向顺利进行；有利于促进学生的主体意识的转化，调动学生的积极性、主动性，达到学生自我教育的良好效果；有利于增强思想教育工作的说服力、吸引力和感染力，能使教育工作者卓有成效地完成思想教育的任务。

二是要在学生思想教育工作中努力体现长善救失的教育原则。作为班主任，在班级教育管理工作中需要把握一点就是要依靠、发扬学生思想品德中积极向上的因素，如长处、优点、先进因素，并要创造条件、因势利导，加以扶持和扩大，以限制、克服消极因素，如缺点、短处、落后的一面。如果不善于发现学生的优点，帮助学生发扬优点，就不可能找到帮助学生克服缺点的正确途径。

三是要在学生思想教育工作中多坚持正面教育原则。用正面事实和道理，启发疏导学生，使他们自觉地接受教育，它可以增强学生内在的优秀品质，提高学生的思想认识和自觉性。在学生教育管理工作中，对于各方面比较落后的学生，我们不能歧视，更不能放弃，而是要多接近他们、多关心他们，一旦发现他们的点滴进步都要给予表扬、鼓励，使他们看到自己的闪光点，树立起做个优秀学生的信心和勇气。

四是要注重培养良好的班集体，坚持在集体中教育培养学生。苏联教育家马卡连柯说："不管用什么样的劝说，也做不到一个真正组织起来的自豪的集体所能做到的一切。"作为班主任，要善于培养一个团结、友爱、积极向上的班集体，要充分发挥优良班集体的教育作用，使每个学生的特长、爱好、能力等在良好的班集体中得到最大限度的发展和提高，做到这一点就可以达到在良好集体中教育、锻炼和陶冶每个学生的目的。

结合班级"学困"学生的特点和特性，进一步做好新形势下的班级"学困"学生思想教育管理工作，要求教育管理者努力做到：一是树立"以学生为本"的教育理念。全面把握班级"学困"学生的思想实际，尊重差异，关怀包容，切实解决班级"学困"学生的思想问题。二是开展有针对性的思想教育内容。以理想信念教育为核心，引导帮助班级"学困"学生树立正确的世界观、人生观、价值观和成才观。三是选择有效的教育方法。采取坚持一视同仁、心灵沟通、情感感染、因材施教的教育方式方法，切实有效做好班级"学困"学生思想教育管理工作。四是拓展广阔的教育途径。通过建设团结温馨的班集体、营造良好的校园文化氛围、开展丰富的社会实践活动、建立广泛的联动机制等，形成班级"学困"学生思想教育管理的合力。

思考题

1. 如何理解班级与班级管理的内涵及作用？
2. 在班级管理中如何体现马卡连柯集体教育理论？
3. 班主任应从哪些方面内容着手进行班级管理？
4. 班主任进行班级管理时应坚持的原则与方法有哪些？
5. 结合自己所在班级的实际，思考如何运用好班级管理方法。

第七章 班集体的组织与建设

学习目标

1. 了解班集体的含义；
2. 掌握班集体具有哪些基本特征；
3. 理解班集体与学生个体发展的关系；
4. 能掌握班集体活动的设计流程与内容。

本章知识结构图

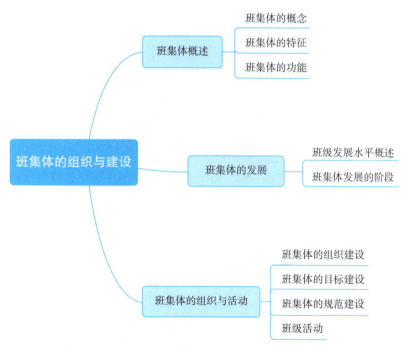

第一节　班集体概述

一、班集体的概念

班集体是班级发展的高级阶段，班级是班集体形成的组织基础。班集体是以学习为主要活动特征的学生群体，学习是群体成员的主要任务，通过学习使群体中的成员向一定的价值方向发生变化。但并不是每一个班级都称得上是班集体，拥有明确的奋斗目标、健全的组织机构、严格的制度规范、良好的纪律和舆论的学生正式群体才是班集体。

班集体是按照班级授课制的培养目标和教育规范组织起来的，以共同的学习活动和直接人际交往为特征的社会心理共同体。对于班集体的概念有众多的说法，对班级管理产生影响的说法有两种。一种认为"班集体"是特殊的学生主体。比如，顾明远主编的《教育大辞典》中解释为：班集体是班级群体发展的高级形式，是由整个班级所组成以完成学校教育任务为共同目标，有一定的组织机构、规章制度的学生共同体。龚浩然认为：班集体乃是一个以儿童与青少年为主体的具有崇高的社会目标、以亲社会的共同活动为中介、以民主平等与合作的人际关系为纽带并促进其成员的个性得到充分发展的有高度凝聚力的共同体。另一种认为"班集体"是规范化的组织。比如，王宗祥在《新时期班主任工作》一书中概括为：班集体是高级班级群体，它是经过以班主任为主的教育力量的教育培养和引导而形成的具有正确的奋斗方向，具有较强的核心与骨干力量，具有良好的纪律、舆论、班风，具有良好的人际关系的团结、友爱、积极向上的高层次的班集体。柏昌利给出的定义是：班集体是以集体主义思想为导向，经过以班主任为主的各种教育力量的教育培养而成的具有正确的奋斗目标，具有较强的核心与骨干力量，具有良好的纪律、舆论、班风，具有良好的人际关系，能够促进班级全体成员德、智、体等方面素质不断提高的高级班级群体。檀传宝认为：班集体是在教育目的的规范下，由具有明确的奋斗目标、坚强的领导核心及良好的纪律和舆论的班级学生所组成的活动共同体，班集体是社会心理的共同体；唐迅认为，班集体是按照授课制的培养目标和教育规范组织起来的，以共同学习活动和直接性人际交往为特征的社会心理共同体。

关于班集体的概念，各位研究者虽然在内容上描述得不尽相同，但都反映了班集体的本质特征，更多的研究更倾向于王宗祥对班集体的定义，即班集体是高级班级群体，它是经过以班主任为主的教育力量的教育培养和引导而形成的具有正确的奋斗方向，具有较强的核心与骨干力量，具有良好的纪律、舆论、班风，具有良好的人际关系的团结、友爱、积极向上的高层次的班集体。

二、班集体的特征

一般情况下，班级与班集体的关系是一个简单组织与具有文化凝聚力成熟组织的区别。班级是将一群具有共同年龄特征、文化相近的学生组织起来的基本单位，是一个静态的概念。班集体则是班级发展到一定程度，具有一定目标、共同生活学习准则和一定文化氛围的组织。班集体是班级发展的高级阶段，对于群体成员具有一定约束心理和具有集体教育意义的组织。集体的共同特征主要包括以下几个方面：

（一）明确的方向性

在一个班集体中，最重要的一个特征就是具有明确的方向性，这个特征既要符合国家和社会关于教育的主流价值观念，又要符合国家有关的教育方针和政策。如果没有这个条件，就不能成为一个班集体，毕竟班集体是具有鲜明的意识形态特征的一种组织形式；否则，任何一种组织严密、凝聚力强的群体都可以成为集体了。

（二）共同的奋斗目标

班集体具有明确的而且是大多数学生发自内心接受的共同的奋斗目标，把这种对目标的追求具体化到日常学习和生活中。在共同的奋斗目标的基础上，班级成员对班集体具有较为强烈的心理上的归属感，把班集体当作"自己"的班集体。

（三）健全的组织机构

组织机构是指班级为了发挥教育管理功能，维持和控制班级成员关系而建立起来的学生组织。班集体各项活动的有效开展离不开健全的组织机构，班集体有着管理功能健全的各种组织机构，包括班委会、少先队或团支部、各行政小组等。组织机构不仅是形式上要健全，更重要的是要形成一个团结有力的领导核心，能有效地管理和带领班集体成员去实现共同的奋斗目标。

（四）严格的规章制度

规章制度是指班集体成员共同遵守的学习生活的行为准则。有效的集体规范为班级成员提供了共同价值的行为方式和评判标准，有助于约束班级成员的言谈举止，使班级生活健康有序。在一个班集体中，准则可以是明文规定的，也可以是无形的、非正式的。班级规章制度（简称班规）是班级成员在教育教学和日常生活中必须遵守的正式的集体规范，是有形的、正式的明文规定。

（五）良好的人际关系

班级中的人际关系包括师生关系、同学关系以及小群体之间的关系等。良好的人际关系是一种平等的、相容的集体心里"气氛"，师生之间、同学之间平等相待、真诚相处、互相信任、互相关心、团结合作。良好的人际关系与和谐的心理氛围，可以让学生对集体产生自豪感、依恋感、荣誉感等肯定的情感，强化了学生对班集体的认同感和归属感，学生把班级当成自己的家，自觉地将自己的发展与集体的发展联系在一起，使集体的行动更富于成效，班集体更加巩固和成熟。

（六）和谐的班风、积极的学风

绝大部分成员具有基本一致的且积极向上的、健康的价值观念，班级有健康的班风学风，成员之间团结、和谐、友爱，学习氛围浓郁，能够开展恰当的、有益的学习竞争，会使得学生取得良好的成绩。和谐的班风主要指班级内部具有一定特色的思想观念和行为规范，是一个班级内在素质和外在形象的集中体现。班风是一个班级的灵魂，是每个班级所特有的，它具有自我调节、自我约束的功能。

三、班集体的功能

班集体的功能很早就为一些教育家们所认识。马卡连柯认为"集体是一种很大的教育力量","在班集体中不用任何专门的办法,就可以发展关于集体的价值,关于集体尊严的概念"。苏霍姆林斯基指出"集体是培养全面发展个性的重要手段"。在实践中,我们经常能感觉到集体影响力的存在,有时它甚至可以产生教育者无法企及的教育影响。只有当我们能科学地分析和认识班集体的教育功能和影响机制时,才可能有意识地、有效地发挥班集体巨大的教育力量。班集体的教育功能和影响机制,是指班集体对成员发展过程中所产生的教育作用,以及这种作用发生过程的具体机理。

(一)班集体能促进学生个体的社会化

教育的重要功能是促进学生个体的社会化。社会化,是指个体从"生物人"逐渐成长为"社会人"的过程,即个体习得社会文化规范和适应社会环境,成为社会合格成员的过程。人的社会化,一方面可以通过学校教育教学过程获得相应的知识、观念、能力等;另一方面,指个体直接参与社会生活过程,把社会文化、规范内化为自己的社会文化素养。教育社会学认为,班级是一个微型社会,建设良好的班集体是学生个体实现社会化的十分重要的机构。

第一,班集体是一个集体主义价值导向的规范化的组织。班集体具有积极的价值导向及符合社会发展要求的目标和教育内容,拥有组织机构和制度规范。学生进入班集体中,如果想成为其中的一员,就要遵守规则,并且要承担一定的社会角色和责任,与他人合作共事、处理人际冲突、参与制定集体规范和评价集体中的人与事等,理解和掌握集体观念、集体规范,习得扮演各种社会角色和行为的能力,为养成一个社会公民的基本品质奠定基础。

第二,班集体的每个学生都来自不同的地方,拥有各自不同的社会知识、经验背景。学生之间通过交流、分享、选择,以及集体舆论的评价与引领,来获得丰富的社会知识、经验规范和观念,在相互交往中,学习处理人际关系和各种社会性问题,了解掌握各种交往技巧与能力,等等。

第三,班集体内有各种非正式的小群体。每个学生都有自己的朋友且拥有自己的小圈子。在集体积极价值的引导下,这些各种非正式的小群体对学生的社会化有很大的影响。在各种非正式群体中,学生可以学会如何遵守规则,如何合作、忍让,如何组织共同活动和承担角色责任,等等。如果引导得好,集体中的非正式群体可以成为正式组织教育的重要补充。

(二)班集体能成为学生个性才能发展的平台

成熟的班集体是一个自我约束自我管理的集体,在这样的集体中,学生通过积极地参与班级管理、班级活动,可以促进自身个性和才能的发展。具体来说,班集体对学生个性才能发展的促进作用主要表现如下:

1. 提升学生的主体意识,发展学生的主体能力

主体意识和主体能力是学生个性的两个重要表现。主体意识是主体认识和实践活动的自觉意识,它包括主体的自我意识和对象意识;主体能力是主体认识世界、改造世界的能力。学生主体意识和主体能力的发展离不开学校教育,班级是学生主体意识和主体能力形成和表现的重要场所,班集体是提升学生的主体意识、发展学生主体能力的重要教育资源。学生只有生活在一个健康的班集体中,才能对自我有一个正确的认知,认识到自己不

仅是集体的一分子更是集体的主人，增强自己的主人翁意识，学会正确处理自己和集体中的他人、自己和集体的关系。只有在班集体中，学生的主体地位才能得以充分的体现，主体能力才能得以发挥。当学生把自己当成集体的主人时，他就会全身心地投入集体的活动和建设中，为了集体的发展勇于贡献自己的聪明才智。

2. 满足学生发展的多样性的需要，培养学生发展的独特个性

学生发展的独特个性表现在学生的兴趣、爱好、理想、信念、世界观、能力、气质、性格等多个方面。学生个体发展的独特性不仅受先天的遗传素质的影响，后天的环境和教育更是起到了重要的作用。班集体作为影响学生发展的重要因素之一，不仅为学生个性的发展提供了良好的社会环境，而且为学生个性的发展提供了极佳的心理环境。在班集体中，和谐融洽的人际关系，良好的集体舆论和集体风气，尤其在丰富多彩的集体活动中，学生发展的多样性需要得到了满足，学生的个性才华得到充分的体现。只有在健康的集体生活中，外在的社会要求（如理想、信念、世界观、价值观）才能内化为学生个人的发展需要，在活动的作用下，转变为学生个人品质的一部分，从而表现出学生个人的独特性。班集体可以为每一个学生提供展示自己和发展个性的舞台，帮助不同的学生开发其内在的潜力，形成自己的独特个性。

3. 有助于发展学生的创造性，促进学生个体价值的实现

创造性蕴藏于个性之中，是人的个性的核心品质。人的创造性是其主体性、独特性的综合体现，它是人在活动中所表现出来的与众不同的心理品质。学生创造性的发展离不开其所生活的环境，班集体是影响学生成长最重要的生活环境之一，班集体不仅为学生创造性的发展提供了条件，而且通过组织各种各样的集体活动，为学生提供了创造的机会。

（三）班集体能实现对学生精神情感的陶冶

班集体具有凝聚力，班集体的精神和个性能直接影响学生，从观念层面启迪学生，从情感层面感染学生。一个班集体是奋发向上的，那它的班级成员也会是积极向上的；班集体是自信的，班级成员也会是自信的；班集体是追求真善美的，班级成员也会在追求的过程中实现真善美。

班集体陶冶学生精神情感的主要方式是班级文化的隐性影响、学生榜样的带动、共同的愿景以及和谐温馨的环境。班级文化集中体现了一个班集体的精神观念，它通过物质环境、制度以及精神产品等载体潜移默化地影响学生。优秀的班集体在各个方面都很突出，有学业上的出类拔萃者，有道德品行上的模范，有勇于创新的实干型代表，还有文体艺术方面的佼佼者，等等。这些榜样是班集体的共同资源，他们能激发身边同龄人向上的精神，激发他们自我实现的潜能。此外，班集体的共同愿景以及和谐温馨的人际关系能成为一种重要的精神环境，让学生在良好的心态下共同进步，共同发展。

案例分析

老师在做教室布置时，经常会在低年级教室的墙上挂一棵"善行树"。这棵"善行树"其实就是一个枯树的模型。老师先把枯树挂在墙上，让学生感受这棵树。很多学生都会说这棵树不好看，没有树叶。老师说，要让这棵树变得好看，必须每个人都要动手帮

忙。老师给每个学生分发一些用绿纸做得好看的大树叶,告诉学生可以在上面记一些事情,每个树叶上记一件别的同学帮助过你的小事情。例如,你考试没有带水彩笔,同桌借给你用了;或者是你在活动中不小心跌倒了,被其他同学扶了起来,等等。然后,让学生把记过事情的树叶贴在枯树的树枝上。这样一段时间之后,枯树就变成了绿树。

问题: "善行树"对学生的成长产生了什么影响?

该案例中,一个看似简单的小游戏和普通的教室布置,其中就蕴含了班集体的隐性影响,以及环境育人的教育理念。因为,学生会发现,这棵树不是一夜之间变绿的,而是在大家的共同努力之下变绿的,他们会惊奇地发现,随着这棵枯树的变绿,同学们的关系更加亲密了。而且,每个人都能找到属于自己的那些"树叶"。更重要的是,这棵树就挂在教室门口的墙上,学生会经常在路过时驻足观看树叶上的故事,会发现自己在不经意间帮助过那么多的同学,那么多的同学也帮助过自己。这样相互关爱和相互尊重的班级氛围就形成了,班级就成了一个微型的、特殊的社区。

(四) 班集体是培养学生的自我教育能力的重要场所

苏霍姆林斯基认为:"真正的教育"是"促进自我教育的教育,就是用一定的尺度来衡量自己,只有学会自我教育的人才可成为真正的人"。自我教育能力是指学生自觉主动地把社会的要求在内心加以理解和体验,并通过实践转化为自觉行为的能力。班集体对学生自我教育有很大的影响,一个良好的班集体为学生的健康成长提供了良好的环境。他们在集体生活中,通过评价他人、与他人进行比较,不仅可以学会认识自己和评价自己,还学会了自我管理,并且提高了自我管理水平。

1. 班集体有利于提高学生自我认识、自我评价的能力

学生的自我认识能力、自我评价能力是自我教育能力的最初表现。只有正确地自我认识、自我评价,才能进行自我体验,进而进行自我监督和自我控制。

2. 班集体有利于丰富学生的自我情感体验

随着自我评价能力的发展,学生的自我情感体验能力逐渐发展起来。班集体为学生身心健康发展提供了良好的环境,能引导学生从现实的感受中逐渐产生正确的自我评价和自我体验。班集体不仅能够保护学生的自尊心和自信心,使学生得到别人的重视或尊重,而且学生通过集体内的相互情绪感染,使自我情感体验得到了进一步的深化。

3. 班集体有利于学生进行自我监督和自我控制

良好的班集体,具有严格的规章制度和行为规范,有正确的班级舆论和优良的班风,为学生的成长创造了最佳环境。它不但可以激励学生进步更上一层楼,而且能够时时激发学生不断地进行自我监督和自我控制,时刻规范自身的行为。在班集体里提倡同学们互相监督也有利于学生个人自我控制能力的发展,因为在监督别人的同时必须做到首先自我控制。

4. 班集体是对学生进行集体主义教育的重要途径

集体不仅是各成员在相互融合的基础上形成的不可分割的整体,而且是一个精神共同体。作为一个班集体,能够把几十个互不熟识、个性各异的学生个体联合成一个有机整

体，并且产生强大的合力靠的是集体主义精神。集体主义精神具有强大凝聚力，把个体的思想、情感和目标聚合为集体共同的思想、情感和目标，从而强有力地支撑起班集体这座大厦。同时班集体的形成进一步强化对学生的集体主义教育，培养学生的集体主义精神。优良的班集体是学校对学生进行集体主义教育一条重要的途径。

（1）班集体有助于培养学生的集体主义观念。马克思认为：人的本质并不是单个人所固有的抽象物，在其现实性上，它是一切社会关系的总和。一个人不可能游离于集体之外真空地生活着，他必定生活在集体中。生活在班集体中的学生，受良好的班集体氛围的影响，能够正确认识个人与集体的关系，正确认识自己在集体中的位置和作用，认清自己对集体的责任和义务，形成集体主义观念，自觉抵制个人主义、小集团主义思想，增强集体的意识，时刻关注集体，为集体发展尽职尽责。

（2）班集体有助于培养学生的集体主义情感。一个真正的班集体，学生在其中的地位是平等的，班级中的每一个成员都是集体的主人，他们都对班级的发展负责。生活在班集体中，每个人都感受到集体的存在和集体荣誉的重要，在情感上与集体融为一体，关心集体、热爱集体，加强了集体荣誉感和责任感。同时班集体朝气蓬勃、奋发向上的精神面貌对每一个班级成员都是一种激励，他们会更加互帮互助、相互支持，为了集体的利益紧密地团结在一起，自觉维护集体的利益，勇于承担集体的工作，并与危害集体的行为做斗争，成为集体的积极成员。

（3）班集体有助于培养学生的集体主义行为。集体主义精神是通过学生的言行表现出来的。集体的规则、集体的生活会告诉集体中的每一个人：当个人利益与集体利益相矛盾时，应以集体利益为重，必要时要牺牲个人的利益而维护集体的利益。集体活动有助于学生养成个人服从集体、少数服从多数的习惯，从而自觉遵守集体纪律。

 拓展阅读

马卡连柯论集体教育的作用①

我认为我们不应该教育个别的人，而是教育整个集体，这是正确教育的唯一途径。我自己从17岁起就当老师。我曾长时间地想过：最好先把一个学生管理好、教育好，然后再教育第二个、第三个、第十个，当所有的学生都教育好了的时候，就会有一个良好的集体了。可是，后来我得到一个结论：有时不应当跟个别学生谈话，而要向大家公开讲话，要采取这样的方式——使每个学生都不得不参加共同的活动。这样一来，我们就教育了集体，团结了集体，加强了集体，以后，集体自身就能成为很大的教育力量了。这一点，我是深信不疑的。……在捷尔任斯基公社里，我已经获得了这样的成就——集体本身变成了非常有创造性的、严格的、确实的和有教养的力量。这样的成就，并不是能够用命令做到的。这样的集体，不可能在两三年内建立起来，要经过好多年才能够建立起来。这是可贵的、非常可贵的东西。但是，当这样的集体建立起来以后，就必须小心地爱护它，那时候，整个的教育过程也就能够很容易进行了。

---

① 马卡连柯. 论共产主义教育［M］. 北京：人民教育出版社，1962：404.

第二节　班集体的发展

一、班级发展水平概述

不是每一个班级都能最终发展成为一个真正的班集体，良好班集体的形成是班主任和学生共同努力建设的结果。优秀班集体的建设路径是有规律可循的，德育理论中对此有非常丰富的研究成果，许多一线班主任在工作实践中大胆创新，也总结了许多卓有成效的班集体建设方法，给班主任提供了更多班集体建设的思路。

单纯以班级组织的结构化维度来区分班级的发展水平主要流行于欧美和日本，我国则主要按照结构化以及社会功能两种维度对班级的发展水平进行划分，而且相比之下，往往更为重视社会功能维度。

鲁洁曾经提出过班级发展水平指标的问题，她认为，班级发展水平的指标可以全面标识班级的社会因素、结构、功能等诸方面的特征和状态，是制定班级建设规划的基础，也是预测班级发展趋势的工具。班级发展水平的指标系统，包括班级的社会功能、班级的群体发展和班级的教育、管理等方面的诸多要素，而尤以班级的社会功能要素较为重要。班级的社会功能指标一般包括以下四个方面的内容：

（1）班级履行基本社会职能的指标，包括入学率、合格率、优秀率、毕业率、教育质量、教学效果等。

（2）班级符合、维护社会规范的指标，包括班级组织的政治气氛，人际关系结构，多数人的共同行为方式，班级中多数人的态度、舆论以及班风、传统、纪律性等项目。

（3）班级系统的稳定性与适应性水平，这方面指标的最优状态是班级与整个社会的政治、经济、科技和文化发展趋于一致，既能接受社会的积极影响，又能抵御社会的消极影响；既得益于社会的发展，又为社会的发展贡献人才。

（4）班级保证和促进每一个成员个性全面充分、自由发展的程度，包括个性社会化的成熟度、角色选择和职业选择的社会适应力，个体的主动性、独特性和自我调节能力，天赋、特长、才能和潜能等自我发展水平等。

二、班集体发展的阶段

从结构化以及社会功能维度来看，参考现有的关于班级发展水平的指标系统的基本内涵，班集体的形成大致要经过以下几个阶段：

（一）松散的群体阶段

班级组建初期，来自不同环境、情况各异的学生按照学校编制组织在一起，学生之间都很陌生，师生之间也互不了解，缺乏沟通了解，学生之间的交往活动带有互相试探的性质，不轻易袒露真实思想，大多数学生实际上是孤立的个人。但在不断的人际交往中，成员之间的关系开始变化，部分学生有可能结成一些小群体，这种接触或交往基本上是建立在情绪和冲动基础之上的。这一阶段，班级对学生的吸引力不大，表面上是既无争论也无共同的意见与统一的态度，但是全班同学都意识到自己属于一个群体，只是大家对班级的目标和活动都并不清楚明白。班级活动与工作任务均来自教师或学校的外部要求，班级组织、计划、活动等工作基本上依靠行政手段，主要由班主任或临时确定的学生干部来主持开展工作。此时班级共同的价值目标和规范尚未形成，班级学生自我管理的机制还没有真正建立，不存在真正的学生骨干核心，学生自身缺乏自律性的要求，学生群体本身也缺乏教育能力，依赖班主任的决策和指挥。

（二）联合的班级群体阶段

经过一段时间的了解之后，班级成员的关系开始进入同化期。学生之间在自然因素和个性因素的基础上，有了较密切的交往圈，形成了分散的伙伴群。班级成员在班里的地位与作用也开始变化，出现了主导者与追随者，涌现出了一批热心为大家服务、主动承担责任的积极分子。这些主导者或积极分子变成了学生中的骨干，并在班主任的领导下和学生的支持下，通过一定的组织程序组建起班级委员会，发挥组织管理和自我教育的功能。一些规范要求和必要的规章制度也建立起来，班级工作逐渐步入正轨。

（三）初级班集体阶段

有组织的班级在班主任、学生干部、学生等多方面的共同努力下，初步形成了班级的核心与骨干，一些学生干部和班级先进分子在各自的岗位上施展自己的才华，形成班级的核心层，并在班主任的引导下，独立地开展班级工作。班级的规范要求和制度也开始转化为学生自身的自觉要求，班级的是非观念增强，在大多数情况下有正确的集体舆论。班级成员也有了集体的归属感，并以自己的归属为荣。教师作为统率者也直接与学生建立了联系，班级组织进入了一个新的发展阶段。

（四）稳定的班集体阶段

这时，班级已经有了自己的奋斗目标，并且已经被全体成员所确认而内化为个人的目标，班级也有了坚强的核心以及健全的组织结构。班干部各司其职，有组织、有计划地开展各项工作，绝大多数班集体成员关心集体、互相帮助，并且主动参与班集体的工作，有强烈的集体荣誉感。团结、融洽的班级风气和正确的舆论导向构成了一种巨大的教育力量，对班级成员起着潜移默化的教育作用。班级也有了严格的组织性和纪律性，并成为促进全班学生自我教育、健康成长的教育主体。

（五）优秀班集体阶段

班集体的核心、骨干力量在扩大，班级涌现出更多的积极分子，优良的班风和正确的舆论导向进一步得到巩固，班级组织结构既民主又集中，体现了大多数人的愿望。组织纪律严明，有班级发展的明确目标和具体要求，对内保持一种友好、互助、稳定的学习环境，对外则以团结一致、朝气蓬勃的集体面貌出现，在学校各项工作与活动中表现为一个富有战斗力的集体，并成为同年级甚至全校其他班级的楷模。同学们具有很强的集体意识、集体荣誉感、集体进取心，对班集体的活动具有很强的自觉性。班集体舆论健康积极，集体的特征得到充分体现，班集体在各方面成绩突出，优良班风得到巩固，在年级和学校中发挥积极作用和影响，班集体的奋斗目标一步一步得到实现，成为学校各班学习的榜样。

总之，班集体是教育者与受教育者、学生个人与学生集体的统一体，有其自身的发展规律。班集体发展的几个阶段并不是完全割裂的，它的形成过程很复杂，往往把三个阶段联系在一起。一个优良班集体的形成需要多长的时间很难确定，主要取决于三个因素：一是班级成员原有的综合素质状况；二是学校教育的大环境因素，学校具有良好的校风、校纪、校容、校貌及领导水平，是形成优良班集体重要的外部条件；三是班主任的素质和建设班集体的艺术水平。因此，班主任应该在正确认识班集体形成与发展的各个阶段及主要特点的基础上，善于研究与把握班集体的内在规律、主要特点，针对不同阶段的班级和学生的实际情况，搞好班集体建设，加快班集体建设步伐。

第三节　班集体的组织与活动

建设一个健康向上的班集体是班主任工作的一项重要内容。班集体建设的好坏与班主任自身的素质关系密切。能否建设一个优秀的班集体，是衡量一个班主任工作能力高低的重要标志，也是其教育素质的综合反映。因此，了解班集体建设的策略、掌握班集体建设的方法对班主任来说非常必要。本书关于班集体建设策略的探讨，主要是围绕良好班集体形成的几个主要标志来进行的。

一、班集体的组织建设

（一）班干部的选拔与任用

班集体建设中的一项极其重要的工作就是建立班干部队伍，形成核心力量。一个班级能否很快地形成集体，与班干部组织是否健全，特别是班主任是否善于培养和使用班干部息息相关。建设一支素质良好的班干部队伍，是班集体建设的重要内容和途径，也是顺利开展班级工作的前提条件。

1. 班干部的作用

班干部在学生群体中处于一种特殊的地位，这种地位使班干部起着下面三种作用：

（1）桥梁作用。班干部既是干部又是学生，这种特殊身份使得他们能及时准确地觉察到班级学生的愿望和要求，以及学生对班级工作的意见、看法，为班主任准确把握学生的思想、情绪，有针对性地进行教育管理工作提供了真实可靠的信息。班干部扩大了班主任的视听范围，起着班主任和学生之间的桥梁作用。

（2）模范作用。由于学生干部是从班级学生队伍中物色、选拔出来的较为先进的分子，因此，他们能起到先锋和模范带头作用，会把中间的、落后的学生带动起来。班主任通过班干部这个核心开展工作，调动这些同学的积极性，有时能发挥班主任起不到的作用。

（3）助手作用。班主任的助手是班干部的主要角色。一个有威信的、有能力的班干部队伍能够在班主任不在的情况下使班级各项工作正常进行，主要干部几乎能起到"代理班主任"的作用。有了这样的班集体核心，班主任可以从烦琐的事务中解脱出来，更好地指导班级工作。

2. 班干部的选拔

（1）班干部选拔标准。

第一要品德作风好。办事公正是对干部的最基本的要求，特别是主要干部，如班长，必须做到这一点。只有正直公正的干部,才能得到班级同学的信任。办事公正、不偏不袒的学生干部,即使工作能力不怎么强,也会得到同学的拥护。

第二要有合群能力。具有合群能力的学生一般胸襟较为开阔,性格开朗,是天然的学生领袖,他们大方热情,乐于助人,对别人的意见不会心存芥蒂;对别人的优点、长处不嫉妒;对别人的缺点持宽容态度,不背后嘲笑议论;能与班级大多数同学打成一片,不搞小团体。选拔这样的学生为干部,对形成干部集体、班级建设是良好的"黏合剂"。

第三要有责任心。责任心是一种好品质,无论是对学生还是对成年人都是完成各种工作任务所必备的。那种在其位不谋其事的"挂名干部",比没有还糟糕。

魏书生如何选择学生干部

接手一个班时,对学生不甚了解,魏书生就先注意上学、放学身后都有一些学生跟着的"孩子王",老师们都清楚,这样的学生一般都有组织能力,所以成为学生中的领袖人物。魏书生再从这些"孩子王"中,选择那些心地善良、胸怀开阔,具有一定威信的学生,淘汰了几位,最后从剩下的几位"孩子王"中,选择头脑聪明、思维敏捷的学生。所以,二十年来,魏书生使用选择学生干部就是这三条原则:一是组织能力,二是心地善良、胸怀开阔,三是头脑聪明、思维敏捷。而且一般情况下,魏书生只选择班长(也称常务班长)一人,其余成员由班长组阁。在选择学生干部时,魏书生一般采取任用制、推选制、竞选制。

(2)班干部的选拔方法。选拔班干部的方法主要有两种:

首先,班主任任命法。班级刚刚组建或者整体情况不太好的情况下,班主任可以根据自己的观察和判断,选择自己认为优秀的学生担任班级主要干部。只是这种任命一定要慎重,防止出现频繁撤换的现象。如果频繁撤换班干部,那么可能会严重伤害这些班干部的自尊心,也会影响班主任的威信。

其次,民主选举法。当全班同学相互之间已经比较熟悉,或者班级整体情况发展良好,比如气氛融洽、班风良好等的时候,班主任可以采用不记名投票、差额选举方法选举产生班干部。当然为了让更多的同学得到锻炼,也可以实行"轮流执政制",尽可能让每个同学都有当班干部锻炼的机会。

3. 班干部的任用原则

(1)精心选拔,大胆任用。班干部是班主任做好班集体工作的助手,是沟通班主任和学生之间的桥梁,是全班学生学习的榜样和楷模,也是班集体建设的一个重要环节和工具。古人云:"将帅无用,累死三军。"在班干部中,若不能选出合适的人才,对班级的工作和班级的建设都有很大的影响。所以,在选择班干部时,要非常慎重,要精挑细选,宁可给已选的同学增加负担,也不能随便挑。而一旦确定了,就要大胆地运用,要充分地信任班干部,要对他们有足够的信心,把班级放心地交给他们。"疑人不用,用人不疑。"班主任如果选择了某个同学而又怀疑他的能力或品行,不给他放手展现才能的机会,则可能会伤害了该同学的自尊心和荣誉感,同时也影响了班级整体的工作。

(2)信任与严格要求相结合。一方面,教师要给予学生足够的信心,要充分地相信他们的能力、责任心和自律,并对他们进行严格的管理。班干部是学生的表率,他们的一言一行代表着班级的整体精神风貌，也代表着班主任的工作理念和行为作风；某一个班干部的问题，已经不是他自己本身的问题，还关系到整个班级的发展。因此，班主任对班干部的要求一定要严格。另一方面，虽然班干部都是学生中的优秀分子，但是他们毕竟还在成长中，还没有完全成熟，不能完全掌握自己的能力，所以对他们进行严格的管理和要求，有利于他们能够尽快地成长，有利于班集体的建设。

（3）具体指导与放手工作相结合。一般情况下，班干部上任后具有较强的责任感和较高的"当家做主"的愿望，但他们的认识水平、工作能力、组织才能都处于学习和积累阶段，在工作中常常是干劲过多、经验不足。班主任要及时地进行引导，例如：与学生一起分析讨论班级的实际状况，传授他们解决问题的办法，指导他们制定班级工作方案，认真纠正他们在工作中的一些偏差。与此同时，班主任也要意识到，任何一个班干部的成长都不是一蹴而就的，都需要一个长期的不断积累经验和提高素质的过程。因此，班主任应该鼓励学生干部放手工作，不要为后续会出现的问题而担忧。

（4）维护班干部威信与加强群众监督相结合。在班级工作中，班干部的威望是最基本的。班主任应该尽可能地维护班干部的权威，努力提高他们在学生之间的声望。比如，坚定支持班干部的工作，充分肯定他们的工作成果等。同时，要充分发挥班级的民主意识，强化班级对班级干部的监督。这种监督一方面有利于班干部自己时刻注重自我约束，不断增强班干部的工作水平和能力；另一方面也有利于班级民主和谐氛围的养成，有利于每一个学生的成长。班主任可以通过制度化的措施来进行这种监督，比如：定期召开对班干部和班级工作的评议会，让每一个同学畅所欲言；也可以通过小范围或者一对一沟通的方式，随时听取学生对班干部的意见和建议，并及时地反馈给班干部。

（二）重视积极分子的培养

所谓的积极分子，就是班级中各个方面都很优秀，可以带领班级，或者在某个方面有很好的表现，能够起带头作用的人。积极分子是班级工作的重要力量，是班干部工作的重要群众基础。不断增加积极分子的数量、提高积极分子的质量，不但能够促进班级工作的顺利开展，促进班干部队伍的不断更新，还可以增强班集体凝聚力，促进班集体共同进步。班主任要有意识地放手发动学生，大胆地给予学生更多的锻炼机会，并注意在班集体的各项活动中，有意识地发现和培养积极分子，不断增强班集体的学生基础和核心力量。

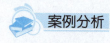

案例分析

精英组织还是多元团队？[①]

李老师和江老师都是优秀班主任。李老师注重打造精英团队，每次接班都会挑选考试成绩优秀、学有所长、安分守己、人缘颇好的学生担任班干部。平时耐心教他们怎样开展工作、处理日常事务，推荐他们阅读《少先队活动》，吸取别人的宝贵经验。此外，给每人发一本记事本，记录班中发生的事及他们处理的方法。每星期开一次班干部会议，让大家互相交流、探讨，共同学习优秀班干部的新方法、新点子，使他们都具有判断错误与处理问题的能力。这些班干部后来不仅成为班级骨干，也成为学校活动的骨干。

江老师本着"个个学有所长，人人全面发展"的育人原则进行了班级组织的多元构

---

① 张华. 生命型组织：班级组织的最高境界［J］. 班主任之友，2005（10）：3.

建。对富有个性特长的中等学生甚至问题学生也大胆聘用并培养。每学期班委会进行扩大选举，设常务班长一人，全面负责班级内部管理和对外联络。其他班委成员，如宣传委员、生活委员等，负责条块工作。另外实行值日班长工作制，由全班同学轮流担任，负责一天的班级日常管理，如组织一天的学习文体活动、记载当日的出勤情况、维护自习课和课间的纪律等；负责编辑《班级日报》，对发现的好人好事加以表扬，对违规行为进行登报批评；撰写工作心得，使班务管理透明化。取消学习委员制，拓展课代表的工作平台，由课代表分解学习委员的职责，负责处理、应对本学科学习方面的一切事务。同时根据班级日常工作的性质和劳动量，创建语文、数学、外语等学科学习合作组，配合课代表检查、监督作业的完成和上交；设立"室内环保服务站"和"室外环保服务站"，负责日常室内外的卫生清扫和保持；成立"车辆管理别动队"，负责每天自行车的摆放、监督上锁等工作；组建"文明言行宣传组"，负责班级学生文明言行的宣传和"文明学生"的评选事宜；成立"特别监察组"，应对突发事件和学校安排的临时劳动性事务等，将各种工作分配到个人，奖勤罚懒，天天检查反馈，将精细化管理落到实处。此外，江老师还鼓励学生根据兴趣爱好和个性特点，自由组成各种俱乐部，如天鹅舞蹈组、精灵演唱组、真情传送组、明星足球队、七彩绘画组、阳光演讲组，等等。

两年后，江老师班上呈现出团结向上、朝气蓬勃的氛围，学生的个性得以充分张扬，兴趣得以全面发展，各种荣誉接踵而来，许多学生在省、市、区各类才艺大赛中崭露头角。而李老师的班级虽然整体文明守纪、勤奋好学，却没那么多多才多艺的学生，每次活动总是那几张老面孔出场，其他同学只埋头学习，综合能力没能得到很好的发展。

评析： 案例中，李老师是个富有经验、管理严格的班主任，他通过委派的方式确定学习成绩优秀、文明守纪、懂事的学生做班干部，建立了班级的管理队伍和网络。在李老师的精心培养下，这些班干部的组织、管理、活动能力都得到了有效培养，成为班级的核心力量。诚然，班级"精英"在班集体中起到了引领带头的作用，对后进学生也起到了传、帮、带的作用。但是，在这种管理模式下，这些"精英"充分享受阳光雨露成长起来了，大多数学生却成了陪衬品，不能充分发挥各自的潜能、展示自己的聪明才智和个性特长。

（三）发挥学生群体的作用

正式群体是由正式文件明文规定，其成员有固定编制，有一定的权利和义务，有明确的工作分工的人们活动的联合体。非正式群体则是人们在交往中自发地组织起来的。人们在交往过程中，由于共同的兴趣、观点、感情、共同的目标等而自愿结合在一起，就形成了非正式群体。

非正式群体又称自然群体，指的是学生自发形成或组织起来的群体。这种群体主要以情感成分为主要调节机制，以满足成员的心理需要为主要功能，包括因志趣相投、感情融洽，或者因地缘、血缘等关系以及其他需要而形成的学生群体。

1. 非正式群体的类型

（1）亲社会型。这种群体的价值目标与班级正式群体的价值目标是一致的，是班级正式群体的补充。例如学生们自发组织的读书会、体育协会、动物饲养小组、小银行、学雷锋小队等。成员之间的关系是友好的、具有高尚情操的，他们会支持和协助教师和班主任工作。

（2）自娱型。学生们聚在一起，纯粹是因为喜欢，为了打发空闲的时间，他们的主要目的就是要找到一个"好玩"的方法，例如一起上歌舞厅、逛大街或打扑克等。苏霍姆林斯基说过，如果一个集体与娱乐相联系的需要占统治地位的话，那么，青少年的精神生活便变得贫乏和低级，给集体生活和社会带来厄运。精神空虚是教育的大敌。因此，这些情况应引起教师的注意，但只能疏导而不能简单地禁止。

（3）消极型。这种群体一般出现在"乱班"中，他们会下意识地和班主任、班委会"对着干"，如破坏纪律、发牢骚、讲怪话甚至故意拆台等。如果这个小团体的头目和一些街头流氓有关系，那么他们就有可能走上犯罪的道路，这是一个值得我们重视的问题。

因此，非正式群体与正式群体具有同样重要的价值，对学生的身心发展都具有不可忽视的影响。当然，非正式群体也可能有消极的一面，比如：有的小群体具有排他性，容易影响班级人际关系的和谐；有的小团体可能缺少高尚的兴趣，片面追求物质刺激等。

2. 班级中非正式群体形成的原因

班级中出现非正式群体，并不是一种偶然现象，它是为了满足学生的某种心理需要而产生的。由于学生的需求是多层次的、多方面的，而班级集体无法完全满足这些需求，因此出现了许多不同的小团体。具体说来，形成非正式群体的原因有以下几种：

（1）相似的个性心理特征。有些学生的兴趣爱好、性格、气质都是差不多的，他们在课余时间里，经常交流，很容易就会结成一个小团体。例如，爱好集邮的同学会结交集邮爱好者，活泼好动的同学都喜欢跟那些爱玩的同学在一起。

（2）志向、观点、品质的一致性。在班级中，有些学生有共同的志向，能让他们一拍即合；有些学生在一些问题上的观点是相同的，这会让他们非常接近；有些同学在素质上相似，这也能让他们结为知己。

（3）某种利益的一致性。有些学生由于利益的一致，相互支持、相互帮助，这样就逐步组成了以自身利益为基础的小团体。比如，几个学生为了对抗与他们过不去的同学而结成帮伙。

（4）经历、遭遇类似。有些学生因为家庭破裂、父母不和，或者先天生理缺陷，或犯过错误等，日常生活中不爱说话，往往容易被老师和同学们遗忘，使他们产生一种孤独感，精神上得不到满足，很容易在同龄人中找到友谊和慰藉，从而形成一个小型团体。

3. 公正、热情地对待各种学生群体

班主任不可偏爱正式群体，非难、歧视和打击非正式群体，而要关爱和尊重非正式群体。我们要认识到非正式团体所具有的负面影响，同时也应注意到它对班级集体建设的正面作用。要善于指导非正式群体，尽量让其与班级的建设目标保持一致。从非正式团体中挑选出有威望、有能力的人加入班级的核心力量中，这样才能让正式团体与非正式团体的关系更加融洽、目标一致，从而达到共同目标。对于在非正式群体中存在的某些不良倾向，要及时地进行批评和引导。对那些过于消极的学生，班主任要从关爱和教育入手，有针对性地引导、教育，促进其转变；也可以通过动之以情，晓之以理，慢慢地将他们的情绪给冲淡了。

二、班集体的目标建设

班级建设是一项具有鲜明目的的社会性实践活动。设立班级目标是建立班集体的首要任务，也是建立班集体的基本条件。从一定程度来说，只有在达到目的的情况下，班级才会真正成为一个班集体,而班集体建设的一切工作和任务,最终都是为了有效地实现预期的目标。

(一) 班集体目标建设的含义、内容

班集体目标,是指根据社会、学校的期望及班集体本身的任务制定的班级的发展规划,是班级活动预期将要达到的结果,是班级成员共同的期望和追求,是国家教育目的、学校培养目标和学校发展目标在班级中的具体体现。班级目标建构是一个动态的过程,它是教师根据一定的目的要求,采用一定的手段措施,带领全班学生对班级中的各种资源进行计划、组织、协调、控制,从而达到班级目标的过程。班级目标建设是班集体建设中的首要环节。班级目标建设从目标所涉及的内容、领域划分,可分为班级文体活动目标建设、班级争创目标建设、班级学习目标建设。

1. 班级文体活动目标建设

文体活动目标是指根据班级的实际情况,结合学校组织的各种文体活动制定的教学目标。当然,作为活动的主体和实施者,活动的对象自然要由学生自己制定,教师只需要提供一些引导或者说明活动的背景。

2. 班级争创目标建设

争创目标是指以班级为单位,在学校创建的各项集体荣誉目标。每一个人都生活在特定的集体之中,每个人都有一种潜在的集体荣誉情结以及为之而战的内在动力,因此制定一个班级荣誉争创目标可以调动和激发每一个学生个体内在的集体荣誉情结,以培养学生良好的个性,并建立起一个普通的独生子女所缺乏的集体意识。争创目标的制定应在教师的指导下由班干部具体负责实施,并且每一个学生都必须加入争创活动中来,要让学生感受到争创并不是班主任或班干部的事,而是每一个学生自己的事。

3. 班级学习目标建设

在构建班级学习目标时,应制定合理的,符合班级情况的。学习目标的制定应该包含两个层面:一是制定一个整体的班级学习目标,二是制定一个学生个体的学习目标。在制定学习目标的过程中应注意以下几个问题:目标制定应坚持全民动员共同参与的原则;目标应尽可能具体化,因为较为具体的目标(落实到各科目标)更具有可操作性和行动的指向性;目标制定要根据班级的实际情况,不能一成不变;目标的制定应坚持"跳一跳"方能够到的原则。在确定了整个班的学习目标后,指导学生制定个人的学习目标也十分重要。因为它可以帮助学生明确自己的学习目标,激发自己的学习动机,从而在课堂上营造出"你追我赶"的学习氛围;同时,也能促进全班整体的学习能力。

(二) 班集体目标建设的意义

班级目标是由集体成员一致认同且参与制定的,是在集体的意图、动机和理想的形成中表现出来的。班级目标建设对班集体建设起着举足轻重的作用。

1. 引导功能

科学、合理的班级集体目标能够为班级的发展、学生的个体发展提供指导,并指导全体同学为达到目的而努力。班集体目标是班集体建设的出发点,它指导和支配着班集体所开展的各项活动。班级的一切活动都是为了实现和完成预先设定的班级目标,班集体建设的过程就是班集体目标逐步达成的过程。过程在目标的支配下运动,目标在过程中实现。

2. 凝聚功能

集体目标对学生起到了团结和联系的作用。当一个班级有了明确的、具有挑战性的、可被个人接受的目标后，他们就可以将集体内的个人活动和集体的集体活动结合起来，充分激发学生的工作热情，形成凝聚力、向心力和战斗力。

3. 激励功能

目标具有独特的价值，它可以激励人们去达到它的目的。班集体目标体现了班级成员共同的价值追求和理想愿望，班集体目标的达成过程也是学生自我价值逐步实现的过程。在班级建设的进程中，每个较低层次的小目标的达成，都会给学生带来成功的快乐与满足，进而产生对更高层次目标的情感需要，促使他们不断向班级目标前进。

4. 控制功能

班集体目标的确定一方面体现了集体发展的理想追求，另一方面也能规范和控制集体中成员的身心朝着一定的方向去发展。在班级建设中，从班级的目的出发，剔除某些与其自身发展需求不符的因素，将其纳入既定的发展道路和发展轨道，使其朝着特定的社会理想发展，具有某种社会理想的素质，从而达到个人的发展社会化。

5. 评价功能

班集体目标是班集体一切工作的出发点，也是班集体建设的最终目的。班集体建设的好坏是以实现班集体的目标来作为衡量的标准和尺度的。换句话说，班级的一切工作都必须按照班集体的目标要求去进行，无论是班级组织机构的形成，还是班级规范的建立，或是班级各项活动的开展，只要有利于班集体目标的实现，就应该给予积极的肯定和支持。

（三）班集体目标建设的原则

班级目标是班集体发展的方向和动力。班集体奋斗目标的确立，不仅是对班级管理与发展的要求，更是对学生进行引导、激励和教育的一个重要步骤。班集体的形成和发展与明确、符合实际、具有挑战性的班级目标有着密切的关系。在制定班集体发展目标时，应遵循下列原则：

1. 针对性

班集体目标是国家教育目的、学校培养目标在班级中的具体表现，是班级的发展方向及全体同学的共同理想和追求。由于班主任的人生理想及价值追求各不相同，并且班级学生的发展愿望和需求及每个学生的个体发展水平千差万别，不同的班级在确定班级目标时必须反映班级特色，将学校关于班级的发展要求与本班的切实情况结合起来。即：在确定班级发展目标时，要有针对性，要考虑到整个学校的发展需要，要考虑到班内的特点，要根据班级的具体情况，找准符合班级的发展目标。只有如此，班级目标才能成为班级成员成长的动力，才能使其不断向前发展，不断进步。

2. 层次性

目标是由低到高、由近到远、由具体到抽象的层次，而班级目标则是由各个层面的目标通过相互联系、相互作用而形成的。在这个目标体系中，层次越高，目标越抽象，层次越低，目标越明确。每一个阶段的目标完成都是为了实现下一个阶段的目标。也就是说，只有完成了下一阶段的目标，才能达到上一阶段的目标。班级的发展目标就是通过班级的近期目标、班级的中期目标、班级的远期目标的逐级达成而实现的。远期目标是指学生在长期的学习过程中，通过长期的学习来实现的目标，是制定中期目标、近期目标的基础；中期目标是指长期目标的阶段性或专门性的努力，是长期目标的前提和保障；短期目标是着眼于眼前的目标，是长期目标和中期目标的具体体现。一般来说，远期目标要"高而可攀，望而可及"，具有吸引力和号召力；中期目标不仅要体现出阶段性和专题的需求，而且要能够起到承上启下、远近衔接的作用；短期目标要清晰、明确，与长期目标和中期目标保持一致。目标设置的层次性是班级目标顺利实现的基本前提。

3. 可行性

目标价值是否能够实现主要取决于其适切性、可行性。在确定班级目标时，要照顾班级发展的需要，也要兼顾学生的年龄特征和接受程度，符合学生的"最近发展区"。同时，在提出教学目标时，也要考虑到学生所处的实际社会环境。这是一种很有针对性的教学方法，只有这样才会具有诱惑力，能够激励学生积极进取，充分挖掘其潜力。

4. 民主性

班级目标是全班同学的共同理想与价值追求，是全班同学共同努力实现的终极目标。所以，在制定班级目标时，要体现全体同学的共同意愿，并能最大限度地体现学生的发展需求。班级目标既不是班主任强加给全班同学的，也不是班主任和班干部共同协商的结果，而是由全班同学共同讨论决定的，它必须得到全班同学的理解、认可和接受。只有这样，才能将集体目标内化为个体发展的目的，让他们真切地体会到目标对个体发展的意义，进而激发他们战胜困难、向着既定目标不断奋斗的动力。

5. 激励性

班级奋斗目标，是激发学生努力奋斗的动力，它的文字表述要鲜明具体、生动感人、催人奋进。要不断地丰富班集体的建设，使之不断展示新的面貌，使全体同学都能被吸引，并能增强他们的责任感和荣誉感；激励学生努力实现既定的目标，让班级永远充满活力，不断向前。

（四）班集体目标建设的策略

1. 构建班级目标体系

（1）了解学生，确立班级目标。由于学生与教师年龄和生理上的差距，对一个新班级贸然实施教育是盲目的。只有全面把握学生各方面的特点，才能对症下药、因班施教、因人施教，有针对性地提出具有激励性的班级目标，恰当地提出多层次的个体目标。要通过多种渠道，采取多种形式对班级情况进行质和量的分析，掌握第一手资料，及时提出切实可行的并具有激励性的目标。

班级目标的制定，必须注意它的方向性、系统性、科学性和效益性。所谓方向性，就是班级目标必须坚持社会主义方向，适合社会主义现代化建设的需要；必须坚持党的教育方针，坚持全面发展的培养目标。所谓系统性，就是班级目标，既要有总目标，又要有一学年、一学期、一学月的阶段性目标；既要有德、智、体、美、劳全面提高的目标，更要有学生个性特长充分发展的目标；既要有优等生、中等生的发展目标，更要有后进生的提高目标。所谓科学性，就是班级目标的制定，必须坚持实事求是的原则。从班级实际出发，结合学生实际，遵循学校教育发展的客观规律和发展趋势。所谓效益性，就是制定班级目标时，既要考虑近期效益，又要考虑远期效益；既要考虑学生个体、班集体效益，又要考虑社会效益，做到近期效益与远期效益、班集体效益与社会效益的有机结合。

（2）分解目标，建立班级目标网络。班级目标的落实是一个复杂而又困难的系统工程，仅凭班主任一人之力很难做到，要靠领导和集体的力量。因此，在班级管理层面上，班主任要依据"分合"原则，对班级目标进行合理分解，构建班级目标网络。班主任首先把班级目标（一级目标）分解到团支部、班委会和家长委员会，然后由他们分别制定具体目标（二级目标），并分解到团小组、班小组和寝室长、课代表，最后，由各小组将他们的工作目标（三级目标）分解到学生个人（科任教师、家长的个人目标，分别由班主任、家长委员会直接分解），使每个人心中有数，明确各自的目标（四级目标）。这样构成班级四级目标链，使之形成人人有任务，个个有事做，事事有人做，班级工作大家管理的局面。"合"就是协调配合，有效综合。在分工实施的过程中，班主任应适当协调，做到既分工又合作，使班级管理紧紧围绕整体目标有序地健康发展。

2. 构建班级目标保障体系

在建立班级目标体系的同时，班主任应相应地建立班级目标的保障体系。保障系统分为组织保障体系和制度保障体系。

（1）建立组织保障体系。为了确保班级目标的实现，必须根据目标分解的层次，层层组建相应的管理组织。即组建好团支部、班委会和家长委员会（一级组织机构），组建好团小组、班小组，还应设立课代表、寝室长、图书保管员等（二级组织机构）。组织机构确立后，班主任应吸收他们参与班级目标体系、制度保障体系和评估体系的制定工作，使他们既明确班级目标又明确各自的目标、职责和要求。在实施目标管理的过程中，既要大胆使用，又要严格要求，加强培养，使之真正成为班级的核心，成为班级目标实施的骨干力量。团干部、班干部实行轮换制，努力让每位同学都能获得锻炼，充分发挥他们的个性，增强他们的工作积极性和主动性。

（2）建立制度保障体系。班规班约的建立健全和实施是班级目标得以实现的重要保证，所以班主任必须组织全班同学按照自己的想法建立一整套班规班约。首先，按照任务分解的层级，建立岗位责任制，层层递进，并赋予相应的权利，做到人人有责、有职、有权，从而最大限度地发挥个人的主观能动性。接着建立学习制度、生活作息制度、体育锻炼达标制度、卫生制度、考勤考评制度、奖惩制度等，在班级制度控制下，做到有章可循、有约可依，借助于规章制度的约束效力，使班级目标管理工作规范化、制度化和程序化。

3. 构建班级目标评估体系

教育评估是根据正确的教育价值观和一定的教育目标，运用多种科学手段对教育现象进行价值判断从而为教育决策提供依据的过程，具有导向、改进、激励、反馈等功能。目标建设是看重成果的建设。目标评估是实现班级目标的一种有效途径，这不仅是对前期目标建设成果的肯定，也吸取了以往的经验教训，为下一步的目标建设奠定了坚实的基础。

（1）制定考评细则和实施考评。无论是制定考核指标还是考核评价，都要严格按照评价的原则，端正评价的指导思想。班级目标评估，特别要遵循教育性原则、动态性原则和主体性原则。在评估中要注重评估的教育性，充分发挥评估的教育功能，要立足于人才的全面发展和提高，使每个学生都能得到充分发展，整体上提高教育的质量。

（2）建立评估组织。班级目标评估除了学校职能部门还应建立两级评估组织，即以班主任为核心的团支部、班委会、家长委员会和科任教师参加的一级评估小组，以小组长为中心的学生参与的二级评估小组。

（3）制定评估程序和形式。班级目标评估一般应包含学生自我评估、二级评估小组评估、一级评估小组评估、个人认可等四道程序。评估形式有口头评估和书面评估、日常评估和定期评估、定性评估与定量评估等。

（4）建立评估档案。日常评估随时积累资料，定期评估既对日常积累的评估资料进行综合，又对阶段性评估目标达到的情况作全面分析衡量，从而建立起评估档案。资料档案不仅为实施奖惩提供依据，而且在目标控制中有着重要的意义。

（5）根据目标设施的达成度和奖惩制度实行奖惩。达成度高的实行奖励。奖励分为精神奖励和物质奖励两种。班级奖励主要是精神奖励，如上报学校以及上级授予优秀共青团员、优秀团班干部、体艺劳动积极分子、三好学生、学习标兵、十佳青少年等光荣称号，同时也可给予一定的物质奖励。达成度太低的应给予一定的惩罚。班级的惩罚应以批评教育为主，但也应给予适当处罚，做到奖罚分明。

三、班集体的规范建设

在班集体目标形成之后，要确立与其相应的集体准则，这对达成集体目标具有十分重要的意义。在建立班集体的过程中，资深的班主任都十分注重班级标准的构建，这不仅是班集体管理的基础，也是管理的手段。

（一）班级规范的功能

作为一个正在成长中的班集体，由于学生身心不断发展和现实社会的不断进步，其必须具有一定的规范。班集体规范是班集体中每个成员在日常的学习和生活中必须遵守的行为准则，具体体现在学生守则、学生行为规范、班级公约、班规等班级文件中。它是维持班集体成员之间内部秩序与关系的行动指南，是学校各项规章制度在班级中的具体反映，是班级个性的体现。只有建立健全班集体的规章制度，才能使班集体的行动步调一致、人际关系和谐、开展活动顺利、提高班级的工作效率；否则的话，将会出现非常混乱的局面。所以，在班集体的建设过程中，必须提出明确的纪律要求，建立各项规章制度，以保证班集体的正常运行。班集体规范的功能具体体现在以下几个方面：

（1）指向功能。在班集体所制定的各项规章制度与行为规范中，都有明确的目的要求，表明了提倡什么、禁止什么、应该怎样、不应该怎样、哪些合乎准则、哪些必须防范，为学生成长指明了行动的方向。

（2）制约作用。班集体规范对集体成员有一定的约束力和强制性，凡是不遵守规则的人，无论你扮演了什么样的角色，只要属于这个集体就得改变自己，至少要在行为上服从。有标准的就可以做，否则不可以，同时要根据标准来修正动作、改正错误。

（3）协调作用。班集体成员来自不同的家庭，有不同的个性特点。成员之间在认识、行动上的差异和不协调是不可避免的。规章制度体现共同的认识，规定行动的规范，使集体中的各个成员能够相互配合，从而确保了班级秩序的维护。

（4）自律作用。班级制度不是由教师个人制定然后强加给学生的，而是由师生共同参与、民主协商的结果。通过这种方式，学生才能自觉地按章办事，充分发挥自己的学习主动性，并能依章规范自己的行为，以适应集体的需要。

（二）班级规范建设的要求

班集体规范的形成，是多途径、多因素共同作用的结果。学校培养目标、传统文化习俗、社会风尚、教师个人价值取向、学校规章制度、学生的现实发展要求等因素都会对班集体规范的制定产生影响。而教师的建议、要求及学生的共同讨论则是形成班集体规范的主要来源。一般而言，在建设班集体规范时，要注意以下几个问题：

（1）规范要具体，具有可操作性。班规是学生的行为准则，是协调学生的行为准则，一旦制定了，就必须严格遵守。所以，班级规范的内容要明确，要明确哪些是可以做的，哪些是不能做的；班级倡导哪些行为，班级反对哪些行为。此外，制定班集体规范必须与学生的身体和心理发展水平相适应，所提的各项建议、要求要合理、可行，并能在实际的教育、教学中贯彻、遵守。

（2）要相对稳定，一经制定就要贯彻执行。班集体准则制定要体现时代特点，并随着教育环境的变化而发生变化，只有在一定程度上对学生进行规范的制约，才能真正适应社会发展的需要。但是，由于教学周期较长，需要维持相对稳定的教学秩序，所以，班级集体规范要符合教育规律，并具有一定的稳定性，不能一蹴而就。一旦制定了标准，就必须严格遵守，不能把班级的规章制度当成一种装饰品，否则这些标准就失去了在班集体建设中的意义。

（3）规范要简约、完整、亲切。班级规范的内容要简约，注重学生发展过程中存在的主要问题，语言要亲切，所列条文要简明扼要，不要过于烦细。也就是说班级规范的条目不要太多、过于烦琐，不要把学生行为的幅度限制得太小，让学生没有选择的余地，更不能把千篇一律的行为模式强加于学生的身上。因为这会让学生对班级的规则产生抵触情绪，从而影响到整个班级的发展，造成班内出现很多掉队、越轨的人。在班集体规范的建设中，应该"把强调细则的做法改为建立一套体贴人的纪律。例如，少规定拘束人的条目，不用表示禁止的命令型的语气而只侧重于指明一个大致的方向、保留一定的能够自己自觉选择行为的余地、对违规者处分得不是太过分"等。

（4）对班级规范的执行情况要经常检查督促。班级规范具有严肃性，对班级成员有一定的约束力和强制性。在班集体建设过程中，班级规范的实施和不实施是不一样的，实施得好与坏也是不同的。班主任要定期检查督促班级规范的落实，掌握班级规范的反馈，对遵守班级规范的人要给予奖励，对不遵守班级规范的人要给予相应的批评和惩罚。但切记检查不要过于严格，批评也不应过于严厉，这样才能达到道德教育中提出的培养"关心别人"的态度的教育目标。

（5）发动群众，让班级中的每一个人都参与班级规范的制定。班级规范的形成不是外部力量强加于班级的，而是班级成员根据班级发展及个人发展的需要共同商议的结果。要让班级规范得到全班同学的认可，发挥其在班集体建设中的作用，就必须动员全体同学积极参与、民主协商，广泛征求学生意见，让班级规范充分体现学生意愿，赢得学生认同。只有以学生的认可为前提的班级规范，才能真正发挥作用。

（6）班主任要以身作则，发挥榜样作用。班主任是学生心目中的偶像，学生具有向师性，他们常常把教师当作榜样，会模仿教师的一言一行。所以，班主任要依据学生对教师的这种特殊的心理，严格要求和约束自己，在任何时候都要以身作则，对学生产生积极向上的影响。要求学生做到的，自己必须先做到，对班级规范要带头执行，给学生树立榜样，从而达到身教胜于言教的目的。

四、班级活动

精心安排的课堂教学活动可以使学生受益终生，在政治思想、道德素质、文化素质、心理机能、审美情趣、体能训练和个性特征等方面都有较大的发展。如果想要组织良好的班级活动，就必须遵守一定的要求。

（一）班级活动的概念

班级活动是在班主任指导下，有目的、有计划地为实现班级教育目标而举行的各种教育、教学实践活动。它既可以是弥补课堂教学不足的教学活动，也可以是开发智力或发展能力的课外、校外活动，它是学校教育活动的有机组成部分。

（二）班级活动的内容

班级的各种活动及其组织开展构成了班主任工作的重要内容。根据班级活动的时间分布，可以将班级活动分为日常性班级活动和阶段性班级活动两大类。

1. 日常性班级活动

日常性班级活动包括以下活动：

（1）班会活动。班会的形式可以灵活多样。一般来说，形式的选择主要考虑两个方面的因素：一是要考虑与班会内容及其主题的适应性；二是要考虑班会活动形式对学生的吸引力。

（2）班级晨会活动。晨会安排通常分为两个方面：固定性的项目和根据临时需要增加的内容。固定性的项目，反映了班集体和班级成员学校生活的经常性的需要。晨会临时性的内容无法预先设计，一般总是与形势、班级内的突发事件、学校某些临时的要求相关。

（3）值勤活动。值勤活动有两种：一种是班级内部值勤，每天由1~2名学生轮流担任；另一种是班级派出成员担任学校的值勤任务，一般由校内中高年级的班级选派学生轮流担任。

（4）舆论宣传活动。班级集体形象和良好风气的形成，要通过实际的行动和舆论宣传。作为班级舆论宣传活动的正规阵地，主要是黑板报、班级内部学生自己创办的周刊或月刊等各种班级报刊。校部创办的报刊和以学生为主要工作人员的校广播电台、电视台也是班级可以利用的舆论阵地。

2. 阶段性班级活动

阶段性班级活动主要包括：

（1）工作型活动。工作型的阶段性活动，指全校每个班级在学期不同阶段都必须完成的班级活动。例如：学期初班级计划的制定、学期结束时先进人物的评选，等等。这类活动要产生建设和发展班集体的教育效果。

（2）竞赛型活动。各种全校性的竞赛，除了能够发掘人才和活跃学校生活，还能促进班集体的成长和班级之间的相互影响。

（三）班级活动的结构要素和基本环节

构成班级活动的要素主要包括：教育者、受教育者和教育影响。这种教育影响是置于教育者和受教育者之间并把它们联系起来的一切中介的总和，如活动内容、方法、过程、形式、时间、地点、环境等。教育者只有通过教育影响才能把教育目的传导给受教育者，使之发生预期的变化。

班级活动一般由三个基本环节组成：

（1）计划。计划活动过程的各个环节，包含活动名称、目的要求、形式、步骤、时间、地点、活动器材、各项具体活动的负责人等项目。

（2）实施。这是活动过程的中心环节，是达到活动目的、完成活动要求的基本手段，是活动全过程中的关键。

（3）总结。这是活动过程的终结环节。要用科学的方法，对已经做过的工作进行评价，肯定成绩，总结经验，指出缺点，进而明确下一个活动应努力的方向。

班级教育活动的三个基本环节之间既相互联系，又统一于教育活动过程之中。

思考题

1. 简述班集体的基本特征。
2. 简述班集体的功能。
3. 简述班集体发展的阶段。
4. 简述班干部选拔的标准。
5. 简述班集体目标建设策略。

第八章 班主任工作

学习目标

1. 熟练掌握班主任的素质和能力结构；
2. 了解班主任的培养路径与方法；
3. 明确班主任工作的基本内容。

本章知识结构图

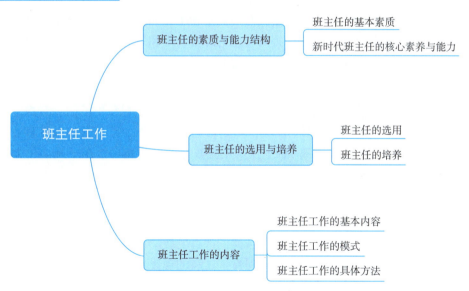

第一节　班主任的素质及能力结构

一、班主任的基本素质

班主任是对学校班级学生的思想、学习、生活等工作负全部责任的教师，是班级的组织者、领导者和教育者，是办学理念的实施者，是学校、家长和社会之间的桥梁。随着教育的普及化、社会产业的智能化、人才强国和科教兴国的战略目标，面对复杂的国际形势，新时代的教育不仅承担着对社会文化的辐射与影响，还要培养创新型人才，因此对教师职业的要求和班主任的素质都提出了新的要求。新教育呼唤与之相适应的班主任素质，综合起来有以下几种：

（一）班主任的政治思想素质

要求班主任具有"高尚的社会主义道德、饱满的工作热情、永无止境的进取精神、始终如一的言行"。我们应该树立为人民服务的人生观，深信生命的意义不在于索取，而在于给予；个人价值是在向人民学习、全心全意为人民服务的过程中实现的。马克思列宁主义、毛泽东思想无疑是班主任教育工作的指导思想。在马克思列宁主义著作中，教育理论、人的全面发展、共产主义道德教育、人的创造力的发展、人的审美观的培养都作了精辟的论述。特别是哲学是马克思主义的重要组成部分，它是世界观的理论体系，是整个世界的根本大观。班主任运用辩证唯物主义和历史唯物主义的基本原理，自觉将其与教育工作实践相结合，采用生动有效的方法提高学生的理解水平和思想政治意识。因此，无论是现在还是将来，班主任都必须加强自身的思想政治修养。

（二）班主任的道德品质

道德品质是某一社会或阶层在个人思想和行为中的道德原则和规范的相对稳定的特征和倾向。作为"人类的楷模"，班主任应"热爱班主任的工作，忠于党的教育事业，具有培养新型社会主义者的奉献精神"。班主任要热爱教育，敬业爱岗，在平凡岗位上努力工作，努力创造，默默奉献。

（三）班主任的文化素质

班主任的文化素质是工作职责的要求，是影响教育效率的因素之一。班主任应具有博大精深的科学文化素质。班主任负责一门或两门课程的教学，他们应该精通自己的教学科目，深入透彻地掌握学科的所有内容，同时掌握学科的现代发展水平，并不断吸收和融入教学，丰富教学内容。班主任不仅要熟悉教学大纲要求的所有知识，还要熟悉本学科的发展趋势和最新成果。教师掌握深厚的专业知识，是为了在讲课时做到"居高临下"和"高屋建瓴"。因此，要教学生一杯水，教师必须有一桶水或"教师应该是'自来水'"，以便"准备好""熟练"并能够自由使用。总之，班主任应具有深厚的专业知识，并在教育领域树立权威。

除了专业知识，班主任还应具有相关学科的广泛知识，也就是说，"一个专业多个能力"。班主任必须努力学习，不断拓宽知识视野，不仅要发挥自己的专业优势，还要弥补自己的不足，使自己的知识成为一个"金字塔"结构，拥有广泛的知识基础和顶级的专业知识。班主任还需要有广泛的爱好和才能，如音乐、体育、书法、绘画等，这将像老虎加翅膀，以引导学生开展活动，发现特殊人才。

（四）班级管理能力

班主任应具有组织和管理能力，"善于规划和组织学生的各项活动，善于根据形势变化迅速作出决定，采取措施，作出调整，积极工作，能执行命令和禁令，更好地引导学生积极开展活动并不断进步。"许多教育学书籍要求班主任善于组织分配合理的班级小组，组织丰富多彩的教育活动，管理好各种班级工作。在班级管理中，各项工作的安排要全面，要认真考虑问题，使各项工作井然有序。要善于将学校教育的要求与班级的实际相结合，使之成为一个有机的组成部分。有必要制定明确、具体和实用的管理目标。班主任要善于选择和培养骨干力量，形成正确的课堂舆论，把主要精力放在组织课堂上，使集体成为强大的教育力量，让每个学生共同受到集体的约束、熏陶，并且共同进步。传统的班主任管理能力仍然是基于传统的以教师为中心的教育理念，即以学生为管理对象；在现代信息社会，班主任应转变教育观念，在班级管理中以学生为中心。班主任应善于培养学生的自主、自理的能力和精神，使学生发挥小班主任的作用。学生应是班级管理的顾问和助手。

二、新时代班主任的核心素质与能力

当今社会发展得越来越快，新思想、新观点和新问题层出不穷，市场经济的竞争和效率决定了人们必须更加独立和勇于创新。这注定了青年学生主体意识的进一步觉醒。这就要求班主任把握时代背景，根据时代要求，努力提高自身素质。同时，作为社会的一员，班主任素质的提高也是社会转型和教育改革中自我发展和自我完善的迫切需要，直接关系到班主任的生活质量。毕竟，职业生活占据了班主任生活的很大一部分。

目前，世界已经从工业社会转变为信息社会。国际政治、经济和文化发生了巨大变化，中国社会也处于加速转型期。我国教育领域的教育理念和教育实践的改革与发展发生了巨大变化，特别是开放教育、创新教育、终身教育、个性化教育、科学人文教育、学生主体教育等理论研究和实践探索不断推进，这必然导致对新时期班主任素质的进一步研究。基于以上对社会发展和教育改革的分析，新时期班主任的核心素质包括以下几个方面：

（一）科学人文素养

新时期新教育的一个重要特征是科学与人文教育的均衡发展，培养学生的科学精神和人文精神已成为新时期新教育的重要目标。为了实现这一目标，班主任必须在日常教学和教育过程中贯彻科学人文精神，培养和提高自己的科学人文素质，这也是现代人才的重要标志。"科学求真是立世之本；人性求善是做人之本。求真、务善、完美、创新是人性与精神高度统一的生动体现。"因此，班主任的科学人文素质主要包括以下几个方面：

1. 求真务实的态度

求实务实的态度是班主任科学人文素质不可或缺的基本素质。务实求真意味着班主任在日常教学和班级管理中应该脚踏实地、实事求是、不浮躁、不虚伪、不"想当然"。要求班主任以积极自主创新的精神追求真理，树立良知，以教育科学和科学教育为目标。教学和教育的内容不仅充满了科学精神，而且教学和教育过程也体现了科学精神。

市场经济社会是"契约"社会，人与人之间的诚信是社会正常运行的根本保证。班主任应该淡泊名利，诚实做人，诚实做老师。毕竟，我们的教育是培养具有科学精神和人文素质的创新人才，而不是"伪君子"。在学生学习指导、课程实践、课外生活、处理问题等广阔的工作空间中，班主任应以坦诚、认真的态度向学生展示自己，坚持科学和正义，不只是书本，不只是顶层，不只是权力，还有理性。

2. 民主与平等意识

在现代教育中，学生是学习的主体，在人格上与教师平等。教师应该尊重所有学生，平等对待所有学生，特别是那些处境不利的学生。教师本身是人，其他人也是人；把自己当作一个人，把别人当作一个人。无论如何，学生之间的差异是绝对的。这就决定了作为一名教师，应无条件地接受每一个学生。教师的职责是尽可能地把学生培养成社会所需要的各种人才。教育成功的秘诀在于爱和尊重学生。尊重学生包括尊重学生的人格，尊重他们应有的权利，真诚平等地对待他们，倾听他们的意见和要求。在谈到教育时，邓小平同志说："尊重教师，爱学生，教与学是互利的，这是师生之间的同志关系。"只有民主平等的教师才能培养出"青出于蓝而胜于蓝"的学生。

在班级管理中，班主任应该是班级管理的帮手，信任和尊重学生，让学生成为班级管理的主人。坚持民主选举班干部、民主讨论、制定班规，学生有权监督和罢免班干部，有权提出修改班规。在班级的日常管理中，坚持学生能解决的事情，班干部不干预；如果班干部不能解决问题，可以向班委寻求帮助，班委可以将问题提交班会讨论。班主任作为班里的一员，提出建议。最后的决定由学生而不是班主任做出。

3. 向善与创美的素质

善良的品质要求班主任渴望善良并以身作则。以严父、慈母、好朋友的心给予学生真诚的爱和思想自由，把学生培养成真正的人，而不是追求名利的工具。在处理学生的错误时，班主任应该站在学生的立场，责任不应该太严格。"你是我的孩子，别人也是我的孩子""不要做你不想做的事"，用真挚的爱唤起学生对善的深切向往和对美的追求。教育是学生走向更美好生活的基础，是为学生创造更美好未来的事业，教师的职业是美丽的。然而，教育之美只存在于那些把教师职业视为享受生活、发展自我的教师，存在于教师平凡而伟大的日常教育活动中。教师职业美是教师在职业生活中积极创造的结果。班主任应该在职业生活中感受美，在塑造心灵的过程中，实现职业生活的意义和生命价值的体现。

（二）交往沟通素质

本质上，人类是多愁善感的，需要情感和精神交流。班主任需要在与学生的交流中理解和影响学生，促进学生思想和心理的健康发展，更需要在思想和情感上与学生沟通。中学生正处于心理和生理发育的成熟期，其情绪也是最多变、最复杂的。有时，他们可能会不友善，甚至故意自相矛盾，以示成熟。有时，他们可能会因为考试成绩、同学关系、父母批评、心理障碍等因素而沮丧，抛弃自己，离家出走，甚至自杀。此时，班主任应充分利用沟通技巧帮助学生克服困难，帮助学生树立正确的人生观和价值观。班主任在交际中应注意以下几个方面：

1. 善于倾听、善用表情

中学生正处于心理和生理发展时期，他们总是提防成人世界，尤其是班主任。如果班主任不是平等、真诚、关心和同情的，而是以一种屈尊的态度、批判性的态度或漫不经心的态度倾听学生的对话，学生在与班主任的交流中不会感到受到尊重和理解，他们往往不会透露自己的真实想法，班主任也不会听到他们的声音。相反，学生会将班主任视为"知己"，并向班主任敞开心扉。有时他们甚至不需要班主任的指导，在听的过程中，问题得到了解决。

2. 善用语言

语言表达是班主任交际能力结构中的重要因素之一，也是直接影响教育效果的重要条件。一个人的思想、感情、知识、愿望和要求应通过语言正确表达。正确的教育思想要用准确的语言表达。要启发学生的思想，培养学生的情感，就必须像演奏者弹钢琴一样，用生动的艺术语言激起学生的心弦，引起强烈的共鸣。

教师是否善于运用幽默，是否有幽默感，能否充分发挥幽默的力量，是衡量教师教学机智和口才的重要标志。

（三）学习与研究素质

新时期新教育大力推进"终身素质教育"，这是新时代科学技术飞速发展的客观要求，也是教师创造性地做好教育教学工作的迫切需要。新时期班主任应是"终身教育"的实践者，必须把自我教育作为终身任务。作为学科教师，班主任必须了解学科的最新发展方向和对教师的要求。例如，目前正在各学科进行的新课程改革的方向、内容和理念，班主任应该学习、研究和掌握。教育是一种极其复杂的育人社会实践，有其特殊的客观规律，班主任要想用教育规律科学地教育人，就必须学习教育学、心理学、教育心理学、社会学、人才学等基础理论来指导教育实践。随着时代的发展，教育理论也取得了长足的进步，班主任以前学习的一些教育理论可能无法满足新时代的要求，因此班主任必须不断学习新知识，更新观念，不墨守成规，与时俱进，为学生树立"终身学习"的榜样。

（四）思想道德素质

在社会主义市场经济社会中，道德教育的最高追求是使人具有完善的人格，教育者应"用思想提高教育质量"。乌申斯基说："在教育中，一切都应该以教育者的人格为基础，因为只有人格才能影响人格，只有人格才能形成人格。"完美的人格特征是班主任必须具备的素质。班主任的道德素质应包括教育者的奉献精神，平等和尊重的意识，宽容、谦虚和严谨的品格。事实上，这种素质的培养是为了促进人的主体意识，即通过班主任的影响，促进学生道德素质的提高，实现自觉规划自己的发展、成为自己发展的主人的目的。教师是智慧的使者、文明的桥梁、灵魂的火炬、人格力量的重要源泉，教师对学生的影响不仅是知识和智力，还包括思想和人格。

班主任对学生人格的影响不是通过说教产生的，精神需要精神感染，道德需要道德影响。班主任真正的威望在于他的人格力量，这将影响学生的一生，是任何力量都无法替代的最灿烂的阳光。"野蛮产生野蛮，仁爱产生仁爱"是真理。

（五）反省能力与批判精神

在社会转型和教育改革中，新知识、新观点、新思想和新问题层出不穷，这就要求班主任具有反思能力和批判精神。班主任的自我检查能力是指班主任在其专业活动中以自己为意识对象的能力，以及在教学和教育过程中"以教学活动为意识对象，不断规划、检查、评价和设计自己和教学的能力"。班主任的这种能力主要包括两部分：一是班主任的自我监控能力，即班主任观察、判断、评价和设计自己的能力；二是班主任的教育教学监控能力，即班主任对自己的教育和教学活动的内容、对象和过程进行规划、安排、评估、反馈和调整的能力。

班主任批判性精神是指在教育活动中不做旧理论知识、有自己旧经验的盲目追随者。在新知识爆炸的时代，我们应该敢于消除虚假，保留真实。"批判性思维是一个人科学素质的重要因素"，马克思说，"辩证法不崇拜任何东西。本质上，它是批判性的和革命性的。"因此，科学需要一种批判精神，即一切都服从事实的判断，一切都以实际结果来判断，只有这样才能形成科学认识。

（六）一定的信息素养

在信息社会中，随着信息网络的扩展和教育信息化的发展，满足人们对知识更新的需求已成为现代教育必须解决的一个紧迫问题。未来教师的主要任务是教会学生获取"信息知识"的能力，并将学生培养成"信息型"的人。正如日本学者增田米二所认为的：教育必须通过实施信息素养教育来迎接信息社会的挑战。这就要求教师尤其是班主任具备良好的信息素养。信息素养是新时期班主任的基本能力，通过系统的信息教育将这些能力内化为自己的思维方式和行为习惯，从而形成影响班主任生活的素质。

班主任应掌握并善于使用现代信息工具，掌握从图书馆资料检索到计算机信息处理软件和网络通信工具软件的使用方法，将信息网络上的新知识信息与教科书上的知识信息有机结合起来，不断了解和掌握本学科及相关学科的新动向，用新的知识信息开阔学生的视野，启发学生的思维。班主任还必须具有获取信息、存储信息、处理信息、过滤和使用信息以及更新和创建信息的强大能力；还应具有 21 世纪的合作意识和新时代的价值观，能够通过校园和互联网扩大合作和学习的范围，在面向世界和未来的复杂社会发展和信息海洋中形成正确的世界观和人生观，包括高尚的信息伦理和健康的信息心理。

（七）健康的心理素质

在全球化和信息技术的市场经济社会中，社会生活节奏很快，人际交往和沟通的机会很少。人们，特别是中学生，容易由于心理和情感上的脆弱性导致心理和情感障碍。此外，中国有 13% 的初中生和 18% 的高中生由于升学压力和独生子女而存在心理障碍。因此，班主任应重视学生健康心理的培养，及时消除影响学生心理和情感健康发展的障碍，引导学生培养高尚的情操、高尚的理想、健全的人格和健康的心理，提高他们适应和服务社会的能力。要实现这一目标，班主任必须具备良好的心理素质。教师的心理状态对学生的影响往往是持久和深远的。

1. 敏捷、灵活的思维品质

班主任的思维素质是指观察学生的心理活动，适当、快速地调整课堂各种活动和矛盾的能力。它体现了班主任在课堂管理中对客观变化的反应能力和管理机制。班级管理是一项复杂而富有创造性的工作。在管理中，班主任面临着几十名不同素质的学生，几十名学生的思想、情感和个性千差万别，这使得班主任的工作复杂多变。管理环境、管理对象和管理内容都在不断变化，这就要求班主任具备良好的思维素质，培养自己的智慧和敏锐的适应能力。只有这样，班级才能始终保持良好的状态，如奋进的班风、良好公平的班级舆论、正确合理的目标定位等，使班级管理呈现出不断教学、不断创新的局面，形成自己独特的班级风格。适应性是班主任应具备的一种教育能力，是指班主任充分利用情境和处理意外问题的能力。有了这种能力，教师可以在复杂多变的情况下做出最合理的决定，采用最合适的教育方法。这种能力也可以称为"教育智慧"。马卡连柯认为"教育技能的必要特征之一是适应变化的能力"。在教育过程中，教师具有较强的适应能力、正确的指导和正确的处理，能够迅速做出明确的判断和正确地应对突发情况，这不仅可以"避免危险"，而且可以"锦上添花"。在改革开放的社会条件下，学生的思想观念发生了许多新的变化，课堂工作也会遇到许多新的情况和问题，班主任不能只根据过去的经验行事，而应根据变化的情况改变教育方法和内容，灵活巧妙地处理过去没有遇到的新问题。这对于新时期的班主任来说非常重要。

2. 班主任的情感

班主任的情感对学生具有直接的感染作用，是更好地完成教育工作所必需具备的条件。班主任的工作主要表现在他对学生和教育的热爱以及他自己的道德情感。班主任从事的是一项充满爱心的工作，班主任对教育和学生的热爱是基于个人丰富的情感。苏霍姆林斯基曾说过，在学校学习并不意味着将知识从一种思想转移到另一种思想，而是教师和学生每时每刻都在进行精神接触。

精神接触与情感交流是分不开的。班主任积极的工作热情、爱心和信任，可以使学生产生强烈的心理效应，这是促进学生智力、情感和个性发展的催化剂。只有让学生感受到班主任的善良，师生之间才能形成和谐的人际关系。这种情感也会激发学生对班主任的信任。学生将愉快地接近班主任，愿意谈论自己的问题，并真诚地接受班主任的批评和建议。班主任的快乐和消极情绪教育会对学生产生心理影响，后者会使学生在教育活动中产生不安和冲突，导致信心丧失、悲观、失望和动力丧失。班主任高尚的道德情感对于教育工作和培养学生相应的道德情感具有重要意义。高尚的道德情感源于高尚的思想品德，因此，每一位班主任都应该自觉培养自己的道德情感，真正热爱教育、热爱学生，在教育中自觉控制和调节自己的情感。班主任善于控制和调节自己的情绪，这不仅解决了教育教学态度问题，而且直接影响到学生高尚道德情感的形成。

3. 班主任的意志

教育是一个长期的过程，需要班主任的坚强意志和对教育的坚定信念。特别是为了克服教育中的一些困难，特别是学生个性带来的困难，班主任需要有良好的意志力。

班主任的坚定、果断和不屈不挠的坚定是直接影响学生的内在力量。班主任的力量不在于他或她的外表，而在于他或她对学生的态度。优秀的班主任总是从保护学生出发，认真了解情况，根据学生的具体情况，以亲切友好的方式提出自己的要求。这样，学生就可以经常感受并更加关注这种潜在的力量，从而更好地接受班主任的要求。班主任应该果断，但不能盲目鲁莽。当一个优秀的班主任对待和处理学生的问题时，即使他的声音不高，态度温和，学生也会感觉到班主任要求的必要性。如果班主任的决定和要求过于草率，不符合实际情况或不了解学生的个性特征，就会产生极坏的结果。

班主任的沉着、自控、耐心和始终如一的毅力也是有效影响学生的重要素质。在教育实践中，班主任经常遭受学生的不服从，此时，特别需要班主任的自我控制。如果班主任不控制自己，以粗暴的态度对待学生，学生可能暂时"稳定"，但在这种稳定的背后，有更大的干扰。优秀的班主任在处理任何意外情况时总是保持冷静。在发现问题，然后以诙谐、真诚的方式和中肯的语言提出要求后，学生会被班主任的平静的态度所感染，从而真正安静下来。班主任对学生的要求要始终如一，持之以恒，这对培养学生的优秀素质起着重要作用。班主任提出要求后，应坚持观察和监督，认真指导和检查。班主任的良好意愿不仅可以保证工作的顺利进行，而且可以作为学生学习和模仿的榜样。要成为一名合格的班主任，我们应该不断磨炼意志。

4. 心理健康

由于高考压力、工作繁重、节奏快、同事之间竞争激烈、不适应教育改革、缺乏必要的心理知识等因素，班主任的心理健康状况不容乐观。

为了做好教书育人工作，班主任应根据教育需要调整心理，在教育实践中自觉培养良好的心理素质，能够潜移默化地影响学生，培养出具有良好心理素质的新一代。

班主任应清楚了解自己的能力、个性、兴趣和动机，并对自己的优势、潜力和缺点进行客观和适当的评估，对自己不要太严格，要正确认识自己工作的价值。

班主任应品行端正，热情开朗，自尊自爱，并能以理性的态度根据社会道德规范调整自己的行为。"不厌其学，不厌其教"是班主任的共同特点。一个心理健康的班主任能够以热情对待工作和学习，努力工作，谦虚谨慎，在逆境中不气馁，充分发挥在工作和学习中的主动性、积极性和创造性，用智慧和勤奋培养和塑造学生，体验成功的喜悦和生命的价值。

案例分析

班主任是全班学生的教育者、组织者、领导者，班主任在学生中能否赢得学生的钦佩和信任，是班主任品德修养、管理能力和教育水平以及教师人格魅力的综合体现。

如何做一个学生"信服"的班主任呢？

李少林老师是这样做的：

一、向学生宣传解释班级管理制度

1. 让故事说话

有一个农夫得到了一种特别优异的稻谷的种子，大家都来向他讨要，可是农夫拒绝了大家的请求。到了收割的季节，农夫惊讶地发现，自己的稻谷居然跟邻居的一样。原来，风把好稻子和普通稻子的花粉混在了一起，所以村子里的稻子变成一样了。后来，这个农夫把自己的优异种子分给了邻居，这样，大家都收获了丰收。学生们很容易从故事中悟出，良好环境中的个人进步是最大的，而这种良好的环境是由分享、互助造就的。

2. 以情动人

我们的班主任都知道用"情"去打动学生，感化学生，如：对某些总受漠视的学生，如果我们特别关照他，他会感激涕零，发愤读书，这时我们可以持续关照他。

3. 以理服人

现在的学生有自己的思想，衡量事物的好坏、善恶有自己的尺度和标准。如果我们不能抓住事情的要害，就不会让学生认同，他们就会与我们理论；假若我们说服不了他们，他们就会反感，继而反抗。所以，我们对每一件事情都要认真分析，找出关键所在。

二、让家长认同我们的教育方法

如果家长认同班主任的教育方法，就会帮助宣扬我们的教育方法，帮助我们在学生心

目中树立良好的形象。

三、把"苦"事变"乐"事

我们的班纪班规在一定程度上会限定学生的自由，限定了自由自然会有些难受，这就是"苦"事。我们就得想一个办法，变一种方式把我们的要求告诉学生，把"苦"事变"乐"事。如我要求学生早晨跑步，估计学生肯定会叫苦连天。我首先自己跑两天步，然后写一篇"招友启事"说："开学来，我倍感工作和学习压力，有力不从心感，所以我决定锻炼身体增强体质，以便更好地工作和学习。可两天来，我形单影只。现打算在55班寻找有志锻炼身体的好友一起跑步，有意者请在下面空白处签上你的大名。"启事在班上贴出后，学生全部签上名。我认为这比强迫学生跑步，向学生说教跑步的好处效果要好得多。

第二节 班主任的选用与培养

一、班主任的选用

班主任是学校工作的骨干力量。班主任的素质不仅对学校的发展起着至关重要的作用，而且直接影响到学生的成才成长质量。目前，大多数班主任由学科教师兼任，没有单独专门的班主任职务。很多优秀的班主任一般要经过不断的实践才能真正成为优秀的班级管理者。经调研发现，在一些教师教学任务繁重的学校，有些新教师没有经过班主任管理的培养便匆匆上岗，严重影响了学生的各项发展。因此，我们有必要了解新时代班主任应该具备的条件。

（一）具备深爱学生的品质

一般的学生都有天然的强烈的向师性，而师爱则是教育好学生的首要条件。只有爱学生的教师才会关心和爱学生，才会使学生愿意亲近他，服从他的管理和教学，课堂的一切工作才会顺利进行。

在班级管理工作中，为了做好学生的学习和思想教育，班主任需要与家长取得联系，而有的时候，常常因为沟通不畅导致因为学生问题和家长产生隔阂和误会，只有让家长感到班主任是真心爱护自己的孩子，他才愿意与班主任共同教育好孩子。因此，班主任不仅要有爱心，还有能将这份爱心传递给家长的沟通能力，与家长和谐沟通，在相互理解和支持的氛围中达成共识，才能真正实现家校合作的教育目的。

（二）具备做好学生思想教育工作的能力

学生的思想波动很大，教师不仅要有敏锐的观察能力和良好的沟通能力，而且要有做好学生思想教育的能力。表扬是搞好学生思想教育的重要手段。表扬应该恰当，这样才能激励和鼓励学生。如果表扬不恰当，就会弄巧成拙，不会达到预期效果。批评也是做好学生思想工作的一种手段。班主任批评学生注重艺术，使被批评的学生认为你的批评是合理的，并使学生乐于接受你的批评，并将其付诸实际行动加以纠正。因此，作为班主任，我们必须有做好学生思想教育工作的能力。

(三) 具备服从组织分配的优良素质

班主任的工作很复杂，有许多固定工作和临时任务。无条件服从组织分工，能够很好地完成任务，也是选聘班主任的重要条件之一。在现代管理理念下，学校的工作是培养人，学校的一切工作都应该以学生的发展为导向。学生，特别是中小学生，容易犯错误。作为班主任，我们需要有一种以学生发展为基础的管理理念，以学生全面发展为最终目标，教育和改造学生。组织协调能力也是班主任管理好班级的必备能力。组织和教育学生是班主任班级管理的核心内容，包括教育内容的组织、教育对象的组织、教育形式的组织、班级心理环境的组织。具有较强的组织协调能力，班级管理的效果可以事半功倍。

此外，一个班级可能在任何时候产生各种矛盾或意外事件，因此，班主任还应具备妥善处理问题的能力。班主任是班级管理的核心，班主任的选拔和任用应受到高度重视。实践证明，在不重视班主任选拔和分配的学校，或所有教师轮流担任班主任的学校，以及通过增加人员数量来提高班级管理质量而实行校长和副校长制度的学校，班级管理往往会遇到这样的问题。有鉴于此，班主任的选拔和分配应坚持择优原则和单一班主任制。教师的素质不应仅仅从"领导目视检查"的角度来确定，要从学生的角度深刻感受学生对班主任的认可程度或认可标准，倾听学生的意见，或者学生有最终发言权。

二、班主任的培养

(一) 班主任的素质

随着社会的发展和中学教育从应试教育向素质教育的转变，中学教育对班主任的素质要求越来越高。班主任具备以下基本素质，才能满足素质教育的要求。

1. 要有良好的职业道德

班主任是一项艰苦而必要的基础工作。要做好班主任工作，必须有良好的职业道德。班主任的道德修养主要体现在对教育事业的忠诚、对学生的爱和思想上，只有具备这种职业道德，才能成为一名优秀的班主任，培养学生成为有理想、有道德、有文化、有纪律的社会主义现代化接班人。

2. 要有深厚的专业知识和丰富的社会知识

班主任通常承担着一定的教学任务，他们的教学水平必须达到一定的高度，才能成为学生心目中的优秀班主任，才能成为学生学习的榜样和动力源。同时，班主任管理着学生学习和生活的各个方面，面对强烈渴望知识、充满想象力和易于接受新事物的中学生，班主任如果能够正确回答他们提出的与教科书相关或无关的问题，就更有可能受到学生的赞赏，这样的班主任更容易管理、指导和教育学生，更容易成为优秀的班主任。

3. 要有较强的组织协调能力

学生的健康成长受到家庭、学校、社会等诸多因素的影响。为了使学生健康成长，班主任应该具有较强的沟通和组织协调能力。班主任应经常接触各学科的教师，了解学生的学习和思想状况，分析每个学生的个性特征。为了共同研究促进学生健康发展的措施，班主任还应与家长保持联系，了解学生在家庭中的表现和学生家长的情况。所有这些工作的有效开展，必须要求班主任具备较强的组织协调能力。

4. 要具备良好的心理健康素质

当前社会正处于转型期，素质教育的全面推进要求班主任改变传统的教育观念和方法，这对班主任的认知结构、专业能力和身心素质提出更高的要求，增加了班主任的心理负担和压力。在这种情况下，班主任必须具备良好的心理素质，这是一名成功的班主任做好学生心理健康教育的重要基础。对于中学生的班主任来说，健康的心理品质是素质教育实施的基础，是促进学生成长成才的重要因素。

（二）班主任的培养

新形势下，素质教育对班主任工作提出了新的要求。面对不断变化的教育实践，如果班主任仍然依靠旧的专业知识和方法开展工作，显然很难适应。因此，作为一名成功的班主任，我们必须不断学习，提高自己的素质，只有这样，才能满足素质教育和现代教育发展的需要。

1. 加强学习，不断提高学生的思想道德教育水平

班主任是教学班的教育家和领导者，是学生健康成长的重要引导者和教育家。学生的健康成长在一定程度上取决于班主任的工作态度、教育艺术水平、教育方法、组织管理能力和榜样。在实施素质教育的过程中，学生的思想道德教育应是首要任务。特别是在新形势下，如何开展有效的思想道德教育，是引导学生健康成长的关键。做好思想道德教育，要求班主任具有较高的思想道德教育水平，这是拓宽知识面、加强学习的重要途径。

2. 努力钻研专业知识、拓宽知识面

班主任除了作为学生的领导者，还应承担某些教学任务。如果你想成为一名好的班主任，必须首先教好每一门课，这样你所教的课程才能得到学生的认可，你的课程才能得以发展，你才能对学生产生一定的影响，并在学生中树立良好的形象。这是班主任工作有效性的重要环节。因此，班主任必须勤奋学习，认真学习所教课程的专业知识，不断拓宽自己的知识视野。

3. 培养广泛的兴趣爱好

班主任是与学生最直接的接触者，班主任的言行深深地影响着学生。班主任对学生的影响越大，对学生的工作就越有效。因此，除了具有良好的专业知识和能力，班主任还应具有广泛的兴趣，如计算机知识、书法、绘画、音乐、体育、集邮、旅游、课外阅读和娱乐。只要学生有兴趣，班主任就应该学习，因为广泛的兴趣有利于班主任接近和理解学生，与学生有更多的共同语言，更容易缩小与学生的距离，事实证明，兴趣广泛的班主任最受学生欢迎，这样的班主任会对学生产生很大的影响。

4. 注重对学生心理健康的研究

目前，中学生的心理健康问题已成为普遍关注的问题。从社会到家庭，从学校到班主任，我们都在探索解决中学生心理健康教育的新方法和新途径。作为班主任，我们应该不断学习和掌握发展心理学、教育心理学和认知心理学的实践知识和技能，提高学生心理健康教育的理论知识。同时，中学生心理健康教育研究得到广泛开展，经验和成功案例不断总结，心理学的科学理念和操作真正应用到工作中，使每个学生都能得到最适合自己特点的教育，成为一个人格健全、心理健康的合格人才。

第三节 班主任工作的内容

教育部在2009年已经颁布《中小学班主任工作规定》（以下简称《工作规定》），对班主任的任职条件、职责和要求都有相关说明。党的十八大以来，关于中小学教师队伍建设的会议、政策、制度和文件如"雨后春笋"般"接踵而至"，如2018年全国教育大会召开，《新时代中小学教师职业行为十项准则》（以下简称《十项准则》）、《中小学教师违反职业道德行为处理办法》发布等，都充分体现了党和国家对中小学教师队伍建设的高度重视。与此同时，它们也赋予了新时代的教师，尤其班主任新的定义，使得他们在工作内容和策略上都发生了相应变化。

一、班主任工作的基本内容

教育学生、管理班级和组织活动是班主任工作的主要组成部分，构成其教育实践活动的灵魂。

（一）教育学生

教育学生是班主任工作的首要内容，《十项准则》指出："中小学教师要坚定政治方向：坚持以习近平新时代中国特色社会主义思想为指导，拥护中国共产党的领导，贯彻党的教育方针；不得在教育教学活动中及其他场合有损害党中央权威、违背党的方针路线政策的言行。"毋庸置疑，只有班主任有着坚定的政治方向，才能保证对学生道德教育的正确性。

1. 思想道德教育

学生个体的思想道德素质直接影响到整个班级风格，良好的班级风格是形成班级凝聚力的关键。课堂风格是学生在长期学习和生活中形成的对事物和实践的态度，而学生的学习态度是课堂风格形成的核心。因此，课堂气氛有好有坏。如果课堂气氛好，学生学习就不会敷衍了事，清楚地认识到自己是班级的一员，重视集体荣誉，将自己的学习与班级的荣誉结合起来，具有很强的教师导向性，能够倾听教师的指示。相反，不良的班风会导致士气低落，甚至许多目的各异的小帮派也会严重影响学生良好道德行为习惯和思想素质的形成。

2. 关注学生身心健康

在学生在校期间，班主任自然应该成为他们健康成长的领导者。班主任应让学生养成每天锻炼一小时的习惯，确保课间锻炼和眼部健康锻炼的实施，并配合体育教师组织课外体育活动和体育课。

新时期，随着学生心理问题的增多，保障学生的心理健康已成为班主任的另一项重要职责。关爱学生主要包括：言传身教，孜孜不倦，真诚关爱学生，做学生的好老师、好朋友；不歧视、不侮辱学生，不虐待、不伤害学生。班主任应掌握基本心理知识，了解学生心理发展规律；营造良好的课堂环境，注重师生和谐，让学生保持良好的态度；通过讲座、心理咨询等实践活动，学生可以在互动中保持良好的心理状态。

3. 研究学生个体和激发学生学习兴趣

因材施教，激发学生学习兴趣，释放学生个体潜能，是新时期班主任工作面临的最大挑战。《中小学班主任工作条例》指出："充分了解班上的每一位学生，深入分析学生的思想、心理、学习和生活状况。"其实自新课改以来，理论界就一直呼吁要把学生放在"舞台的正中央"，关注他们的实际发展状况。

第一，要了解学生的姓名、健康、家庭、成长经历等基本情况，然后研究学生的思想品德、学习情况，尤其是学生的思维素质。例如，他们最感兴趣的科目是什么，不喜欢什么科目，具体原因是什么。还要充分了解学生的个性特征和能力发展水平。

第二，根据学生的实际情况，设计个性化发展方案。与学生一起分析自己的优势和劣势，让他们实事求是地看待自己，并制定短期和长期的个性发展目标；针对特殊问题，找到具体的突破途径；定期和不定期地监督计划的执行情况。因为学生有一个从对学习过程感兴趣到对学习结果感兴趣的过程，从对各学科兴趣的无差别到有差别的过程，所以班主任应引导学生掌握学科学习方法，合理安排每门学科的时间，通过口头表扬、适当使用物质奖励和理想教育等方式激发学生的学习兴趣。

第三，挖掘学生的潜能，帮助他们的个性发展。当今，随着城市化的发展、虚拟网络空间的扩张，"知识无用论"呈上升趋势，学生厌学现象普遍存在。对于有这些问题的学生，班主任应该在某些场合突出自己的优势，利用各种机会让有学习困难的学生展示自己，增强他们的自信，让他们昂首挺胸生活在集体中。

（二）管理班级

管理班级是班主任工作的主要内容。《工作规定》指出："班主任是中小学日常思想道德教育和学生管理工作的主要实施者。"体现在日常管理中，主要包括入校迎接、早读、晨会、升旗、课间活动、课间操、眼保健操、午会、劳动、护理植被、值日、课外活动、实践活动、兴趣课堂、俱乐部活动、自修课等。

1. 规章制度管理

除日常管理外，班主任要在深度学习把握《小学生守则》《小学生日常行为规范》《中学生守则》《中学生日常行为规范》以及当地教育行政部门制定的规章制度和学校相关培养目标的基础上，结合班级实际，与学生共同参与和讨论，建立本班的规章制度。这些制度要清晰、具体、可操作，让学生能抓到执行的把手，让他们知道如何去做。

2. 选拔和培养班干部

班级干部是班级管理的重要环节。做好班干部的配置，不仅对维护班级秩序具有重要意义，而且对提高班干部自身的学业成绩和素质也具有放大作用。事实上，"班干部地位可以独立增加学生的学习机会，效果相当大。"因此，传统意义上的班干部选拔应遵循以下标准：良好的学术表现和高智力；发挥模范作用，具有一定的魅力和凝聚力；较强的组织能力和集体荣誉感，热衷于班级管理；身体素质好，精力充沛；活泼开朗，真诚宽容。

3. 学生综合素质评价和评优奖惩工作

班主任应该公正、客观地评价学生的综合素质，真实反映学生的优势、劣势和值得改进的地方。学期末，班主任还将提拔优秀学生，公平公正地介绍"三好"学生、品学兼优的优秀学生和优秀学生干部。总之，实现评价的过程就是促进学生个性发展的过程。

（三）组织活动

组织活动是班主任工作的必备内容。《工作规定》中指出："班主任要组织、指导开展班会、团队会（日）、文体娱乐、社会实践、春（秋）游等形式多样的班级活动，注重调动学生的积极性和主动性，并做好安全防护工作。"班会、团队会（日）、文体娱乐、社会实践、春（秋）游成为学生发展的重要实践活动，它们在学生的发展历程中有着非常重要的意义和价值，班主任要通过形式多样的活动建立与学生的直接联系，让学生积累经验、收获体验、获得发展。

1. 开展形式多样的活动

班会一般分为固定项目和临时内容。固定项目也有两种：一种是反映班级和班级成员在学校生活中的日常需要，班主任会做出一些相关安排；另一种是让学生在晨会中获得丰富的营养。班主任可以选择新鲜、生动的内容，采取多种形式，使班会充满鲜艳的色彩和动人的魅力。此外，班主任的职责还有组织各类班级文化体育活动，丰富学生的课余生活，培养学生的兴趣、爱好和专业。文化体育活动主要包括文艺聚会、生日聚会、节日聚会、毕业聚会、班级和团队科技活动；还有其他活动，如春游、秋游和参观。在一定程度上，它们拓展了学生对生活的理解，是在书本和现实之间建立联系的实践活动，它们具有非常重要的经验积累意义。

2. 协调各方力量，形成教育合力

班主任要履行协调各方的职责，让教育形成合力。《工作规定》中指出："班主任要经常与任课教师和其他教职员工沟通，主动与学生家长、学生所在社区联系，努力形成教育合力。"根据教育的一致性原则，班主任要坚持以学校教育为主导，协调学生、师生间的关系，协调任课教师间的教育力量，还要协调家庭、社会与学校间的关系。

第一，班主任应该协调学生之间的关系。学生应增强"自我"和"他人"意识，学会保护自己的利益，同时考虑他人的利益，在自己和他人的利益中找到共同点，为共同学习和生活奠定基础。这可以有效地预防和处理学生之间的矛盾和冲突。对于小学生，特别是低年级小学生，可以根据他们的思维和情感发展特点给予生动的指导。

第二，班主任应协调师生关系，统一学科教师的教育权利。班主任应密切关注学生对各学科的学习，关注学生学习的动态过程，主动与学科教师联系和沟通学生学习中出现的问题，激发学生学习的兴趣和主动性，处理学生与学科教师之间的矛盾，以及学科教师之间的冲突和摩擦，从而使学校教育力量达成一致。

第三，班主任还应协调家庭、社会和学校，使它们能够保持一致性，形成教育的合力。因此，仅仅依靠班主任和学校的力量很难改变学生的行为，班主任应通过电话、家访、电子邮件、面对面访谈、家长会等方式与家长联系，就相关问题与家长讨论共同对策，以获得家长的支持与合作，形成教育力量。

在新的时代，网络的发展、各种社会事件的迅速传播以及社会上各种教育力量交织在一起，形成了中小学生生活的现实背景。以发达的网络生活为例，它带来的便利不容忽视；许多中小学生已迅速成为新一代互联网用户，然而对他们来说，上网不过是玩游戏而已，在互联网上，逃避责任、减轻压力和增强自我认同都成为他们沉迷于网络游戏的重要原因。对此，班主任必须了解这些原因，从源头上遏制这些问题，使积极进取的力量符合班主任和学校的要求，形成教育力量。

二、班主任工作的模式

班主任工作的模式是指在班主任的带领下，班主任与学生通过相处而形成的工作模式，主要有权威型、民主型和放任型三种。

权威工作模式的班主任一般侧重于从领导和服从的角度处理班级事务。权威性工作模式属于主导性指导，基于相对僵化的对策，盲目强调批评或胁迫，学生失去自主性和积极性，积极性显著降低，依赖行为增加。通常，这是一种不推荐的管理模式。

民主工作模式的班主任更善于倾听学生的声音，一般不会用强硬的方式来管理班级，而是通过间接管理来引导学生。班主任可以耐心、尊重和平等地处理班级事务。民主工作模式属于全面领导。在这种模式下，学生可以以积极的精神参与课堂组织的各种实践活动，有更多的独立和积极的行为，课堂上的个人可以得到充分的照顾。一般来说，这是一种比较合理的工作方式。

自由放任工作模式的班主任基本上忽视班级管理，容忍学生之间的冲突和矛盾，不会组织各种班级活动，避免学生的主动性。自由放任工作模式属于无干扰制。在这种工作模式下，学生有目的、有计划的实践活动相对减少，违反小组原则的事情趋于增加。总的来说，这是另一种不推荐的工作模式。

三、班主任工作的具体方法

班主任在学习方式建设、组织班会、组织课外活动、教育学生、管理班级、与其他教育工作者一起教学的过程中，可能会涉及各种教学手段和方法，这些教学手段和方法有时可以单独使用或综合使用。

（一）交流共情法

交流共情法是指班主任作为教育者，通过口头交流与学生达成共识，以提高学生的理解和形成正确观点的一种方法，包括说服、教育、观察、谈话。

说服教育方法是沟通和共情方法的基础。也是班主任开展管理工作最常用的方法。在应用其他方法时，它也是一种辅助方法。交流共情的重点是让学生共情。观察、交谈、解释、报告和讨论是交流共情的主要形式。

观察法是一种由班主任通过观察学生在自然状态下的行为来教育学生的方法；观察法要求班主任对学生在课堂学习、课间练习、课外活动、综合实践活动和社区活动中的表现进行综合评价，而不干扰学生；它还要求班主任要有一定的敏感度，选择好的观察点，跟踪学生的变化，而不是忽视；班主任还可以通过 QQ 群、微信群、朋友圈等网络渠道了解学生的课外表现。

谈话法是班主任出于特殊目的，通过与学生面对面交流和互动，寻求情感、态度、情感、价值观、感知和事实信息的一种方法。它要求班主任具有较高的实践知识，是教师和学生之间的双向互动过程。班主任的态度必须真诚、认真。它有很强的目的性，我们应该努力使对话充满知识、兴趣和艺术。在面试过程中，班主任必须进行积极的实践和反思。只有揭示自己反思过程的真相，才能促进对话更好地继续下去；班主任还应敏锐地发现学生的想法和感受，以便继续询问相关事实和意义，促进问题的顺利解决。

（二）行动示范法

行动示范法是指以班上优秀典型学生或班主任的高尚思想、模范行为和优秀成绩影响学生道德品质的方法。正如布迪厄所指出的，"关于'实践'的必要条件之一是改变所有后天的行为倾向，这尤其意味着牺牲通常与'高尚'活动有关的一切，如思维、逻辑和理论，这些活动用于抵制'普通'思维模式。"

（三）陶冶教育法

陶冶教育法是指班主任通过创设良好的班级生活情境，潜移默化地陶冶学生情操，培养学生品德的方法。陶冶教育的方法主要包括人格熏陶、环境陶冶和文学陶冶。人格熏陶主要是指班主任以自己的人格展示力对学生进行教育和影响，并在安静的地方感染和启发学生的行为。

（四）实践锻炼法

实践锻炼法是班主任有目的、有系统地安排学生生活，组织学生开展多种实践活动，培养学生良好行为的一种方法。正如杜威所说："学校就是社会。"从某种意义上说，学校是一个微观社会。其存在的功能和价值是使学生通过人际交往实践发展。实践练习法要求努力调动学生活动的积极性和主动性。班主任应给予适当指导，坚持严格要求，并注意检查和坚持。

（五）自我修养法

自我修养法是一种教育方法，学生在班主任的帮助下，积极进行自我学习、自我反思、自我调节和自我监控，从而不断提高自己的道德水平。这是一种在教育学生的过程中注重自我调节的心理建构方法，使学生最终在班主任的领导下走向人格独立。

（六）综合评价法

综合评价法是一种肯定或否定学生已经形成或正在形成的思想道德素质，促使学生形成良好道德素质的方法。其目的是引导学生利用自己的情感体验和理性思维，通过正面或负面评价来检验自己的行为，并试图找到自己的价值观，引导自己的行为。总体而言，综合评价方法应坚持公平、客观、发展和过程发展的原则，以促进学生良好品行的发展，而不是最终的"一刀切"评价。综合评价方法主要包括奖惩评价、行为评价、成长记录袋等。

奖励是对学生行为的积极评价，鼓励学生继续发展其积极因素。奖励作为一种外部控制手段，不仅影响认知、策略和技能的学习，而且是班主任工作的重要手段，对个体道德品质的形成起到一定的作用。

惩罚是对学生不良行为的消极评价，旨在帮助学生克服其消极因素。虽然学术界对惩罚的教育效果有不同的看法，但从抑制不良行为的角度来看，适当的惩罚是必要的，也有利于学生良好道德行为的形成。在《中华人民共和国教师法》和其他法律文件中，教师在教育学生时也强调了管理和惩罚的权利。然而，作为班主任，我们应该注意：惩罚不同于体罚。体罚会降低学生的自尊心，使他们对许多事情失去信心，甚至导致更严重的攻击行为。

思考题

1. 简述新时代班主任应该具备哪些核心素养与能力。
2. 简述班主任工作的基本内容。
3. 假若你是一名学校领导，你觉得你会通过什么途径来选拔班主任？
4. 简述班主任培养集体的方法。

第九章 课堂管理

学习目标

1. 了解什么是课堂管理；
2. 掌握课堂管理的气氛和纪律如何控制和维护；
3. 掌握课堂行为问题有哪些，如何矫正。

本章知识结构图

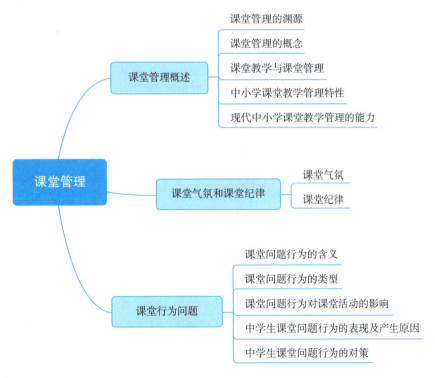

课堂教学是否有效不仅和课堂教学的质量有关，而且和高效课堂管理关系密切。新课程改革下，课堂管理已然成为影响课堂教学质量的重要因素之一。随着新课程的深入实施，变革的重点逐渐转移到课堂管理上，课堂管理理念也开始发生变化，形成以学生为中心的新理念；课堂管理方式上，教师不仅强调外在管理，而且更注重学生内在管理的作用；课堂管理策略上，重点从行为控制转向满足学生的内在需求。

　　课堂管理的基本目的是教师为了完成教学任务，主动调节教师与学生之间、学生与学生之间的多层关系，构建文明、和谐的教学环境，引导学生自我管理、高效学习的一系列教学行为方式。课堂管理是否得当是教师成功实施一切教育活动的基石，教师必须不断提高自身课堂教学管理的水平。课堂管理是教育教学的重要组成部分，中小学课堂管理中存在的问题将严重影响中小学教育教学质量的提高。

第一节　课堂管理概述

一、课堂管理的渊源

　　17世纪是课堂管理模式较早发生的时间，夸美纽斯提出了增强课堂教学效果的方案："将全体学生分成每十人一组的诸多小组，每组中教师将挑选优秀的代表作为该组的组长，组长的职责就是辅佐老师做好小组的管理工作，帮助老师分担任务，做好对学生的考察工作，并督促老师合理安排好一切时间和工作。"

　　夸美纽斯在《大教学论》中提到的有关知识只是课堂管理的一个初步探讨，没有得到教育者的高度重视，直到20世纪教育者们开始进行深度研究。此时，教育领域中开始渗透有关心理学的知识，这对加强课堂管理有效性的研究影响甚大。美国的心理学家伯尔赫斯·弗雷德里克·斯金纳（B. F. Skinner）曾经提出强化理论，教育实践者利用科学的方法多方研究、调查、修正、补充就形成了课堂管理的基本模式。该模式表明，要向学生明确地告知教师期望做的行为和教师反对的行为，并运用强化理论，对正确的行为要给予奖励，错误的行为要给予处罚，以正强化为主。美国的著名教育家约翰·杜威（John Dewey）主张，现代教育，教师主要是起到帮助学生自主学习，培养他们独立学习能力的管理者，学生在课堂教学中的作用巨大，管理者作为一名教师，有责任像学生笔下的助手那样帮助他们实现学习目标。纵观20世纪中叶以前的课堂管理，教育实践者认识到了课堂教学中管理的重要性，但对其论述是不完整的、不系统的，没有把课堂管理作为一个独立的领域去研究。如果说20世纪国外的教育者对课堂管理进行深入研究，那么20世纪50年代算是真正地把中小学课堂管理作为一个独立的领域去研究。罗杰斯（G. Rogers）等人首先开展对课堂管理的研究，他们提出课堂教学活动包括管理行为，课堂中出现的学生的问题行为，要把它看成一个管理行为才能很好地解决问题。随后，教育实践者针对课堂教学活动中教师与学生的问题行为管理展开了多层次研究，形成了一系列具有代表性的理论流派：高尔顿（T. Gorden）的教师有效训练理论、库林（J. Kounin）的群体动力理论、德雷克斯（R. Dreikurs）的自控行为理论、格拉塞（W. Gllasser）的现实疗法理论等。这些流派的特点是基于组织行为学的角度来研究整个课堂管理活动，为今后有关方面的研究打下了坚实的基础。而到20世纪60年代以后，人们对人本主义心理学和认知心理学的研究已经逐步渗透到了现行的教育理论中，这些知识的渗透大大地丰富了课堂教学管理的研究，使得课堂教学管理的理念出现了范式的转换。

20世纪70年代以后，人们对课堂管理的关注度越来越高，在扩充了关于课堂管理的一系列基本理论的基础上，又研发了许多全新的课堂管理模式，注重对教师素质的培养，将其理念渗透到教师的骨子里，这些研究成果是提高教师职业道德素质的重要组成部分。该时期出现了许许多多的关于课堂管理的著作，产生的影响更是可想而知的，代表著作有《课堂上的冲突》（美国的郎格等，1976）、《论对调皮学生的教育》（英国的威尔逊等，1980）、《卓有成效的课堂管理》（英国的罗伯特森，1981）等。菲利普·杰克逊（Philip Jackson）是最先开始对课堂管理展开系统研究的人，《课堂生活》（1968）是其经典之作，该部著作为人们解开了许多疑问。它的研究深深地影响了西方的教育实践者，增强了他们对于课堂管理的兴趣；美国的布罗菲（Brophy J. E）和古德（Good T. L），发表了《透视课堂》，该部著作可以称得上是课堂管理的经典之作，阐述了大量关于课堂观察的材料并对其进行详细的描述，通过分析研究课堂教学中的典型案例，提出有效的管理是为了达到课堂教学的目的，该部著作值得教育实践者认真地去领悟、体会，相信会是每个研究者深入课堂的必备武器。

21世纪是哲学、社会学、心理学、管理学等学科飞速发展的时代，人们对于这些学科的研究越来越深，也取得了较好的成绩，这在很大程度上帮助人们更好地去实践课堂管理，提高课堂教学的效率。新世纪产生的著作更是数不胜数，这表明研究者们研究的积极性大大提高，例如《全面课堂管理——创建一个共同的班集体》（Vernon F. Jones, Louise S. Jones, 2002)、《健康课堂管理》（Raymond M. Nakamura）、《有效的课堂管理》（Gererd Dixie, 2006）《有效地管理你的课堂——小学教师的课堂管理》（Evertson C., Emmer E., Worsham M., 2006）、《中学课堂管理》（Carol Simon Weinstein, 2006）、《课堂管理要素》（Joyce Mcleod, Jan Fisher, Ginny Hoover, 2006）、《中学课堂管理的7个要点》（Michael Marland, 2007)、《有效的课堂管理手册》（Robert J. Marzano, 2008）《双赢课堂——积极课堂管理新视点》（Jane Bluestein, 2011）、《高中课堂管理——行为管理的9项策略》（Randall Sprick, 2011）等。

通过以上分析发现：理论取向多元化、研究方法科学化、注重课堂管理实效性。在吸收国外优秀成果的基础上，针对我国现行的课堂管理的实际情况，创造出适合我国国情的课堂管理的高效方法才是大计。身为教育工作者，要以事实为依据，实施教与学的全过程管理，鼓励全体学生参与到班级的管理活动中，充分发挥人的主观能动性，循序渐进以科学的方法一步一个脚印地提高课堂教学的效果。当代课堂管理已经形成的基本共识是：用科学的教学方法实现课堂管理和教学目标，达到课堂秩序的理想状态。

近些年来，学者运用跨学科知识对课堂教学管理进行了深入研究，如：吴康宁的《课堂教学社会学》（南京师范大学出版社，1999）、范国睿的《教育生态学》（人民教育出版社，2000），是从社会学和生态学的角度进行研究；武汉大学李保强的《教师课堂管理的结构性指标分析》，通过基础性指标、核心性指标、关键性指标、保障性指标这四个方面阐述了教师课堂管理的有效参数；上海师范大学的张璐从教育投入问题的角度，论述了什么因素影响课堂教学的效率，其中激励因素、时间因素是四大变量中和课堂管理息息相关的因素；刘家访的《有效课堂管理行为》（四川教育出版社，2003），从行为学的层面研究课堂管理中学生的问题行为；鑫鑫的《成功课堂管理的51个细节》（新疆青少年出版社，2009），全方位多角度地分析中小学课堂管理。

综上所述，我们不难发现，我国关于中小学课堂管理的基础性研究基本上属于介绍与借鉴国外相关的研究，针对我国教育实践的研究很少，研究的大部分还主要是理论模式的构建，缺乏实验性的分析研究；与此同时，"在基本概念的问题上没有获得明确的认识，如什么是课堂管理的概念，课堂管理的理论基础，课堂管理的理念、目标、原则、模式，课堂规范如何制定、如何实施等问题。"但不得不说的是，课堂管理的问题经过这些年教育研究者们的深入研究，进步的速度很快，各种学科的介入，也促使教育研究者们对课堂管理更加理性和深入地理解。现如今，课堂管理是教育学理论、心理学理论等领域的重要组成部分，课堂管理的理论为广大教育工作者提供了可借鉴的成功的管理思想、管理模式和策略，开辟了从教师靠经验管理课堂到以科学的方式、方法管理课堂的新时代。

二、课堂管理的概念

课堂管理="课堂"+"管理"，从字面上理解是在课堂上教师采取适当的管理手段以帮助教学得以顺利地进行。在《国际教育百科全书》中是这样说的："课堂管理归根结底是为了全体学生全面参与课堂活动而创造最优的课堂环境的过程。"

中国台湾学者李祖寿认为课堂管理是为了使学生能有效地利用学习时间而适当地安排教学环境，目的是在教师的期盼与指导下，使学生不由自主地主动参与到学习中去。近年来我国教育界从实现课堂教学目标和培养良好课堂行为两方面对其概念进行了界定，田慧生等认为课堂管理是教师为了实现课堂的教学目标，通过对课堂的协调影响课堂管理的各种教学因素的过程；杜萍认为，课堂管理是在对整个课堂教学过程进行的管理，即在课堂教学中遵循教师与学生的某些规律，有效处理课堂上影响教学因素和它们之间的关系，顺利启动课堂教学，提高课堂效率，促进学生的自主发展，实现教学目标的过程。

因此，课堂管理是影响课堂质量的因素，使课堂变成有序的课堂，这样才能足以保证教学活动的顺利进行。教师在完整的管理过程期间，必须在充分调动学生积极主动性的基础上让全体学生参与课堂管理，培养学生自我管理的能力，和学生建立起信赖的师生关系，共同完成课堂教学目标。

三、课堂教学与课堂管理

课堂教学是一种有组织的、特殊的、复杂的教学形式，是一种交际活动和人类活动，也是一个师生共同生活、共同成长的过程。中小学阶段的学生对世界充满好奇，他们渴望学习和理解新知识。此外，他们也希望得到教师的关注，并渴望得到教师的评价和反馈。当他们遇到困难时，教师可以帮助他们及时解决问题。这就要求教师融入课堂，与学生进行友好的交流和互动。师生之间的交流与互动可以提高教学效果，维护良好的教学秩序。

交流和互动也是课堂管理的一个过程，如课前简单的相互问候、课堂上回答问题和疑问、学生分心时发出警告或手势等，这些交流和互动简单而频繁。正如杰克逊曾经说过的，在小学里，教师每天与学生单独交流500次或更多。在我国中小学，由于课堂上学生人数众多，这种交流与互动更为必要，是提高课堂教学效率的有效保证。因此，在教学过程中，教师不能只关注教学本身，关注知识的传递过程，而忽视课堂管理，这将导致重大课堂问题的出现。在教学活动中进行适当的沟通和互动，可以有效地避免课堂秩序的混乱。只有在良好的教学环境中，教师才能充分发挥其教学能力。因此，课堂教学和课堂管理是密不可分的。

四、中小学课堂教学管理特性

（一）管理主体的多样性

师生双方在课堂交互过程中获取信息，教师通过学生反馈来修正自己的课堂教学管理方式；学生并不是随波逐流的提线木偶，每个人都是独立的个体，拥有自己的知识结构、个性，他们把自己当作管理主体，以此来认识隐藏在教师的教学内容和教材中的教育信息，给予教师的课堂教学管理以监督与评价。故此，教师和学生是课堂教学管理中两个重要的因素，他们都是课堂管理的主体。

（二）管理模式的协作性

首先，在了解学生家庭情况的基础上，教师可以了解学生在课堂上的反馈。如果学生在课堂上打瞌睡，根本原因可能是家庭问题导致睡眠不足。如果教师知道具体原因，他就不会认为学生不尊重自己，还可以帮助学生尽快解决问题。其次，家长会根据教师行为背后的原因和影响，尽最大努力提供有价值的支持和帮助。家长希望孩子在学校取得成功，所以他们会尽最大努力帮助孩子。教师花一些时间来改善工作和生活之间的家庭—学校沟通，通过教师的细致沟通，家长将逐渐认识到家庭在孩子教育中的作用。最后，家长与教师之间的合作与沟通可以提高学生行为的正确性。在中小学，尤其是小学，这一时期是儿童养成良好学习习惯的时期，教师与家长的合作尤为重要。例如，家长应该监督孩子的课外活动，并给予他们适当的帮助。

（三）管理形式的自律性

长期以来，我们对课堂管理的认识就是控制学生的问题行为，让有问题的学生"束手就擒"。教师最担心的问题就是失去控制权：学生无法无天，目无尊长，教室里乱糟糟，教师却束手无策。只有学生见了老师就像"老鼠见着猫"，敬而远之，或讲课时课堂环境掉一根针都听得见，才是有效的课堂管理。这样的方法不仅不能在学生面对问题时做出正确的选择给予他们帮助，而且只能使学生为了避免错误出现而循规蹈矩。我们一方面希望培养具有创造力的学生，另一方面却束缚学生以唯分数论为主。教师应避免用奖励诱惑学生、用惩罚恐吓学生。蒙台梭利指出："真正的纪律必须是积极主动的。一个人是自己的主人，在需要遵从某种生活准则的时候，他能够节制自己的行为，我们就可以称他是守纪律的人。"授之以鱼，不如授之以渔。教师应当教会学生面对困难做出正确选择的方法，一旦学生能够独立做出选择并能够承担选择带来的后果，那么他一定会成为一个自律自治的人。

（四）管理观念的创新性

首先，课堂教学管理是动态管理，教师不能墨守成规，要及时更新自己的管理理论，完善自己的课堂教学管理。上课铃一响，就及时进入师生互动的流程，环环相扣，不允许有中断和空白的时间。所有的管理行为都是在动态中实施的，就像一辆高速行驶又不能停止的快车。因此对管理者的决策能力和应对能力要求较高。其次，课堂教学管理是在教学过程中，与教学工作同步进行的教师既是教学者，又是管理者。管理行为与教学行为往往是牵一发而动全身。因此课堂教学要具有创新性。教学要能吸引学生的注意力，采取学生易于接受的方式，使学生能较轻松地掌握学习内容。如果一成不变、墨守成规，教学方法单一，讲课也平平无奇，丝毫不考虑学生的存在，又如何让学生坐得住呢？最后，课堂教学管理具有临时性。往往采取一对一教学模式，即一个学科一个教师，每个教师都有自己特定的教学与管理风格，教师之间应当相互取长补短，完善自己的管理方式。

五、现代中小学课堂教学管理的功能

（一）优化师生教学环境

教学环境是一个由多种不同要素构成的复杂系统，广义的教学环境是指影响学校教学活动的全部条件（包括物质的和精神的），它可以是物理环境和心理环境。教学环境是构成教学活动的重要因素，它可以分为物质因素和非物质因素。课堂教学管理不应忽略教学环境中的物质因素，如课桌椅的排列、教具的摆放、多媒体的合理运用等。同时，课堂教学管理也不应忽略教学环境中的非物质因素。教师应努力给予学生一个有安全感的课堂，使其在这里可以不用胆战心惊地发言，不再被嘲弄、取笑。

（二）维持课堂秩序

"国有国法，家有家规"，班级应有班级的规章制度。制定班规是课堂教学管理的基础。班规是教师与学生共同商议决定的，其目的在于对学生不良行为进行控制，培养学生的自我管理与同伴合作的精神。因此，班规有助于将教师的外在控制转化成为学生的自律，减少师生矛盾与冲突，消解许多潜在的问题，维持良好的课堂秩序。

（三）培养学生的独立个性

课堂教学管理的有效性可以促进学生学习的积极性，帮助学生培养良好的行为习惯。只要能做到这两点，学生就会成为一个具有独立性与独特性的人，他们在学校也不仅仅是一个求学的角色，更是谋生活的角色。而如何激励学生学习，使其养成自律自治习惯也是课堂教学管理中特别重要的一个环节，并且对教师责任心与耐心也将是巨大的挑战。众所周知，教一个小孩子吃饭、穿衣服和洗衣服是一件简单而缺乏趣味性，并且需要极具耐心的工作，许多人宁可自己给孩子喂饭、穿衣服和洗衣服。而前者正是教育工作者应做的工作。

（四）营造课堂和谐氛围

良好的班级氛围感能使学生的安全感与自豪感得以提升。身处氛围和谐的教室，教师与学生身心放松，情绪是愉快的；师生关系较为融洽，课堂气氛和谐温馨。这是一幅生动的画面，而非教师的胁迫所为。一个混乱的班级呈现出来的则恰恰相反，令人不适的氛围将会让人烦躁不安，垂头丧气，也会使师生关系变得紧张；教室里或许很安静，但在这平静的表面下，隐藏的是熊熊燃烧的怒火。

第二节　课堂气氛和课堂纪律

一、课堂气氛

（一）课堂气氛的概念及类型

按照教育社会学的原理，和谐的气氛能够促进积极、有效的教学交往，因为只有身处在融洽、愉快的气氛中，师生双方的心理才能够得到融合与升华。在教学交往过程中，和谐主要指两层含义：一是指教学交往的信息与交往意图的协调一致。即教学信息应当针砭时弊，根据学生身心发展规律进行严密的逻辑组织和讲述。同时，师生双方情感得以共鸣进而促进彼此达成一致。二是师生交往应与具体课堂教学心理气氛协调一致。如果教学交往能在和谐的氛围里展开，那么师生的互动也会呈现一定的积极性，促进师生的多向交往：教师既是信息的发送者，也是接收者；学生既是信息的接收者，也是发送者。因此，师生之间的交往应当是平等互动、相互促进、相互作用、相互影响的。课堂气氛的概念源自人们对课堂行为的测量。在《教育大辞典》中，课堂气氛被定义为师生在课堂上共同创造的心理、情感和社会氛围，是班级气氛的组成部分，是课堂教学中师生所呈现的一种心理状态。由此可知，课堂气氛是教师与学生集体相互作用所构成的一种心理环境，它影响着课堂上师生的思想和行为、教学效果和学生个性的发展。

课堂气氛有两种类型，积极健康、生动活泼的课堂气氛和消极、冷漠、沉闷的课堂气氛。积极的课堂气氛的基本特征是：课堂情境能满足学生对求知欲和心理特点的要求，师生之间、同学之间关系紧密和谐，学生在交往过程中产生满意、愉快、羡慕、互谅、互助等积极的态度和体验感。消极的课堂气氛的基本特征是：课堂情境不足以支持学生的学习兴趣与需要，脱离学生的身心特点，师生之间相处并不融洽，学生之间也互不友爱，学生在这种气氛下往往会产生不满意、烦闷、厌恶、恐惧、紧张、高焦虑等消极的态度和体验。

（二）良好课堂气氛的教学意义

一个良好的课堂气氛可以为学生提供一个适合学习的学习环境，促进情感期望的影响，激发学生的求知欲，有助于深化知识融入教学过程，达到预期效果。良好课堂气氛的教学重要性在于它促进了教学民主。课堂气氛是学生在课堂上的集体情绪和情感状态。实践证明，在消极、寒冷和枯燥的课堂气氛中，学生学习沮丧和被动；在积极、健康和活泼的课堂气氛中，学生们快乐并积极学习。因此，和谐平等的师生关系是教学民主的具体因素。通过建立良好的师生关系，教师"动情感、讲道理"，给予学生尊重和真诚努力，营造相互学习、相互帮助、共同进步的良好氛围，确保课程的正常实施和教学活动的顺利进行。在教学过程中引入适当的合作和竞争，培养学生的竞争意识和合作精神，同时发展知识传播和社会适应性，可以有效提高学习效率。

（三）课堂组织管理方式对课堂气氛的影响

课堂组织管理方式是教师行为的重要组成部分。它的本质是一种人际交往和沟通的方式，对双方的情绪和心理产生重要影响，是影响课堂气氛的诸多因素中最重要的一个方面。教师的课堂组织管理方式一般分为三种类型：专制型、自由放任型和民主型。它们在教学计划、教学方法、努力程度、教学秩序和课堂心理氛围等方面存在差异。如果教师在教学过程中过于严格和专制，会给学生的心理带来很大的压力，使学生普遍处于抑郁状态，严重阻碍师生和学生之间的正常沟通。相反，在民主的组织管理模式下，学生可以强烈感受到教师和自己在人格上的平等，除了学习没有其他干扰，因此他们可以将自己投入学习过程中，并积极参与教学过程中的各种活动。在轻松和谐的氛围中，学生敢于思考和说话，往往能够在掌握基本知识和技能的前提下进行创造性思维和实现创造性发展。教师的组织管理模式不仅通过影响课堂气氛来影响知识教学的效果，而且还影响学生个性和社会能力的发展。良好的课堂氛围为学生提供了更多表达、交流和沟通的机会，对于学生在交往过程中不断调整自己的行为、和谐发展自己的心理具有重要的意义和价值。

二、课堂纪律

（一）课堂纪律

　　课堂纪律的含义和管理课堂纪律是课堂管理的基础。它是课堂上师生之间的合作关系。如果没有纪律，课堂教学就不可能完整体现。课堂纪律管理不仅是教育教学的手段，也是教育的目的之一。它在帮助学生提高控制能力、稳定情绪、促进良好道德的形成方面起着不可估量的作用。从本质上讲，加强课堂纪律管理是保证教育教学质量的前提。传统的教学理念认为，自由和纪律是两个对立面。一些教师认为，如果允许学生在课堂上自由玩耍，很难控制课堂纪律；为了使课堂纪律良好，教师会在一定程度上剥夺学生的自由，使课堂成为教师的主导，缺乏学生积极参与学习的空间。因此，这些教师会反复强调，学生应该养成在课堂上遵守课堂纪律的习惯。其实，良好的课堂纪律管理应该是自觉的纪律教育，民主和约束在课堂上表现为自由和纪律，它们是一对相互制约、相互作用的主体。

　　教师应为学生树立榜样，培养学生的责任感和集体荣誉感。一旦学生有了榜样，他们就有了一个可以模仿的对象，他们将有意识地学习榜样的行为。在教学中，教师应让学生参与合作学习，培养团结合作的精神，让学生在参与过程中体验和探索，形成共识。教师对课堂纪律的管理应该是公平和公正的。在教学中，由于对学生的不同印象，个别教师可能会对类似情况做出不同的评价，这不仅会影响教师在学生心目中的地位，还会使学生怀疑教师的公平和公正，影响他们遵守课堂纪律。因此，教师应注意观察和分析学生的学习行为。为了保持良好的课堂纪律，教师必须充分了解学生在课堂内外的情况，并注意他们参与活动和完成练习。如果教师让学生在课堂上养成遵守纪律的良好习惯，不仅可以顺利开展教学，而且可以有效促进教学，并且可以为学生进入社会、遵守社会"纪律"打下坚实的基础。

（二）课堂纪律问题及其原因分析

　　（1）学生纪律意识薄弱，表现为：一是迟到早退；二是课堂专注力有待增强，经常自娱自乐；三是课堂交头接耳，影响他人。

　　（2）课堂纪律建设机制不完善，表现为：一是课堂纪律责任人不明确；二是缺乏关于纪律的考评指标。

（三）课堂纪律的维护路径

作为课堂道德的重要组成部分，课堂纪律必须严格。通过加强课堂纪律教育，强化课堂纪律意识和观念，收紧课堂纪律链条，形成对课堂纪律的敬畏感。教师要加强自身学习，学习经典、学习政策，切实提高自觉遵守纪律的意识；要经常反省，不断规范言行；要讲纪律，带头遵守纪律。教师应利用多种渠道，采取多种方式和方法，从各方面入手，从点滴做起，对学生进行全面的社会主义核心价值观教育，让社会主义核心价值观念渗透到学生的思想和心灵，让社会主义核心价值观成为学生的指南和行为准则，不断增强学生遵守纪律的思想意识和行动意识。

1. 完善课堂纪律责任制

学科教师、班主任为课堂纪律第一责任人，班干部为课堂纪律第二责任人，他们相互合作、密切配合，第一时间有效地掌握和加强课堂纪律，真正做到抓早、抓小、抓细。

2. 完善课堂纪律管理机制

课堂纪律应纳入教师评估和学生评估标准，并严格按照标准进行评估。定期对教师和学生进行课堂纪律教育，严格遵守课堂制度和课堂检查制度。

3. 完善课堂纪律奖惩机制

教师应该善恶分明，奖励善，惩罚恶，对违纪者给予相应的纪律处分，对遵守纪律的学生给予相应的奖励，以确保公平正义，确保课堂纪律的严肃性和权威性。

第三节 课堂行为问题

一、课堂问题行为的含义

20世纪中叶以来，国内外教育心理学家和教育社会学家在课堂问题行为领域进行了许多有价值的实验研究和理论探索。从"行为"的角度来看，相关的概念有反社会行为、异常行为、不当行为、适应不良、破坏性行为、越轨行为、纪律行为、反常行为等；从解决有问题行为的学生的角度来看，有贫困学生、落后学生、滞后学生、补偿学生、问题学生、行为异常儿童、不良行为儿童、难以教学生等。可见，这一概念的定义与理解的角度不同。

美国教育心理学家林格伦（H. C. Lindgren）认为：从广义上讲，"问题行为"是一个术语，指任何导致麻烦的行为（干扰学生或班级小组的有效作用），或由此类行为引起的麻烦（表明学生或小组失去了有效作用）。因此，他认为"与教师和其他权威的长期对抗""极度害羞""过度白日梦""旷课""长期不快乐和抑郁"和其他症状是问题行为的各种表现。

中国学者孙煜明认为儿童问题行为是指阻碍儿童身心健康、影响儿童智力发展或给家庭、学校和社会带来麻烦的行为。邵瑞珍等人认为，"课堂问题行为"是指儿童无法遵守公认的正常儿童行为规范和道德标准，无法正常与人互动和参与学习的行为。李志等人认为课堂问题行为是指学生在课堂上表现出的不符合课堂教学目的、影响自己或干扰他人学习的行为。马艳红认为课堂问题行为指阻碍自己学习的行为，有时干扰教师的教学和其他学生的学习，直接影响课堂教学质量的提高。

二、课堂问题行为的类型

人们对问题行为的理解不同，因此问题行为的分类也不同。国内外学者对课堂问题行为进行了以下分类：

美国的威克曼（E. K. Wickman）将破坏课堂秩序、违纪和不道德行为归类为破坏性问题行为；退缩和紧张行为被归类为心理问题行为。心理学家奎伊（H. C. Quay）等人在威克曼等人的研究基础上将课堂问题行为分为人格类型、行为类型和情感类型。人格类型问题行为具有神经质特征，常表现为退缩行为；行为类问题行为的特点是对抗性、攻击性或破坏性；情感类型问题行为是指由于学生过度焦虑、过度紧张和情绪多变而导致社会障碍的问题行为。

心理学家翟克斯（Dreikurs）将学生的问题行为分为四类：寻求关注、寻求力量、寻求报复和表达失望（自我抛弃）。

从分类学的角度，根据课堂问题行为的性质、范围、主题和表现将其分为以下几类：

1. 有意和无意的课堂问题行为

根据课堂问题行为的不同性质，可以分为有意和无意的课堂问题行为。在课堂教学过程中，知道有特定的课堂教学规范，知道某些行为不符合规范，是课堂问题的故意行为；知道有具体的课堂教学规范，该行为原本是打算在规范要求范围内进行的，但在实践中，出于各种原因，该行为违反了规范要求，这是一种无意的课堂问题行为。显然，有意识的课堂问题行为是对课堂教学规范的公然蔑视，因此它比无意识的问题行为更严重、更糟糕。

2. 局部性的和全局性的课堂问题行为

根据课堂问题行为是否发生在全局范围内以及是否对整体情况产生影响，可以将课堂问题行为分为全局性的课堂问题行为和局部性的课堂问题行为。全局性的课堂问题行为是在课堂教学的整体情境或整体范围内产生的，影响着整个课堂教学，具有规模大、范围广、影响普遍的特点。局部性的课堂问题行为是在一定范围内发生并仅影响该范围的行为，规模小，影响范围小。然而，全局情况和局部情况是相对的，它们相互影响和发展，如果不及时处理，局部性的课堂问题行为也会发展成全局性的课堂问题行为。

3. 学生课堂问题行为和教师课堂问题行为

当代学生聪明好奇，接受能力强，获取信息快，对新事物敏感。然而，他们的世界观尚未形成，社会辨别能力有限，冲动、忠诚、容易盲目追随，因此，学生容易产生偏离课堂教学目标、阻碍课堂教学功能正常实现的消极问题行为。教师作为一个特殊的社会群体，其素质高于一般社会群体，然而，面对新的社会挑战，一些教师无法很好地调整自己的心理和行为。

三、课堂问题行为对课堂活动的影响

（一）课堂问题行为影响教师课堂教学活动的顺利进行

学生存在不同程度的课堂问题行为，这影响了课堂教学的效率。当一个学生的问题行为影响到其他人甚至整个班级时，教师通常会打断或终止课堂活动，并斥责学生的不良行为，以维护课堂秩序。这种做法本身干扰了正常的课堂教学，有时可能导致与有关学生发生更激烈的冲突，从而造成更大的课堂混乱，使课堂教学活动无法顺利进行。同时，教师会因为花太多时间控制学生的问题行为而感到沮丧和没有成就感。因此，只有对课堂问题行为进行有效的控制和管理，才能激发教师的教学积极性，使教师投入教学，优化课堂教学，确保课堂教学的顺利进行。

（二）课堂问题行为影响学生课堂学习活动的顺利进行

课堂学习是一个复杂的过程，这一过程受许多因素的影响和制约。我国学者李梅就学业成绩与学生的问题行为之间的关系作了专门的研究，结果发现，学业成绩不同的学生在问题行为严重程度上存在非常显著的差异，学业成绩好坏与问题行为严重与否之间存在着依从关系。学业失败学生与学业成功学生相比，不仅问题行为多，而且在程度上更加严重。因为具有课堂问题行为的学生，往往频繁地参与与学习无关的活动，他们"做功课的时间"（指学生有效地完成课堂作业的时间）是极为有限的，而"做功课的时间"少与学习成绩较差有密切的关系。从心理学角度来看，有课堂问题行为学生的存在，本身就已构成其他学生学习的干扰源。一个学生的课堂问题行为可能诱发另一学生不听课，产生问题行为。

四、中学生课堂问题行为的表现及产生原因

（一）中学生课堂问题行为的表现

中学生的课堂问题行为主要表现为品德性的扰乱行为和心理性的动作异常两个方面，如滋扰同学、捣乱课堂纪律、抑郁、退缩、精神亢奋等。在课堂上的具体表现是：

1. 品德性的扰乱行为

（1）学生在课堂上自由发言是一种问题行为。无论是过去颁布的还是新修订的《中学生行为准则》都有明确规定："说话时要注意场合，不要随意打断别人的讲话，不要打扰别人的学习、工作和休息。"然而，根据调查统计，约有15%的学生在课堂上随意讲话。他们从不关心这是否会影响教师的教学和其他同学的学习，无论是否与学习有关，无论教室多么安静，他们都会说出他们想说的。这种现象最有可能中断教师的教学，分散学生的注意力，它是影响课堂教学效果的主要问题行为。

（2）随意乱动，影响课堂教学。教师在上课，一些学生随意拉桌子和凳子，发出很大的噪声，影响周围的同学。在专心听讲的过程中，一些学生经常在未经教师同意的情况下打开和关闭门窗，发出刺耳的声音。一些学生在课堂上随意唱歌，引起了其他同学的注意，影响了教师的教学。

（3）课堂上顶撞教师。一些学生的对错意识薄弱，课堂纪律差，对此无所知。对于教师在课堂上提出的批评，他们不仅没有进行深刻的自我反思和及时的纠正，而且还公然与教师相对抗。当他们因为有问题行为而受到教师的批评时，他们似乎受到了极大的委屈，情绪激动，明显抵制，如果处理不好，很容易引起师生纠纷。这不仅会影响课堂教学的正常进行，还可能导致治安案件的发生。无论从对课堂教学的影响还是从教学管理留下的后果来看，这是最大也是最严重的课堂问题行为。

（4）故意扰乱其他同学学习。课堂上个别"问题学生"不想学习，为了填补课堂上

"无事可做"的无聊，不管别人是否认真听讲、认真思考问题、专心做作业，他们都会拉别人的衣服，推别人的凳子，或故意用课桌挤别人，让周围的同学坐立不安。这种课堂问题行为直接影响到其他同学的学习，影响课堂教学效果，对课堂造成极大危害。

（5）损坏公物也是城市初中生常见的问题行为。有些学生不仅上课不听课，而且经常损坏公共财产。他们使用刀、不锈钢尺、钉子和其他小工具，在桌面上绘制和挖洞。尽管他们的行为非常隐蔽，不影响教师的教学和其他同学的学习，但他们的行为对个人听课效果有很大影响，也影响公共财产的安全。这是初中教学中常见的课堂问题行为。

2. 心理性的课堂问题行为

（1）看课外书籍。一些学生情绪低落，失去信心，不关心自己的学习，不听教师的讲课，经常阅读与课堂学习内容无关的书籍，如漫画、小说等。这类学生主要影响自己的听课效果和学习成绩，因为他们没有声音，所以对其他同学的学习和教师教学的障碍比那些移动的学生要小，然而，一旦他们无法赶上学习进度，他们将不可避免地导致其他问题行为。

（2）在上课期间听音乐。这类学生虽然主要影响自己，对课堂纪律没有重大影响，然而，他们也影响到所有班级和学校的整体表现，因此必须密切关注。

（3）一些学生在课堂上表现出两种突出的心理健康状况，即情绪高涨或情绪低落。有些学生上课时只能听课几分钟，大部分时间他们表现出不安，四处张望、摇头，他们似乎患有多动症，不想上课。有些学生不停地玩弄手中的钢笔或咬指甲，他们一边咬着一边彼此看着，似乎置身于教室之外。

（二）中学生课堂问题行为产生的原因

学生课堂问题行为的形成一般不是单一因素造成的，而是学习、生活环境、社会氛围等多种因素相互作用的结果，是各种问题的综合反映。一般而言，学生的课堂问题行为主要由以下两个原因造成：

1. 教师教育失策

学生的一些课堂问题行为可能是由教师直接造成的。因此，学生的问题行为不能被视为学生自己的问题，教师有不可推卸的责任。教师的错误主要有：

（1）教师本身事业心不强，教学态度不端正是个重要原因。由于种种原因，一些教师"身在曹营心在汉"，他们对教育工作不上心，对教育工作缺乏奉献精神。因此，在教学中，他们的教学态度不正确，责任感不强。许多教师对备课和编写教案并不认真，经过几年的教学，他们无法制订出像样的教学计划。

（2）没有生源选择的公办初级中学存在的课堂问题行为更为突出。中国的九年义务教育为所有儿童提供了同等的学习机会，这是尊重公民生命权和受教育权的突出体现，也是提高全民素质的良好基础，这是不可否认的事实，然而，我们不能否认，这增加了初中教学的难度，因为分区招生的结果明显扩大了学生之间的差距，使学生更加不平衡。

（3）大班教学为课堂问题行为的发生提供了土壤。由于中国仍处于社会主义初级阶段，经济实力有限，教育资源不足，与人口相比，学校数量远远不够。为了使所有适龄人口都能上学，很多地区在无法供给优质资源的情况下，采取大班教学模式。

（4）教师的课堂管理过于封闭，这也是导致教师课堂管理不足的因素之一。许多教师的教学态度正确，课堂管理工作也非常好，然而，由于他们只是独立的，课堂管理中出现的许多事情和课堂教学中出现的一些现象从未向其他人透露过一点儿,因此,他们无法从他人那里得到指导和帮助,他们独自战斗,往往事倍功半。

2. 学生的身心因素

课堂上大量的问题行为也与学生的身心状况直接相关,即使是同一年龄段的学生,由于其身心状况的差异,其问题行为也会呈现出不同的特点。

(1) 性别差异。学生的性别特征对问题行为有一定的影响,这在低年级尤为明显。与女孩相比,男孩精力充沛、活跃、喜欢探索,而他们的自我控制能力相对较低,集中注意力的时间较短,因此他们更容易出现问题行为,尤其是外向型问题行为。女孩容易接受暗示,缺乏决策能力,走自己的路的能力较低,关注时间较长,因此她们的问题行为,尤其是外向型问题行为比男孩少。

(2) 生理障碍。学生的身体障碍使他们容易出现问题行为。例如,学生的视、听、说障碍会削弱学生的学习能力和动机,阻碍他们学习活动的正常进行。因此,学生在课堂上往往表现出不敏感、注意力不集中、退缩、抑郁,甚至烦躁不安、各自为政。学生在发展阶段的紧张、疲劳和营养不良也会导致学生在课堂上产生抑郁、焦虑、恐惧和恍惚,进而产生课堂问题行为。此外,神经发育迟缓或神经功能障碍也可能导致学生患多动症。心理学称这种现象为 MBD,即轻度脑功能障碍。这种现象很容易导致学生注意力不集中、过度活动、冲动和任性,这使得他们在课堂上难以控制自己的行为,并且存在许多问题行为,如过度活动、情绪不稳定、大声奇怪的叫喊和注意力不集中。

(3) 心理缺失。心理缺陷也是学生课堂问题行为的重要原因,主要表现在焦虑、挫折和个性上。焦虑是一种恐惧和不安的情绪体验。学生在课堂上的焦虑通常是由太多的压力和不和谐的人际关系引起的,这会导致他们缺乏他人的尊重,并威胁到他们的自尊。由于焦虑,学生往往会出现沮丧、焦虑、犹豫不决等退缩问题行为,他们也会感到无聊。

五、中学生课堂问题行为的对策

中学阶段的学生叛逆,情绪波动很大,问题很多,许多问题行为也与教师有关,因此立足于教师本身的教育教学行为和管理方法,根据中学课堂问题行为的现状调查和分析,提出以下对策:

(一) 加强行为规范管理,制定课堂行为准则

课堂行为准则是开展课堂活动的一种要求。它是在实现教学目标、促进学生发展的前提下,在教师和学生的参与下,正确、积极地处理影响课堂教学的各种因素而制定的一套系统规则。建立课堂行为准则可以使学生遵守课堂秩序,将问题行为遏制在萌芽状态。

(二) 满足学生的需求,减少问题行为的发生

中学阶段是学生世界观和人生观的形成期,根据小学的学习经验,他们已经形成了些课堂常规的概念,知道什么是对的、什么是错的。因此,在这个阶段,教师应该进一步激发学生已经养成的良好习惯,特别关注学生的合理需求,以人为本,从需求的角度减少问题行为。

一是满足学生的低层次需求。学生的低层次需求主要指生理需求和安全需求,这也是学校教育必须做的第一件事。低层次的需求不过是人们生活中的基本食物、水源或安全能得以保障。

二是满足学生高层次需求。教师应帮助学生掌握与他人沟通的方法，尤其是建立良好的学生关系，促进他们的社会需求。一般来说，每个班级总是由优秀、中等和弱势学生组成，学生的性格也有开朗大方或内向安静之分。教师应帮助优秀学生克服自我优越感，促进中等学生的进取精神，消除弱势学生的自卑情结，并通过"一帮一"互助小组的形式，或通过让个性和性别互补的学生成为同桌，促进学生互动。教师应该尽最大努力帮助不同层次的学生，给他们信心和关怀，让每个学生都相信自己有机会成功实现自我价值。

（三）注重教学行为细节，促进课堂管理

赫尔巴特说："如果不坚强而温和地抓住管理的缰绳，任何功课的教学都是不可能的。"[①] 我们从对深受学生喜爱的教师的课堂调查入手，对课堂管理进行了大量的观察和研究，发现许多优秀教师都有类似的教学行为。

（1）准时。在教师进入教室之前的短时间内，学生们建立了一套标准、行为准则和高度的默契，他们非常厌恶那些闯入教室并违反规则的人，换句话说，他们获得了心理优势。事实上，许多课堂问题行为都是由于教师未能按时到达，他们在上课前没有做好充分准备，也可能导致纪律问题。

（2）巡视。教师通常站在教室中间面对全班。在中国的大部分地区，每个班级的学生人数较多，很多地区远远超过标准。因此，坐在后面的学生很容易被教师忽视，更容易出现问题行为。教师应特别注意那些容易分心、自我控制能力低的学生，经常在这些学生周围走动相当于暗示他们停止错误的行为。个别学生可能没有意识到教师已经来到他们身边，所以教师可以拍拍他的肩膀来提醒他。

（3）教学手段多样化。新课程背景下，教师的教学手段更为多样化，电脑、多媒体、实物、挂图、音像资料等在课堂中非常多见。

（4）准时下课。与准时上课相比，也许准时下课要做得差一点，这与许多教师的观念有关。许多教师，特别是一些老教师，非常敬业，他们可以充分利用每一分钟，他们不愿意在上课前浪费一点准备时间，也不愿意在铃声响起后放弃一项未完成的练习。

（5）提问。经常提问可以启发学生思维，引发学生思考，提升学生课堂专注力。比如，教师向有问题行为的学生提问，以便使他摆脱注意力不集中的状态，结束他的问题行为。

（6）沉着冷静、快速有效地处理课堂上的紧急情况。在课堂上，一些意想不到的事情发生在教师和学生身上，教师应首先稳定大多数学生的情绪并迅速做出处理此事的决定。在最短的时间内做出最快的应急响应，给学生一个被别人信任的形象，这实际上在学生心中树立了威望，让他们相信，无论课堂上发生什么问题，它们都在教师的控制之下。

案 例

有一次，张老师在指导学生做淀粉KI溶液与氯水反应的实验时，由于操作不当，一些学生在实验过程中多加入了几滴氯水，实验中出现了先变蓝后褪色的现象，引起了很多学生的兴趣。因此，他抓住了这个细节，引导学生思考："为什么会出现异常现象？如何验证你的猜测？"学生们很感兴趣，渴望尝试，并进行了热烈的讨论。虽然后来的教学内

[①] 琼斯. 全面课堂管理 [M]. 方彤, 等译. 北京：中国轻工业出版社，2002.2

容还没有完成，但每个人都在课堂上发表了自己的观点，精彩的答案层出不穷。他们提出了各种可能的原因，最后通过实验验证了他们的猜想。通过这个环节，学生们不仅加深和巩固了对卤素单质的知识，还学习了如何处理意想不到的新问题，活跃了课堂气氛。

（四）不同的问题行为，选择不同的处理策略

教师的权威来源于其在教学和教育过程中的知识、技能、社会性、个性等特征，这些特点将使教师成为真正值得信赖的专业工作者。只有建立良好的师生关系，才能营造积极和谐的课堂氛围。许多深受学生欢迎的教师认为，良好的师生关系体现在以下几个方面：

（1）经常沟通。教师应经常与学生交谈，通过微笑、主动问候、关心他们的身体状况或家庭状况等方式与学生交流，以缩小他们之间的距离，了解他们的精神世界，而不仅仅是他们的学业成绩。

（2）爱护学生。教师应该用发展的眼光来对待学生，不以成绩作为衡量学生的唯一标准，因材施教。

（3）加强家校合作。引导家长及时掌握学生在校状况，教师定期召开家长会，了解学生在家情况。

思考题

1. 什么是课堂管理？
2. 简述课堂管理的气氛和纪律如何控制和维护。
3. 课堂问题行为有哪些？如何矫正？
4. 联系实际谈谈，教师在课堂管理中应该注意哪些细节。

第十章 班级活动及组织

学习目标

1. 理解班级活动的概述、内涵及意义；
2. 重点掌握班级活动的组织原则与实施；
3. 重点掌握主题班会的设计与组织；
4. 了解校外资源的整合与利用。

本章知识结构图

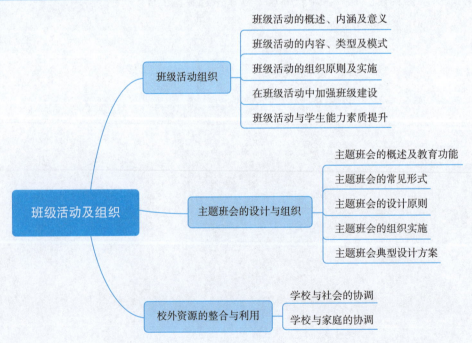

第一节　班级活动组织

一、班级活动的概述、内涵及意义

（一）班级活动概述

班级活动是在班主任指导下，有目的、有计划地为实现班级教育目标而设计并开展的、师生共同参与的各种教育教学实践活动。① 它是课堂教学以外的，以班级为单位，重点在于发展学生的非智力因素的教育活动；是班级群体为了满足彼此的需要，有目的地作用于客观事物而实现的相互配合的动作系统。②

班级活动历来受到学校的广泛重视，组织和实施班级活动也成为班主任一项重要的日常工作内容。班级活动的基本特点表现为：班级活动是一种交往活动；③ 班级活动目的一致性，产生了共同遵循的行为准则与规范；班级活动的时空具有共同性；班级在活动中分工合作，互相配合，责任依从；班级活动导致一系列诸如暗示、模仿、感染、舆论、心理相容等社会心理现象的出现，产生良好和健康的人际关系。

（二）班级活动内涵

班级活动是班级建设的必要条件，是个体获得全面发展的重要途径。学生成长过程中一些关键品德素质的发展往往需要班级活动的推动。

班级活动是在班级内有组织地开展的各种教育活动。班级活动是学校教育活动的重要组成部分，是班级集体教育的经常性形式。活动和人的发展关系已为心理学所证明，开展多种形式的班级活动对促进学生发展、加强班级建设具有重要意义。④

班级活动可分为广义和狭义两个方面。广义的班级活动，是指在教育者的组织领导下，为实现教育方针和培养目标，完成学校的教育计划，组织班级全体成员参加的一切教育活动。这里的"教育者"不仅指班主任，也指各任课教师或学校其他人员。狭义的班级活动，是指在班主任的指导下，由学生自己参与组织的，为实现班级教育目标而举行的各种教育活动，它是按班级的组织系统开展的一种集体活动。⑤

班级活动和学科教学是整个教育过程中不可缺少的两大因素，它们之间相互补充、相互促进，又相对独立。学科教学侧重于使学生获得大量间接经验，它具有较强的系统性，是班级活动的基础，为班级活动提供了指导和借鉴。班级活动与学科教学相比，内容丰富多样，涉及学生学习和生活的各个方面，可使学生通过亲身的实践和体验，获得大量的直接经验，不断完善个性、健全人格。⑥

---

① 刘岩，王萍. 班主任与班级管理 [M]. 北京：北京师范大学出版社，2013：185.
② 韩东才. 班主任基本功——班级管理的基本技能 [M]. 广州：暨南大学出版社，2018：75.
③ 陈枫眠. 斜风细雨中的茉莉花开——谈班级活动组织中团队精神的创建 [J]. 班主任之友（中学版），2018（6）：29-31.
④ 同①187.
⑤ 同①189.
⑥ 同①190.

(三)班级活动意义①

1. 班级活动丰富学生生活体验，促进学生全面发展和成长

每一个学生的成长，每一个班集体的组织与建设都不是在静止的状态中进行和完成的，而是在活动的状态下进行和完成的。学生的成长面临着两个世界：知识世界和生活世界。知识世界引导学生获得知识、开启智慧、拓展心智视野；生活世界启迪、培养学生的生活感受力，增进、丰富个人的生活体验。知识世界与生活世界融合，才能培养完整的人。可以说，班级活动把知识世界与生活世界联系了起来，作为班主任，需要从知识世界出发，引导每一个学生面对生活世界，体验生活，发展个性，展示自我，成为真正意义上的人。

2. 班级活动增强学生集体意识，形成良好集体舆论和风气

班级活动是建设良好班集体的重要组成部分。班级的共同努力目标要靠班级每个成员参与共同的活动而实现。班集体的形成，需要通过一系列教育活动，而集体活动的有效开展，可促使集体目标的实现、集体纪律的增强、同学友谊的发展，因而也在一定程度上标志着集体的形成、发展和巩固。没有经常的集体活动，集体的生命是孱弱的，整个班级没有生机和活力，身处其中的学生精神状态也会不佳。青少年学生喜欢参加各种生动活泼、富有情趣的集体活动，集体观念、集体的义务感、责任感、荣誉感、为集体服务的能力，在集体活动中得到发展。通过集体活动增强集体凝聚力，调动每个集体成员积极性，形成健康积极的集体舆论和良好风气。

3. 班级活动促使学生个性品质发展，提高和增强认识能力

青少年学生正在长身体长知识时期，他们精力旺盛，求知欲强。开展多种有组织的班集体活动，可以锻炼身体，增强体质。通过各种活动，可以增长知识，提高认识能力。在活动中，他们通过各种感官去感受事物，也可接触各种人与事，从中获得知识，开阔视野，增强思考能力。通过多种形式活动可以学到某些技能，提高实践能力，因为参加丰富多彩的活动，不仅要看、要听、要想，而且要说、要写、要做。社会调查、劳动、参观、访问、文艺、体育、科技活动都要身体力行，从活动的准备到活动的进行都可以得到一系列的学习、锻炼机会，从而提高自己的实践能力。通过班级活动能够促进学生良好个性的形成，学生的个性品质、兴趣、才能等在班级活动中能得到表现，也在班级活动中得到巩固、发展和调整。

二、班级活动的内容、类型及模式

(一)班级活动内容

班级活动多种多样，按活动内容分，有思想品德教育活动、学科活动、科技活动、文学艺术活动、体育活动、社会实践活动、传统节假日活动、课外阅读活动等；按发生的场所分，有课内班级活动、校内课外活动、校外活动等。

1. 思想品德教育

思想品德教育活动能够使学生有效地掌握知识，提高学习效率，充实和丰富学生的精

---

① https://wenda.so.com/q/1447258787722765。

神生活，促进学生良好个性的发展。①

开展思想品德教育活动的形式有组织学生开展"学雷锋，献爱心"志愿服务、社会公益活动，组织学生对校园周边环境问题进行社会调查，在班里开辟"时事论坛"，成立法律知识学习兴趣小组，开展法治知识讲座、心理健康知识讲座等。

2. 学科活动

学科活动是学校课外活动的主体部分，它是以让学生学习和研讨某一学科的知识或培养某一方面的能力为主要目的的活动。学生可以按学科组成不同的小组，如数学活动小组、语文活动小组等；也可以依据某一专题成立小组，如以化学实验为专题的小组，以外语会话为专题的小组等。

3. 科技活动

科技活动是以让学生学习和了解科技知识为目的的课外活动。例如，举办科技讲座，参观游览科技博物馆，成立无线电小组、航模小组、园艺小组等，开展以小发明、小创造、小制作、小实验、小论文为内容的"五小活动"等。科技活动可以让学生学会动手操作的本领，并在学生中形成爱科学、学科学、用科学的良好风气。

4. 文学艺术活动②

开展文学艺术活动的主要目的是培养学生的兴趣爱好，发展他们鉴赏美、表现美、创造美的能力，丰富他们的精神生活。文学艺术活动可以开展诸如朗诵、舞蹈、戏剧、创作表演等活动，还可以成立美术、音乐、摄影等文艺小组，以生动活泼和富有感染力的形式来吸引学生。

5. 体育活动

开展体育活动的主要目的是发展学生的体力，增强他们的体质，培养他们对体育活动的兴趣和吃苦耐劳的精神。同时，开展体育活动也有利于提高学生的运动水平，发现和培养有体育特长的学生。体育活动的形式多样，如各种球类活动、长短跑、登山、划船、游泳、滑冰、滑雪、健美运动和各式各样的游戏活动等。

6. 社会实践活动

开展社会实践活动主要是为了培养学生的观察力、思考力、分析力、实际操作能力，增强学生体验、服务意识和责任感。主要方式包括参观、访问、社会调查、社区服务、公益劳动、志愿者工作等。

7. 传统节假日活动

课外活动可以借助节假日契机对学生进行思想教育，增强他们的民族观念、家庭观念、集体观念。例如，开展端午节、中秋节、国庆节、儿童节、校庆日、学校文化节等庆祝活动，暑假夏令营活动等。

8. 课外阅读活动

课外阅读活动是指学生在课堂教学范围之外，根据自己的兴趣爱好或某一方面的需要

---

① 陈莉. 以班级活动促班级道德场的构建 [J]. 江苏教育，2019（71）：22-24.
② 檀传宝. 德育与班级管理 [M]. 北京：高等教育出版社，2013：372.

进行的一种自觉读书活动。开展课外阅读活动的目的在于开阔学生的知识视野，让学生及时接触和吸收新知识，培养学生的自学能力和思维能力，同时加深学生对课堂知识的理解和掌握程度。

（二）班级活动的类型及模式[①]

班级活动的特点表现为目的性、主体性、选择性和多样性。每一项班级活动的组织与开展都要以促进学生增强思想意识和提升能力素质为目的，否则班级活动就失去了它的价值和作用。学生可以根据自己的兴趣和爱好，选择参与班级活动，这一特性对班级活动的质量和作用意义提出了更高的要求。

班级活动的类型一般可概括分为四类：第一类为课外学习活动，如读书活动、报告讲座、课外专题辩论会、演讲赛等；第二类为文体艺术活动，如文化艺术节、书画竞技、汇报演出、体育比赛等；第三类为科技创新活动，如科技节、学科竞赛、知识竞赛、创新大赛、各类小制作小发明汇展等；第四类为志愿服务活动，如社会公益活动、组织志愿者小分队等。

班级活动的模式一般有六种：一是日常活动型，如班队会、班团会、讨论会等；二是联欢娱乐型，如元旦联欢会、生日 Party 等；三是文明公益型，如社区服务、募捐救灾等；四是兴趣组合型，如科技小组、书画比赛等；五是竞技远足型，如体育竞技、户外爬山、素质拓展等；六是交友联谊型，如班际联谊、学习交流、文体对抗赛等。

三、班级活动的组织原则及实施

（一）班级活动组织原则

1. 教育性原则

班级活动是否具有教育性应以能否发生教育作用、达到育人目的作为检验标准。这就要求班级活动要使教育内容真正"内化"到学生心里。内容的选择要来源于现实，真正做到贴近学生生活、贴近学生学习、贴近学生实际，要符合学生需要，要有利于促进学生的健康成长。

2. 时代性原则

每次班级活动要紧扣社会，紧扣教育改革，要抓住时代脉搏，抓住时代特色，贴近学生生活，接近社会，使活动不出现"空洞"现象。有时代感的、贴近学生生活的活动内容才能激发学生的兴趣，才能取得良好的效果。

3. 主体性原则

班级活动的组织与开展，要坚持以学生为主体的原则，在活动的设计组织与开展中，要充分发挥和调动学生的积极性、主动性和创造性。每次活动从开始到结束，都要尽可能地让每一个学生参与进来，并且能在活动中发挥学生的主观能动性。

4. 创新性原则

班级活动要形式多样，内容丰富多彩，如班级活动要组织开展思想教育、专题学习、文娱体育、科技创造、劳动教育等活动。每次班级活动要新颖、独特、别具一格，真正做

[①] 朱芳转. 班团活动与大学生能力提升研究［J］. 时代教育，2016（15）：44-45.

到形式灵活多样，寓教于乐，寓教于动，寓教于生活。

5. 可操作性原则

组织开展班级活动要注意可操作性，无论是内容的确定，还是形式的选择，组织开展班级活动都要考虑到本班的实际情况和现有条件，绝对不要脱离实际，要真正做到便于学生参加，便于实施，便于开展。

（二）班级活动实施

班级活动实施和组织开展的程序主要包括以下方面：①

1. 计划

计划是活动过程的起始环节。计划的具体内容有活动名称、目的要求、形式、步骤、时间、地点、活动器材、各项具体活动的负责人、活动评价、活动管理等。

2. 实施

实施是活动过程的中心环节，是达到活动目的、完成活动要求的基本手段，是活动全过程的关键。班级活动要按照活动计划去展开，允许在实施过程中对原计划作必要修改。

3. 检查

检查是活动进行过程的中间环节。计划实施一段时间之后，就要将实施情况与计划作比较，要看实施情况是否符合计划的预设要求，了解实际效果。

4. 总结

总结是活动进行过程的终结环节。要用科学的方法，对已经做过的工作进行评价，肯定成绩、总结经验、指出缺点，进而明确后面活动应努力的方向。

班级活动的实施要强调整体性。整体性是指强调活动的全过程和活动的各个侧面，使活动成为一个系统，最大限度地发挥教育作用。无论是一次活动、一种活动，还是一学期或一学年的活动，都有整体性的问题。

四、在班级活动中加强班级建设

加强班级建设，可着重从打造班级精品活动、建设班级先进文化、科学评价和培养先进班级等方面着手开展工作。②

打造班级精品活动要紧密结合班级实际和学生的兴趣特点，精品活动要具有教育性、新颖性、培养性，学生通过参与班级精品活动，达到凝聚人心、教育启发、锻炼提高、推动发展的作用。如精心打造班级学科学习活动、读书分享交流活动、志愿服务活动、社会调查活动、文体艺术活动、科技创新活动等，通过打造班级精品活动，突显班级建设特色。

班级文化是一个班级的灵魂，它体现着班级成员通过集体生活形成的共同的价值观、思想、信念、态度和行为准则、集体文化。③ 加强班级建设，在班级文化建设中要以培育和践行社会主义核心价值观为主线，使班级建设有信仰、有理想、有传承、有规则。通过精心设计班级文化符号，如班名、班徽、班训、班歌、班服、班报等，以及种植班级毕业

---

① 刘岩，王萍. 班主任与班级管理［M］. 北京：北京师范大学出版社，2013：193.
② 朱芳转. 马卡连柯集体教育理论指导下的高校班集体建设［J］. 渭南师范学院学报，2021，36（2）：19-20.
③ 吴昌龙. 论班级文化建设中班级活动的组织和开展［J］. 江苏教育，2017（23）：51-52.

纪念树等活动来培育班级特色和班级积极向上的文化，并用班级文化来引领、凝聚班级建设，使全班学生在积极向上的先进班级文化中思想受到教育、精神受到熏陶。

应积极构建科学、合理、全面、富有可行性的先进班级考评体系，使先进班级成为班级在思想组织建设、班风学风建设、文化建设、情感氛围营造、体育健身活动以及寝室文化建设等各方面综合成绩的体现和展示，为班级的全方位建设打下良好基础。坚持多元评价，如学校可设立"理论学习班""优秀学风班""文明风尚班""道德示范班""科技创新班""文化引领班"等优秀班级评选类别，实现推动班级特色发展。

五、班级活动与学生能力素质提升[①]

实践证明，班级活动对促进学生能力素质提升具有积极的作用，这一点在学生干部身上表现得尤为突出。学生干部因为在班级活动的前期策划、中期组织以及后期总结中思考和参与得比较多，相应地受到锻炼就比较多，能力素质提升也就比较快，表现出综合素质明显优于其他学生。班级活动对学生能力素质提升主要表现在：

1. 审势明辨能力

对班级活动主题、活动内容以及活动时间、组织形式等的选择和确定需要组织学生开动智慧思维，做到紧密结合形势、科学辨别分析、合理判断思考。班级活动组织得合乎时势、合乎需求，学生喜欢参与，对组织学生的审势明辨能力是一大锻炼和检验。

2. 策划组织能力

对班级活动的策划设计、形式创意等需要组织学生严密、科学、创新的思考。实践证明，班级活动成功与否，组织策划是关键。同样主题、内容和形式的班团活动，别样的、富有创意的策划组织将会产生不一样的活动效果，这一点是对组织学生策划组织能力的锻炼和展现。

3. 逻辑思维能力

班级活动要顺利开展和进行，达到活动预期效果，要求做到科学掌握活动规律，合理设置活动流程和环节，使活动开始、进行和结束过程流畅顺利，环环相扣，符合逻辑，体现科学思维。做好这一点，将可以很好地锻炼和提高活动组织学生的逻辑思维能力。

4. 沟通对话能力

做好班级活动开展前的宣传动员工作，对促使活动的顺利开展作用重大。活动组织学生要善于与参与学生沟通对话，向学生清晰阐述活动的意义、目的以及活动的组织开展情况，积极动员和鼓励学生参与活动，这一过程对组织学生的沟通对话能力将是很好的锻炼和提高。

5. 协作应变能力

班级活动的成功组织，不仅需要组织学生之间的团结协作、积极努力，同样需要活动参与小组或活动团体中学生之间的团结一心、协作应变。班级活动中只有组织者与参与者齐心协力、共同努力，才会促使活动取得良好效果，这其中培养和提高了所有学生的协作应变能力。

[①] 朱芳转. 班团活动与大学生能力提升研究 [J]. 时代教育，2016 (15)：44-45.

6. 选择判断能力

每个学生都有不同的兴趣爱好，同样每个学生都有结合自己的兴趣爱好选择参与班级活动的自主权。校园文化活动丰富多彩，其中哪些活动适合自己参与，参与哪些活动能进一步发挥自己的特长和兴趣爱好，在这一过程中也将提高活动参与学生的选择判断能力。

7. 批判创新能力

即使组织质量和效果很好的班级活动，也会有不完善和不完美的地方。学生在参与活动后，结合参与活动的认识和体会，可以对活动的组织和效果给出评价，指出活动组织不足之处，提出见解、意见和建议，表达创新观点，这一点将很好地锻炼和提高参与学生的批判创新能力。

8. 学习实践能力

班级活动组织学生总结前人的工作经验，善于学习，积极思考，努力创新，不断提高班级活动的组织质量和水平；参与学生在参与活动的过程中，学习知识，锻炼能力，提高素质。可以说，班级活动使参与其中的所有学生的学习实践能力都得到锻炼和提高。

9. 语言表达能力

班级活动中，组织学生需要主持活动或与活动参与学生沟通交流，而参与学生在参与活动中，根据活动要求和内容设置，需要发表演讲、辩论或表达自己的想法、观点，其中离不开语言表达。班级活动的组织和开展对锻炼和提高学生的语言表达能力具有重要的作用。

10. 文书写作能力

班级活动组织中，需要撰写活动策划书、主持词，起草活动通知、倡议书，制定活动流程、竞赛规则，总结活动经验、体会，发布活动新闻报道等，这些都离不开扎实严谨的文字功底。班级活动组织过程中对组织学生的文书写作能力是一大锻炼和提高。

11. 参与动手能力

班级活动可以增强学生的参与意识、主体意识、集体意识和大局意识；活动过程中资料的准备、会场的布置、物品的购置、道具的制作、应急事项的处理等，这些环节和过程对参与其中的学生的动手能力、应变能力、吃苦精神都是很好的锻炼和培养。

12. 展示表现能力

班级活动给学生提供了一个能力素质展示表现的舞台。班级活动不仅使组织学生的智慧和才能得到了充分展示和表现，同样也给参与学生提供了参与活动和展示个人才华的机会和平台。班级活动使参与其中的学生的能力特长和兴趣爱好都得到了展示和表现。

13. 自治自律能力

班级活动的顺利进行和成功举办，离不开纪律要求和行为规范的约束保障。活动中的注意事项、制度纪律要求和行为规范、文明素养约束，对培养学生的安全意识、责任意识，加强学生纪律观念、道德素养以及增强学生的自我管理、自我教育、自我约束能力具有重要的作用和意义。

14. 生存发展能力

班级活动可以促使学生学会认知、学会实践、学会生活、学会做人。学生在参与班级活动中所培养的坚强的意志品质、进取的生活态度、文明的行为习惯以及创新创造的思维意识,可以增强学生的生存力、竞争力和发展力。可以说,这些能力品质将对学生的社会生存与发展终生有用。

第二节 主题班会的设计与组织

一、主题班会的概述及教育功能

(一) 主题班会概述

主题班会是班级教育活动的形式之一,是班主任根据教育、教学要求和班级学生的实际情况确定主题、围绕主题开展的活动,是向学生进行思想品德教育的一种重要形式。[①]

主题班会的主要功能是德育。根据学生的思想动态,有针对性地确立和策划班会的主题,采取结合班级学生实际的形式组织开展。主题班会也是班集体建设的一项必要活动,它可以讨论思想品德问题,也可以讨论班级工作,还可以让学生谈认识、交流思想、介绍经验,开展表扬与批评等。[②]

一般情况下,主题班会主要从以下方面确定主题:一是根据学生的学习生活、思想动态确定班会主题;二是根据节令、纪念日确定班会主题;三是根据突发事件、时事热点确定班会主题;四是为缓解学生的精神压力或班级矛盾确定班会主题;五是为了更好地为班级做出贡献确定班会主题。[③]

(二) 主题班会的教育功能

主题班会是学校进行思想品德教育的重要阵地和载体。主题班会的教育功能主要体现在以下几个方面:

第一,主题班会能促进学生的思想认识。它有助于学生树立科学的世界观、人生观、价值观,正确认识自我,正确处理个人与社会、与集体、与他人的关系。在主题班会中,学生以饱满的主体意识参与,进行积极主动的探究,从鲜活的体验中获得对世界、人生、自我的认识。

第二,主题班会能增强学生的自我教育。苏霍姆林斯基说:"能够促进自我教育的教育才是真正的教育"。一次成功的主题班会使学生的多种能力如组织能力、交往能力、活动能力、创造能力等得到锻炼和提高,同时也增强学生的自我教育。[④]

第三,主题班会不断完善和推动班级建设。主题班会是班级活动的一个重要形式,其设计和进行过程中,产生一种凝聚力,使学生心往一处想、劲儿往一处使,不仅能增强团结,还能增强彼此间的情感。同时在班会活动中,可以促进学生对班集体的热爱,形成建设良好班集体的基础。

---

① 檀传宝. 德育与班级管理 [M]. 北京:高等教育出版社,2013:382.
② 齐学红. 班级管理 [M]. 北京:教育科学出版社,2018:208.
③ 同②209.
④ 秦望. 班级活动:班级建设的黏合剂 [J]. 新班主任,2019 (1):58-60.

第四，主题班会提供了了解学生的机会。班会活动不仅给学生加深相互了解的机会，也有利于班主任进一步了解学生。班会活动中，由于主体参与，积极投入，因此是学生最显本色的时候。班主任只要留心观察，就会发现学生真实的一面，为日后有效地教育学生打下基础。

二、主题班会的常见形式

主题班会的形式可以包括主题报告会、演讲和竞赛、座谈和辩论、野外活动、社会调查成果汇报、文艺表演、经验介绍等。① 常见的主题班会有以下形式：②

1. 专题讨论会

专题讨论会，即让学生就某一认识不清晰的问题，或发生于社会、学校中的事件展开讨论，达到明辨是非的目的。

2. 报告会

报告会，即聘请社会上各行各业的专家、英雄模范人物或学生家长等来校作报告。

3. 演讲会

事前确定一个专题，让学生作好准备。会上可由一人或几人主讲，也可让学生自由上台演讲。

4. 茶话会

茶话会是一种轻松、愉快的谈心形式，是在师生情感交融的亲切气氛中进行的。一般以在传统纪念日或节假日期间进行为宜。

5. 故事会

教师、学生或其他人均可担任故事员，可一人单独讲，也可几人轮流讲，可进行故事欣赏，也可进行故事竞赛。

6. 文艺表演会

文艺表演会是通过文艺表演达到教育目的的一种班会形式，会前根据教育要求，让学生编排节目，也可请外单位或文艺团体表演。

7. 游戏活动

游戏活动是一种寓教于乐的班会形式，组织班级学生开展户外游戏活动，增强班会活动的趣味性、娱乐性。

8. 参观访问

参观访问是运用社会力量对学生进行教育的一种生动有效的班会活动形式。

9. 主题会

主题会即围绕某一教育主题，在学生充分准备的基础上，采用上述一种或几种形式进行的综合性班会。一般用于总结某一教育阶段的工作。

---

① 檀传宝. 德育与班级管理［M］. 北京：高等教育出版社，2013：383-384.
② https://wenku.so.com/d/d9169e25e800c586416dd40f3a6af07c.

三、主题班会的设计原则

开好主题班会，首先要确立与策划设计好主题。主题的策划设计，具有导向性作用，它将确立班会的发展方向，并达到预期的目的。①

主题班会的确立与策划设计应把握好以下三方面的原则：

（一）教育性原则

确定教育目的，富有教育性。主题班会必须有明确的教育目的，自始至终要贯穿、渗透较强的教育性。主题的确定与设计，必须具有鲜明的目的性，绝不能搞形式、走过场。在确立和策划主题班会时，必须思想明确，达到教育目的，提高学生认识，只有这样，主题班会才有实效。②

（二）针对性原则

结合学生实际，具有针对性。主题班会必须结合学生的实际，根据学生的年龄阶段及身心特点，思想发展的脉络，结合学校、家庭、社会生活实际，针对学生在思想、学习、生活方面出现的问题选取题材，通过召开主题班会寻找解决问题的方法和对策，促使学生的思想朝健康的方向发展。

（三）计划性原则

认真确立主题，做到计划性。主题班会必须有计划性，有严密的实施步骤。教育性、针对性、计划性三者是统一的。③

一般情况下，主题班会要有总体计划、阶段性计划和每一次班会的具体计划。有了计划，主题班会就会目标明确，进行顺利，能够较好地达到预期目的。

四、主题班会的组织实施

根据青少年的特点，主题班会选择适当的组织形式并加以实施。④ 班会的主题确立和策划设计好之后，第二步就是选择形式和实施组织。主题班会活动实施方案确定后，在班会的组织与实施过程中要重点做好以下几方面工作：

一是精心营造主题班会氛围，调动班级学生参与班会的积极性和主动性。

二是加强主题班会宣传，在班会开展前多渠道、多途径做好宣传动员工作。

三是主题班会方案实施前，应做好前期准备、实地考察、流程模拟、活动预案等事项，以保障班会顺利进行和开展。

四是主题班会实施中，做好班会事项协调和突发情况应对处理，调动班会气氛，体现班会创意思想。

五是做好主题班会活动记录、总结，调查学生评价，总结班会活动经验和反思活动不足。

---

① 王桂艳. 德育与班级管理 [M]. 北京：北京师范大学出版社，2015：182-185.
② https://wenku.so.com/d/f7c0c570bd10c14686dbfef417764e65.
③ 刘小英，张同柏. 治班方略刍论：从理念、规则到班级活动 [J]. 基础教育研究，2018（17）：78-80.
④ 徐继存. 中学综合实践活动 [M]. 北京：北京师范大学出版社，2015：192.

五、主题班会典型设计方案

主题班会活动设计方案第一篇：①

"争做集体小主人" 主题班会设计

一、活动目的

通过班会，对学生进行集体主义教育，明确自己是集体的一员，集体的进步，有我的一份，怎么做才是爱集体，努力创设美丽的班集体、幸福的班集体，从而激发学生热爱班集体的热情和为班集体增光添彩的意愿。时时处处为集体着想，凡事从我做起，从身边的小事做起，养成良好的习惯，关心集体，爱护集体，齐心合力，共同努力，为集体增光添彩。

二、活动主题

我爱我的班集体。

三、活动过程

（开场白）

男：班集体是个家，我们大家都爱它。

女：班集体力量大，困难、挑战都不怕。

男：我爱班集体，在这里我充分体会着家的温暖。

女：我爱班集体，在这里我可以自信快乐地成长。

男、女合：×学校×年级×班"争做集体小主人"主题班会现在开始。

四、活动开始

（一）班长讲话

首先，让我们用热烈的掌声欢迎各级领导光临我们的班会现场。

今天，我们×年级×班全体同学在这里召开"争做集体小主人"主题班会，我们非常高兴。我们×年级×班是一个团结向上，充满活力的班级，我们爱学校，我们爱班级，我们爱老师，我们爱伙伴。今天我们要在班会上充分表达我们爱集体的感情，汇报我们所取得的好成绩。回顾过去，我们不忘老师的教导，畅想未来，我们要展翅高飞。预祝班会圆满成功。

女：谢谢班长热情洋溢的讲话。

男：你爱我们这个集体吗？你为它做过什么呢？你在这里快乐吗？它会告诉你答案。请听××同学演讲《当班长，我能行》。

（二）学生演讲

尊敬的领导、老师、亲爱的同学们：

大家好！

能当×年级×班的班长，我从心底里感到骄傲和自豪。我从一年级开始竞选班长职务，每一次竞选，大家都很支持我。我也可以坚定自信地说："当班长，我能行。"记得刚入学时，我是个个性张扬的孩子，想说就说，想做就做，淘起气来活像个男孩子。是老师教会

---

① http://www.banzhuren.cn/zhutibanhui/278293.html.

我如何遵守校规、校纪，如何与人相处，如何团结同学，如何展现自我。×年来，我参加过无数次的集体活动：书法比赛、绘画比赛、演讲比赛、文艺汇演、运动会。尤其是运动会，是我展现自我的舞台。只要我参加的项目，一定拿第一，而且破纪录。在一次次活动中，我充分体验着成功的快乐。在一次次活动中，我不断地树立自己的威信。大家支持我当班长，老师鼓励我当好班长，父母高兴我当上了班长。我觉得自己当班长之后，变化很大。班级的什么事，我都放在心上，班级的垃圾箱坏了，我让爸爸重做一个，班级的香皂没了，我从家里拿一块。老师不在的时候，我主动出来管理秩序。我把班里的事当成自己的事，学校号召给灾区捐款，我带头捐。学校搞活动，我主动参加。我总是告诫自己：你是班长，什么事都应该一马当先，都应该起模范带头作用。经过这两年的锻炼，我收获的不仅仅是快乐，我自信我可以做一个老师的助手，可以为同学服好务。

我爱学校，在这里我找到了自信。我爱×年级×班，在这里我学会了做人，学会了做事。我更爱老师和同学，有了你们的鼓励和支持，我更有信心做一个名副其实的好班长。

谢谢！

女：班级是个大家庭，我们都是班级的小主人。

男：我们都是班级的小主人，热爱集体是第一。

女：怎么做才是爱集体？说说你们的想法。

(三) 学生汇报什么是爱集体

学生1：看见水龙头没关，我们把它关上就是爱集体。

学生2：看见不良的行为我们阻止它也是爱集体。

学生3：不打架不骂人就是爱集体。

学生4：好好学习也是爱集体。

学生5：按时完成作业就是爱集体。

学生6：同学摔倒了，我们把他扶起来也是爱集体。

学生7：见到客人问声好也是爱集体。

学生8：下课帮老师擦黑板就是爱集体。

学生9：作业本干净整齐也是爱集体。

学生10：课间操站队快、静、齐，就是爱集体。

……

女：你们说得对，把一件件小事都做好就是爱集体。

男：爱集体就要为它做好事，爱集体就要为它争荣誉。谁为班级做的好事最多，谁给班级争得的荣誉就最多。

(四) 学生汇报"争做集体小主人"我能行的事例

学生1：向灾区捐款我第一。

学生2：主动扫地我第一。

学生3：扛饮用水桶我第一。

学生4：象棋比赛我第一。

学生5：口算我第一。

学生6：语言表达我第一。

学生7：学习我第一。

学生8：劳动我第一。

学生9：卫生我第一。

……

男：集体，集体，贵在齐心合力。我们班取得了那么多的集体荣誉，大家还记得吗？

（五）学生汇报班级取得的集体荣誉

学生1：运动会连续三年团体总分第一名。

学生2：连续两年被学校评为"好习惯"特色班。

学生3：向灾区捐款最多。

学生4：校园集体舞跳得很好。

学生5：我们班课前歌声在评比中获市级最佳班级。

（学生表演课前歌声）

女：给集体抹黑绝不是爱集体的表现。

男：这学期的第×周我们班没评上文明班，原因是有人做了不文明的事。

女：面对这种事情我们应该怎么办？

（学生分别发表见解，说出自己的看法。）

男：养成良好的习惯，也是爱集体的表现。

女：本学期，我们学校继续进行好习惯养成教育。我们班在各方面都有长足的进步。

男：良好的学习习惯有哪些？请大家说一说。

提前预习的习惯、专心听讲的习惯、正确读写的习惯、完成作业的习惯、定期复习的习惯、认真考试的习惯、广泛阅读的习惯、乐于背诵的习惯、认真书写的习惯、勤查工具书的习惯、细心观察的习惯、合作交流的习惯。

女：为了让我们能记住这些习惯，老师给我们编成了儿歌，我们做每件事之前，都会想起这些儿歌，它就像小老师一样规范我们的行动。

男：例如正确读写的习惯。读写姿势很重要，"三个一"别忘掉。

（学生边背儿歌边演示动作）

女：乐于背诵也是好习惯。我们学校从去年开始在各年级开展日积月累活动，这两学期，我们积累了成语200多条，古诗20多首，名人警句20多条。

（同学们展示成语接龙）

男：怎样养成良好的行为习惯？

（学生分别说出）

学会饮食、学会卫生、学会审美、学会劳动、学会说话、学会自信、学会创新、学会行走、学会升旗、学会自护、学会守纪、学会感恩、学会上网、学会运动、学会节约、学会生存、学会环保。

女：我们学校每周周一都要进行庄严的升旗仪式，升国旗时，我们应该怎么做？

（学生齐背升旗儿歌）

男：现在面对国旗就让我们进行一次庄严的升旗仪式好吗？

（学生齐回答：好）

男：我们取得过那么多的集体荣誉。

女：我们得过那么多的第一。

男：我们不会忘记老师付出的心血。

女：我们感谢老师的培养。

男：我们请老师讲话。

（六）班主任讲话

同学们，通过这节班会，你们懂得了怎么做才是爱集体。班集体是我们每个人的家，因此，需要我们时时处处为集体着想，凡事从我做起，从身边的小事做起。关心集体，爱护集体，齐心合力，共同努力，为集体增光添彩，让集体永远在我们的心中。

男：如果你爱班级，请你为它的发展贡献力量。

女：如果你爱班级，请你为它付出心血。

男：我们骄傲，我们是×年级×班的一分子。

女：我们自信，我们会越飞越高。

合：相信我们，我们能行。

男：让我们唱响校歌——《我能行之歌》。

在嘹亮的歌声中宣布班会结束。

主题班会活动设计方案第二篇：①

"如何调节青春期的不良情绪"主题班会设计

一、活动目的

（1）帮助初二学生感受青春之美，知道青春时期是人生中最宝贵阶段。了解中学生是人生的春天，是孕育理想、确立志向、学习本领的最佳时间，要珍惜青春年华。

（2）14~18岁的中学生正处于长身体、心理成熟的关键时期。无疑，他们也是社会中最脆弱的群体。中学生心理发展表现出动荡性等特点，焦虑、孤僻、自卑、抑郁，冲动少年亦识愁滋味。针对班级目前存在的一些问题，比如很多学生受到不良情绪的影响后，经常借不正确的行为发泄，特通过此次班会活动让学生明白不良情绪对自己的危害，从而学会调适自己心理，正确对待学习生活中的不良情绪，养成乐观、自信、坚毅等良好的个性品质，形成健康积极的生活态度。

二、活动准备

（1）制作多媒体课件。

（2）学生准备朗诵诗，抒写自身感受，主持人熟悉台词。

（3）邀请学生家长。

三、活动过程

（一）走进青春

1. 导入青春主题班会设计方案

主持人念《倡议书》。（播放轻柔音乐，三位主持人有感情地配合）

花儿谢了，还会再开；燕子去了，还会再来；春天走了，还会再回。我们，正处花季雨季的我们，当青春消逝后，还能再一次年轻吗？不，绝对不会。一日难再晨，盛年不重来，青春的花只开一次。子在川上曰，逝者如斯夫；罗曼·罗兰也说过，人生是一趟不出售回程票的列车，是呀，我们从十五岁的站台出发，是永远也回不到十四岁的进站口了。所以，我们要格外珍惜正在从身边从指间从发间悄悄溜走的每一个日子，让青春的每一个

---

① http://www.banzhuren.cn/zhutibanhui/278293.html.

晨昏都焕发出这个季节应有的光芒和风采！但是，青春年少的我们有着太多的迷茫和躁动不安，所以，我们常常不经意地，就蹉跎了岁月，不经意地，就在驰骋的青春列车上，错过一片极美的风景；自信常常就是自负，无畏往往是因为无知；我们有多少年岁经得起这样的蹉跎呢？人生有多少风景还要被我们这样错过呢？所以，从现在起，我们要把心唤醒、正视现实、关注细节、规范自我、提升自我。孔子说"吾七十而从心所欲不逾矩"，圣人尚且到七十岁才不犯错误，何况我们？所以，诚恳地说，我们不怕犯错误，怕的是"过而不改"。也正是在这个意义上，我们倡议，就在我们刚步入春天的时候，我们全体同学开展一个"迈正青春脚步，谱写青春之歌"的自我教育系列主题活动。请家长们监督，请老师作诤友，同学们手携手，规范自我、提升自我、超越自我，前进的路上我们一起走！昨天，年少不更事，也许我们曾经有过失误；今天，已渐渐读懂日落的含义，明天，做一个懂得珍惜拥有的人，面朝大海，春暖花开！

——×年级×班班委

今天我们的主题是"用阳光的心境迎接'花开'的季节"。请先看第一幕：朗诵诗歌。

《青春之歌》，朗诵者：×××。

2. 朗诵诗歌

走进青春，你就走进了人生最美好的季节；走进青春，你就走进了世间最迷人的驿站。青春，是诗是酒是音乐；青春，是花是火是激情。走进青春，冰雪便在我们的肌肤上融化，不再结冰；走进青春，情感便在我们的企盼中驻扎，不再漂泊。一样的梦，走进同样的青春。像天上的彩虹，有人已经经过，有人正在前行。你看到了，潮起又潮落，花谢又花开，冰冻又冰融，而你却以微笑去迎接这新奇的世界——你已走进了青春。

主持人小结：走进青春，年轻的心充满激荡，每一个人的生活道路都不可能是一条笔直、宽阔、平坦的大道，总是布满坎坷与荆棘。伴随着环境外来因素的影响，我们人的情绪也跟天气一样，有时高兴，有时愤怒，有时难过，等等……情绪是多彩而变化的。让我们学会调适自己心理，在碰到挫折与困难时，稳定自己的情绪，让青春在我们深邃而悠长的目光中得到永恒。

请进入第二幕：用阳光的心境迎接"花开"的季节。

（二）感受青春

1. 讨论交流

大家在平时碰到许多事，有些事使你很开心，有些事使你很难过，请同学诉说发生在自己身上的事吧，你是用怎样的心态对待的？

（学生自由发言）

主持人小结：五彩的情绪给我们不同的感受，花季中的我们正处于长身体、心理成熟的关键时期，我们不要做林黛玉，花落也葬花，郁郁寡欢；我们应学习海迪姐姐，以三分之一肢体与病魔抗争，自强不息，锐意进取，成为青年的楷模；我们应学习桑兰，面对现实，微笑人生。

2. 通过刚刚同学们的发言，我们自己总结，我们到底应如何正确调整自己的情绪？

（1）对自己和他人的期望不宜过高，要有一个合理的期望值，学会换位思考。

（2）乐意帮助别人，帮助别人可以确定自己存在的价值，获得珍贵的友谊，能使自己心境很愉快，甚至使自己忘却烦恼。

（3）学会情绪的自我调节。青少年应该用理智调节情绪，经常保持清醒的头脑，用理智来主动自如地控制、支配自己的情绪，不做情绪的奴隶，而做情绪的主人。遇到情绪波动时，应该考虑自己的情绪反应是否合理和适度，借以培养对情绪刺激的容忍度，这有助于控制调节情绪。

（4）微笑人生，经常保持愉快的情绪。一个胸怀开阔的人，不愉快的情绪总是比较少，这是因为他们正视现实，不太计较个人得失，并把名利地位看得淡薄。他们与人相处，有理也让人，只要不影响大局，小事不斤斤计较，因而容易避开种种不愉快的干扰。

（5）改变不良性格，乐观自信，坚毅，勇于面对困难。有些性格易导致不良情绪，如忧郁性格的人易情绪低落，焦虑性格的人易产生焦虑情绪，爆发型性格的人易产生激情，分裂型性格的人易产生情感淡漠，等等。因而要努力改变不良性格，培养自己开朗、活泼、灵活、有一定自制力的良好性格。另外还要交几位良师益友，增添几种高雅爱好，参加几次公益活动，多几份道德储蓄等。

(三) 青春感言

(×××同学用自己的文章表达心声)

主持人小结：青春期是人生最美好的时期，是世界观、人生观初步形成的时期。所以，在此阶段，每个人必须建立自己积极向上的人生态度，塑造自己良好的品质。青春期是学习的最佳年龄，是人的记忆力、想象力、创造力等方面发展的最佳时期，所以每个人必须养成热爱读书、勤于思考、勇于创造的习惯。青春期是人的身体发育最快的时期，望你们注意锻炼身体，拥有强健的体魄。青春期是最危险的时期，因为你们还没有形成明辨是非的能力，缺乏理智的思维，易受社会上不良习气的干扰和引诱。因而凡事一定要冷静，不可意气用事。

(四) 同唱青春之歌《青春纪念册》

(五) 青春寄语

1. 家长寄语

(1) 邀请参加班会的家长发言。

(2) 部分家长班会课前通过其他方式送来的青春寄语。（主持人读）

青春不仅是一段时间，是连上帝都羡慕的一笔财富。它不是你可以任意挥霍的人生岁月，而是一种力量，一种激情，一种智慧，你的人生将因为青春之美而更加精彩！

——×××家长

生命应是一场平凡而精彩的演出，青春是人生最绚丽的一幕，希望你们把握好青春的大好时光，努力为理想而奋斗！

——×××家长

青春，不只是人生的一个时期，而是一种心态，青春不是人生的驿站，而是一次旅行。空灵的梦越过心镜，那是青春的理想。青春没有回程票，只有向前永不停息的脚步。当奋斗的意念始终充盈着你年轻的心灵，那就说明你青春永驻了！

——×××家长

青春是多彩的，青春是浪漫的，青春也是人生的十字路口，也是你选择人生道路的真正起点。为了使你的青春永恒，为了使你的人生更加美好，为了使你的人生更有价值，请你珍惜每一秒的青春时代！

——×××家长

2. 班主任寄语

当你们迈入青春的门槛时，每个人一定都在勾勒自己美好的未来。老师衷心地祝愿青春岁月能成为你们人生最亮丽的一道风景。用你们青春的活力点燃智慧的火花，让青春在奋斗中度过，在充实中度过。希望每个人在回首青春时，留给自己的，是满心的收获。你的执着，你的勤奋，你的努力，都成为你终生骄傲的资本。没有了悔恨，没有了遗憾，因为你为自己付出过！

留给别人的，是美好的一点一滴。你的热情，你的善良，你的诚实，都成为朋友们永恒的记忆！没有了猜测，没有了自私，因为你为别人付出过！希望每个人用一颗友善、宽容、平和的心去对待我们的生活，无论辉煌也好，平淡也好，只要我们曾经共同拥有过！

愿你们在青春的岁月里，一路相伴，一路同歌！

（六）青春誓言

全班同学站起来，举起右手宣誓：

走进青春，我们一定会珍惜大好年华，努力学习，完善自我。做一个勤奋乐观、健康诚信、积极向上，热爱生活，富有爱心，明辨是非的青年！

我们团结，我们进步，我们互爱。让班级因为我们的存在而精彩！让生活因为我们的存在而绚丽！

青春无悔！无悔青春！

主持人男：让时间记忆我们青春的誓言！

让我们在青春的岁月里同歌！

主持人女：就让我们携起手来说一声："青春，万岁！"这期的主题班会到此结束。

主题班会活动设计方案第三篇：[①]

<h3 style="text-align:center">"传递爱心，共享幸福"主题班会设计</h3>

一、背景分析

微博上有这么一段话：如果父母不养我们，不供我们读书，这么多年来，他们赚的钱已经可以环游世界。"树欲静而风不止，子欲养而亲不待"，在我们成长的年华里，父母的双鬓已渐渐发白，光阴荏苒，韶华易逝，此时不感恩，更待何时？

本班有学生××人，大多是独生子女。因此，在家庭中父母宠溺，形成自我中心意识，不懂得与人分享，认为父母的付出是理所当然的，感恩的意识淡薄。故此，召开本次班会，教会他们做人。通过进行感恩教育引导学生反思、体会和感受父母的养育之恩，表达对父母的感恩之情，思索对父母的报恩之举，在日常学习生活中体现报恩之行。让学生从感恩父母开始，学会关心身边的人，关心周遭的世界，进而关心整个人类，始终保持一颗感恩的心。

二、设计理念

用主题班会的形式，采用贴近学生实际体会的事例、生动的多媒体展示去触动学生的内心世界，形成情感上的共鸣，达到教育目的。

通过回忆日常的点滴，唤醒学生麻木的心灵，让他们心怀感恩，变得勇敢与坚强，理

[①] http://www.banzhuren.cn/zhutibanhui/278293.html.

解和体谅父母，让感恩的行动在生活中传递下去，然后将对父母的感恩引申向整个社会。心怀感恩之情，对别人、对事物、对环境，少一份挑剔，多一份欣赏和感激。

三、教育目标

（1）让学生理解父母、老师、同学对自己的爱，体验爱的圣洁、无私和伟大。

（2）让学生学会理解、报答父母、老师、同学，以实际的行动报答他们。

（3）提高学生听、说、读、写等语言表达能力。

四、活动过程

（一）课前准备

（1）制作好班会活动所需的音乐，营造气氛。

（2）收集学生成长经历中的一些感恩事件。

（3）学生制作礼物送给自己的爸爸妈妈。

（二）开始阶段

班主任：同学们，现在我宣布"传递爱心，共享幸福"主题班会现在开始！有请我们的两位主持人！（学生鼓掌）

主持人1：草木为了感激春的到来吐露新芽；

主持人2：鲜花为了感激夏的到来竞相开放；

主持人1：硕果为了感激秋的到来挂满枝头；

支持人2：雪花为了感激冬的到来漫天轻舞。

主持人1：自然界尚且如此感恩，

主持人2：人更应具有仁爱之心。

主持人（合）：展开一张叫情感的纸，提起一支叫爱心的笔，让我们一起——传递爱心，共享幸福！

（三）活动阶段

1. 故事感受爱

主持人1：首先，让我们来欣赏精彩的《老鼠报恩》的故事。（课件播放故事）

主持人2：请同学们看大屏幕，带着问题听故事。（大屏幕展示问题）

主持人1：听了这个故事，你知道了什么？明白了什么？有请我们的小记者采访一下吧！（小记者随机采访学生）

2. 说出你的幸福

主持人1：是啊！感恩不仅仅是感谢帮助过自己的人，同时也要给予那些需要帮助的人。没有父母的养育之恩，我们何以成人；没有老师的教诲之恩，我们何以成材；没有朋友的友爱之恩，我们何以快乐；没有大自然的赐予之恩，我们何以雨露……我们的成长，时时接受着各方面的恩赐。在成长的历程中一定有许多事情让你感动吧？同学们，敞开你的心扉，说出你的感动，让我们一起来分享你的幸福吧！（大屏幕展示：让我们共同来分享你成长中的感动和幸福吧！）

（学生畅谈自己在成长中的感动和幸福）

3. 感恩父母

主持人1：其实，生活中能令我们感动的事情、场面很多，很多，只要用心去体会，就能真切感受到。

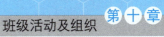

主持人2：是谁，把我们带到这美丽的世界？是谁，给了我生命全部的爱，又在我耳边轻轻说了声"你不用回报"，是谁把一切的爱都化为甘露，无声孕育了一方新绿？——是我慈爱的父亲、母亲。

主持人1：母亲，你是一缕春风，时时刻刻地抚慰着我，浸润着我！你用那金色的摇篮，编织我人生路上的云霞，你用一根根五彩线，绣出我青春锦绣年华。母爱化作和煦春风，伴随我走遍海角天涯。

主持人2：父亲，你是一缕阳光，丝丝缕缕地包裹着我，温暖着我，父亲是高山，我是高山上的一棵松柏，千万年巨树参天，根脉却深深地扎在你博大的胸怀！

主持人1：我要把最美的鲜花献给你，把最好的祝福献给你，把最深情的歌儿献给你，把最真挚的爱献给你。感恩不待时，拿出我们的实际行动，向爱我们的人和我们所爱的人传递真情，共同享受幸福吧！

4. 用爱传递爱

（大屏幕展示：你想用什么样的方式来回报社会、他人对我们的关爱，将爱心传递下去呢？）

主持人1：汇报表演，表达爱意。（小记者出场）

小记者1：有请儿歌小组的同学先来谈一谈吧！

（1）儿歌小组：我们班就像一个温暖的大家庭，同学们就像兄弟姐妹一样地生活在一起。我们编了一首儿歌来表达同学之间的情谊。（小组齐诵）

同学们，在一起，
同学习，同游戏，
你帮我呀我帮你，
快快乐乐多欢喜！
好处面前不争抢，
方便面前要谦让，
同学就像亲兄弟，
团结互助多亲密，多亲密！

小记者2：听了你们的儿歌，我的眼前又浮现出我们这个大家庭亲密友爱的一幕幕。同学之间，爱心就是一种帮助，爱心就是一种互助。下面我们看看我们班的百灵鸟——歌唱小组，他们又用什么方式来表达呢？

（2）歌唱小组：我们的妈妈很辛苦，既要工作，又要关心我们的身体和学习，岁月和艰辛已经让妈妈变得很苍老。所以我们要用一首歌《妈妈格桑那》来献给天下伟大的妈妈们。

小记者1：是呀，妈妈在我们的心里永远是最美丽的童话，你们看智慧小组也跃跃欲试，来，请他们来谈谈吧！

（3）智慧小组：我们小组归纳了一下我们的想法，下面我们来说说。

观点1：大家好，才是真的好，心存感恩，共同分享成与败、得与失，我们应该团结协作，共同进步，与人为善，助人为乐。

观点2：人与人之间是平等的，我们应该平等面谈、对话、沟通、认同、理解、尊重，我离不开你，你也离不开我，大家和谐相处，相互之间要有一颗感恩的心。

观点3：感恩成功，更感恩失败。成长的路上崎岖坎坷，我们应该百折不挠，自强不息，在挫折与竞争中成长，在鲜花与掌声中成熟。

小记者：他们归纳得多好啊，要感恩首先应有良好的心态，只有这样，我们的感恩才能落到实处。

5. 用爱缔造幸福

主持人1：俗话说"点滴之恩，当涌泉相报"。虽然我们不是都能做到涌泉相报，但起码应该有报恩之心，用爱心缔造幸福。

主持人2：不要把父母的养育视为当然，不要把老师的培养看作应该，当一个人拥有感恩之心的时候，他会因为别人为自己的付出而感动，感动之余，他会以实际行动来报答。

主持人1：同学们，此时此刻，你一定非常感动，有许多话想说，让我们大声地说出来吧！

主持人2：我感谢我的父母，感谢我的老师，感谢我的同学，感谢他们给了我绚丽多彩的人生，感谢他们让我拥有一颗热忱、感恩的心！让我们用最美妙的歌声，最优美的手语献给我爱的人和爱我的人们。让我们高唱这支《感恩的心》！

（歌声响起《感恩的心》，全班一起唱，做手语）

（四）结束阶段

班主任总结：同学们，今天我们的主题班会开得非常成功。正如歌中所唱的"只要人人献出一点爱，世界将变成美好的人间"。让我们从现在做起，从身边的小事做起，心怀感恩，传递爱心，共享幸福。

（音乐再次响起，在歌声《感恩的心》中，主持人宣布活动结束）

五、活动延伸

主题班会开得很成功，效果也很好。但为了巩固教育成果，使感恩观念深入学生头脑，使其成为学生的一种习惯，又采用了以下方法：写出对主题班会的感受，并在学生中进行交流，将好的作品进行展览；开展了一次"传递爱心，从我做起"的演讲比赛。当然，感恩，这一教育话题是需要一个长期的、坚持不懈的过程，需要每一位老师、每一位家长的参与，只有这样才能让感恩教育走得长远。

自开展主题班会后，班级的凝聚力、亲和力有了明显的改善，班级日常量化管理成绩提高明显；学生学习的积极性有了明显的高涨；班主任与家长的有效沟通、后进生的转化工作等都比较顺畅。

第三节　校外资源的整合与利用

班级作为学校最小的行政单位，是对学生实施学校德育的重要场所。因此，班级的建设将影响到学校德育的效果。[①] 班级建设的外部环境（即德育环境）决定着学校德育和班级建设的开展。德育环境是影响人的品德形成和发展的各种因素的总和。它是一个非常复杂的社会系统，从不同的角度可以有不同的划分。在学校德育中通常从学生的活动范围角

---

① 王桂艳. 德育与班级管理［M］. 北京：北京师范大学出版社，2015：129.

度进行划分，可分为学校环境、家庭环境、社会环境。

校外教育资源主要来自社会和家庭两个方面。学生班级活动，包括一些主题班会等能否顺利、高效地进行，与校外教育资源息息相关。因此，教师尤其是班主任应充分利用校外教育资源，搞好班级活动。

一、学校与社会的协调

现代社会的学校教育中，广泛的社会资源是实现资源整合的重要保证。学校与社会协调，整合社会教育资源，具体可归结为以下两种形式：

（一）依托社区的教育委员会[①]

社区教育委员会是在当地政府领导下，对学校实行教育行政领导与管理的组织机构。班主任可以主动邀请委员会以多种形式指导并参加班级的某些活动，减少学校与社会之间的屏障，拉近学生与社会的距离，促进学生的社会化发展。

（二）建立校外教育基地[②]

各种校外教育基地主要是指少年宫、少年科技馆、博物馆、各种业余学校等。这些机构在一定程度上弥补了学校教育的不足，在培养学生的兴趣、爱好和特长等方面发挥着重要的作用，为学生营造了健康愉悦的校外活动环境。

二、学校与家庭的协调

家庭教育的任务和学校教育的任务是一致的，都是培养学生成为德智体美劳全面发展的人。[③] 这一任务的完成，需要家庭和学校配合对学生进行教育。

学校与学生家庭的联系方式（家校合作的途径）主要有以下几种：

（一）家校互访

家校互访有教师家访和家长访校两种方式。

教师家访是传统而有效的途径，是指教师走入学生家庭，观察了解学生的家庭环境，与家长共同研讨学生的教育问题。教师实施家访要有计划性、针对性、面向全体学生；要尊重家长和学生的自尊心，讲究谈话艺术，切忌告状式、命令式、训斥式家访。

家长访校是现代教育中应该推广的途径，是指家长到学校观察学习教师的教育活动，从而提高家庭教育水平。

（二）家校通信

以纸笔为媒介的通信是一种值得保留和拓展的家校联络沟通的途径。同时，现代通信也是应该被提倡的家校沟通新途径，如"家校热线电话""校园网站""社区网站""QQ""微信"等。

（三）举办家长学校

家长学校通常由学校举办，是家长系统地学习教育基础知识、交流教育经验、研究子

---

① 中公教育教师资格考试研究院. 教育知识与能力［M］. 北京：世界图书出版公司，2020：346.
② 同①348.
③ 同①341.

女教育问题的场所，应大力倡导、普遍开办。由专业研究人员、教师、家长参加的家庭教育研究会，是家长学校的特殊形式。

（四）建立家长委员会

学校可建立家长委员会作为常设机构。家长委员会由学校主要领导牵头，由学校内各方面有代表性的、社会上有一定威望的家长作为成员组成。家长委员会的任务是听取学校的工作报告；研究学校对家庭教育的意见和要求，协助家长改进家庭教育工作；向学校反映家长的意见和要求；发动家长帮助学校开发课程资源，改善办学条件，执行教育教学计划。

（五）召开家长会议

学校和班主任可根据需要召开全校或各年级、班级的家长会。家长会不宜过多，开会时间不宜太长，其主要内容是向家长报告学校工作（或年级、班级）计划、工作情况及对家长的要求；听取家长对学校和班级的批评和建议；组织家长交流教育经验等。

（六）举办家长沙龙

家长沙龙是以家长为主体、以学生学习成长为中心、以教师及专家学者为咨询指导的，旨在提高家长教育素养、提升教育理念、转变传统教育观念，实现以家庭教育为突破口，最终形成教育合力的一种形式。

 思考题

1. 如何理解班级活动的内涵？
2. 组织班级活动应遵循哪些基本原则？
3. 班级活动培养和提升学生哪些能力素质？
4. 主题班会的教育功能如何体现？
5. 根据中小学教育教学实践，设计一次主题班会。
6. 如何协调学校与家庭环境的关系？

第三篇 中学生心理辅导

第十一章 中学生的心理健康

学习目标

1. 了解心理健康的概念；
2. 了解学校实施心理健康的途径；
3. 重点掌握中学生的心理发展特点；
4. 重点学习中学生常见心理障碍的定义、具体表现及典型案例。

本章知识结构图

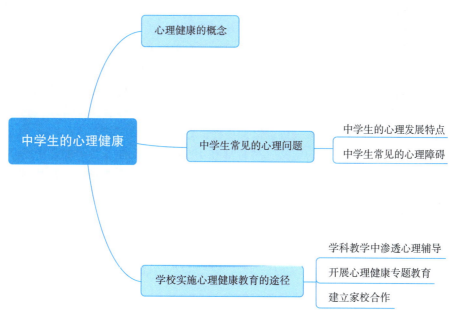

第一节　心理健康的概念

20世纪40年代，在第三届国际心理卫生大会上对于心理健康概念进行了界定，心理健康指在与个人的身心、情感和其他的心理健康活动不相冲突的区域内，使个人心理发展呈正常状况。世界卫生组织认为心理健康不单单是指毫无心灵疾患，对个人经济社会生活能正常适应性，还包括个体性格的健全发展和个人心理潜能的发挥，也指在一定的客观条件下将个人心理发展为良性状态。由此可见，健康应包括生理、心理和社会适应等方面。一个健康的人，既要有健康的身体，还要有健康的心理和行为；只有当一个人身体、心理和社会适应都处在一种良好状态时，才是真正的健康。

目前，心理健康并没有标准的定义，国内外学者基于不同视角加以阐述。第三届国际心理卫生大会提出心理健康是在身体智能以及情感上与他人心理不相矛盾的范围内，将个人的心境发展到最佳的状态。心理学家英格里希（H. B. English）认为：心理健康是一种持续的心理状态，个体在这种状态下能作出良好的适应，具有生命的活力，且能充分发展其身心的潜能。社会学家波孟（W. W. Boehm）认为心理健康就是合乎某一水平的社会行为，一方面能为社会所接受，另一方面能为本身带来快乐。钱萍认为心理健康应有满意的心境、和谐的人际关系、人格完整、个人与社会协调、情绪稳定。张厚粲强调个体心理状态具有的比较稳定能力、同一性、完善与协调能力等的个人心理特点。叶一舵认为心理健康作为一个心理机能状态，其最终的规定性是指个人与其所面临的社会内外环境，能否保持在一个相对正常和良好的适应状态。

综合国内外的论述，可以发现大多数学者都强调个体内部的协调和外部的适应，都视心理健康为一种内外协调的心理功能状态。另外，在理解心理健康的含义时，还应注意到心理健康有广义和狭义之分。广义的心理健康是指一种高效而满意的、持续的心理状态；狭义的心理健康，指人的基本心理活动的过程与内容完整协调一致，即认知、情感、意志、行为、人格完整和协调。基于以上观点，心理健康是指个体在适应环境的过程中，生理、心理和社会性方面达到协调一致，保持一种良好的心理功能状态。

对于中小学心理健康教育的定义，教育部在1999年发布的《关于加强中小学生心理健康教育的若干意见》中明确对心理健康教育进行了定义：针对中小学生的生理、心理发展特征，利用有关教学方式和技术手段，以培育中小学生良好的心理素质，提高中小学生身心健康全面和谐发展和学生整体素质全面提高的德育活动。

第二节　中学生常见的心理问题

一、中学生的心理发展特点

心理发展是指个体从出生、成熟、衰老直到死亡的整个生命进程中所发生的一系列心理变化。中学生心理发展特点具体如下：

（一）生理变化对心理活动的影响

随着青春期的到来，青少年在生理上出现了急剧的变化，这必然给他们的心理活动带来巨大影响。这种影响主要来自两方面：首先，由于青少年身体外形的变化，使他们产生了成人感，在心理上他们也希望尽快进入成人世界，希望尽快摆脱童年的一切，寻找到一种全新的行为准则，扮演一个全新的社会角色，获得一种全新的社会评价，重新体会人生的意义。但是，就在这种新的追求中，他们会产生种种困惑。其次，由于性的成熟，青少年对异性产生了好奇和兴趣，萌发了与性相联系的一些新的情绪体验，滋生了对性的渴望，但又不能公开表现这种愿望和情绪。因此，他们常会感受到一种强烈的冲击和压抑。

（二）心理上成熟性与幼稚性的矛盾

青春期少年的心理活动往往处于矛盾状态，其心理水平呈现半成熟、半幼稚性。其成熟性主要表现为他们产生了对成熟的强烈追求和感受，这来自身体的快速发育及性的成熟。在这种感受的作用下，他们在对人、对事的态度，情绪情感的表达方式以及行为的内容和方向等方面都发生了明显的变化，同时也渴望社会、学校和家长能给予他们成人式的信任和尊重。其幼稚性主要表现在认知能力、思维方式、人格特点及社会经验上。青少年的思维虽然已经是以抽象逻辑思维为主要形式，但水平还较低，处于经验型向理论型过渡的时期。由于辩证思维刚刚开始萌发，所以他们在思维方法上仍带有很大的片面性及表面性，在人格特点上还缺乏成人那种深刻而稳定的情绪体验，缺乏承受压力、克服困难的意志力，社会经验也十分欠缺。

由于中学生心理上的成熟性及幼稚性并存，所以表现出种种心理冲突和矛盾，具有明显的不平衡性。

1. 反抗性与依赖性

进入青春期的个体产生了强烈的独立意识，他们对一切都表现出不愿顺从，不愿听取父母、教师及其他成人的意见。在学校中，有些中学生不听从教师的教导，在生活中，他们从穿衣戴帽到对人对事的看法，都经常处于一种与成人相抵触的情绪状态中。

但是，他们内心并没有完全摆脱对父母的依赖，只是依赖的方式较过去有所变化。童年期，对父母的依赖更多的是在情感和生活上。青春期，对父母的依赖则表现为希望从父母那里得到精神上的理解、支持和保护。

2. 闭锁性与开放性

进入青春期的个体渐渐将自己内心封闭起来，不愿和他人分享自己的内心想法。虽然他们的心理生活丰富了，但表露于外的东西却减少了，加之对外界的不信任和不满意，又加重了这种闭锁的程度。

但与此同时，他们常常感到孤独和寂寞，希望有人可以理解和关心自己。他们不断寻找朋友，一旦找到，就会推心置腹、毫无保留。因此，青春期少年在表现出闭锁的同时，又表现出很明显的开放性。

3. 勇敢与怯懦

在某些情况下，青春期的少年似乎能表现出强烈的勇敢精神，此阶段的勇敢带有莽撞和冒失的成分，具有初生牛犊不怕虎的特点。这是因为：首先他们在思想上很少受条条框框的限制和束缚，在主观意识中没有过多顾虑，常能果断地采取某些行动；其次，他们在认识能力上的局限性，使其经常不能立刻辨析出某一危险情景。

但在某些情况下，青少年又常常表现得比较怯懦。例如，在公众场合表现为羞羞答答，不够坦诚和从容，未说话先脸红等情况也是常见的。这种行为上的局促与青少年缺少生活经验以及青少年阶段所特有的心理状态是分不开的。

4. 高傲与自卑

由于青春期的个体自我认知还未完善，很难对自己做出一个全面而恰当的评价，常常凭借一时的感觉对自己轻下结论，这样就导致他们对自己的自信程度把握不当。会因为几次甚至一次偶然的成功，就让他们认为自己是一个非常优秀的人才而沾沾自喜；也会因为几次偶然的失利，使得他们认为自己无能透顶而极度自卑。在青春期的同一个体身上，这两种情绪往往交替出现。

5. 否定童年与眷恋童年

进入青春期的少年，随着生理的发育成熟，成人意识越发明显。他们认为自己的一切行为都应该与儿童时期的表现区分开来，力图从各个方面对自己的童年加以否定，从兴趣爱好到人际交往方式，再到对问题的看法，他们都想抹掉过去的痕迹，期望在生活的各个方面表现出一种全新的姿态。

但在否定童年的同时，这些少年的内心又表现出对自己童年的眷恋。他们留恋童年时那种无忧无虑的心态，留恋童年那种简单明了的行为方式及宣泄情绪的方法，尤其当他们面临新的生活和学习任务感到惶恐的时候，特别希望仍能像小时候那样，得到父母的关照。

随着社会的高速发展，生活节奏日益加快，人们所承受的压力愈来愈大，各类心理问题也接踵而至，特别是针对中小学生，面临沉重的学习压力和强烈的社会竞争环境，加之他们身心发展还未成熟，缺乏缓解压力的技巧，还未形成正确的认知，在中小学生中出现各种心理问题现象日益频率、日益严重。中小学生的心理健康影响个体未来发展，同样也关系国家未来的兴盛。2012年修订的《中小学心理健康教育指导纲要》强调，中小学学校心理健康工作的开展，是培养中小学生心理素质、推进其身心和谐发展的素质教育工程，是深入完善和提高中小学校德育管理工作、推进素质培养的重中之重。在中小学校进行身心健康教育，是对中小学学生身心发展的要求，是中小学校全面开展素质培养的必然需要。对中小学生开展健康教育是现代教学的必然需要，同时也是全体教育者所面对的一个迫切任务。因此，学校应重视中学生的身心健康，为中学生的身心健康保驾护航。

二、中学生常见的心理障碍

世界卫生组织2005年的报告提出，在发达及少数发展中国家的流行病学调查中，儿童青少年心理障碍的患病率已经高达12%~29%。2005年中国青少年研究中心和共青团中央联合发布了一份《中国青年发展报告》，报告中提到：在17岁以下的儿童青少年中，大约3000万人受到各种情绪障碍和行为问题的困扰。其中，中小学生心理障碍患病率为21.6%~32.0%，且有上升的趋势。中小学生精神障碍突出表现为人际关系、情绪稳定性和学习适应方面的问题。2004年中国疾病预防控制中心提供的数据显示，在校学生网络成瘾日益成为引起人们关注的问题。《2009年和2020年青少年心理健康状况的年际演变》显示：抑郁检出率与10余年前相当，2020年青少年的抑郁检出率为24.6%，其中，轻度抑郁的检出率为17.2%，高出2009年0.4个百分点。重度抑郁为7.4%，与2009年保持一致。抑郁随着年级的升高而升高，小学阶段的抑郁检出率为一成左右，重度抑郁检出率为1.9%~3.3%，初中阶段的抑郁检出率约为三成，重度抑郁检出率为7.6%~8.6%。高中阶段的抑郁检出率接近四成，重度抑郁检出率为10.9%~12.5%。上述数据表明，关注中学生心理问题尤为重要。

中学生常见的心理障碍主要表现为：

（一）焦虑症

1. 焦虑症的概念

焦虑是一种内心紧张不安、预感到似乎将要发生某种不利情况而又难于应付的不愉快情绪。焦虑是由紧张、不安、焦急、忧虑、恐惧交织而成的一种情绪状态，同时也是焦虑症、抑郁症、强迫症、恐惧症等各种神经症的共同特征。

2. 焦虑症的主要表现

焦虑症主要表现为紧张不安、忧心忡忡、注意力无法集中、极端敏感、对轻微刺激容易做出过度反应，在面临抉择时常常犹豫不决；在躯体症状方面，表现为心跳加快、过度出汗、肌肉持续性紧张、尿频尿急、睡眠障碍等不适反应。

中学生常见的焦虑反应是考试焦虑。考试焦虑是在一定的应试情境下激发的，在家庭、学校的压力以及考生自身的生理心理等主客观因素的共同作用下形成的，以对考试结果担忧为特征，以防御或逃避为行为方式的负性情绪反应。学生产生焦虑的原因主要有升学的压力，家长过高的期望，学生个人的好胜心理、学业的失败体验等，以及容易诱发焦虑反应的人格基础，如遇事易紧张、胆怯，对困难情境做过高估计，对身体的轻微不适过分关注，在遇到挫折与失败时过分自责等。

考试焦虑的常见表现：随着考试临近，心情极度紧张；考试时不能集中注意，知觉范围变窄，思维刻板，情绪慌乱，无法发挥正常水平；考试后持久地不能放松下来。

小坤平时学习刻苦努力，成绩一直很好，最近班主任发现小坤成绩波动很大，通过交谈得知他心理压力十分沉重，尤其是进入初三，学校、家庭要求变高，总怕自己考不上重点高中。每次考试前一天他就开始紧张，怕考不好，总是复习到很晚，考前经常失眠。考试当天进入教室，手不停发抖、出汗、心慌，总想上厕所。一拿到试卷，大脑一片空白，明明会的东西也全都忘光了。

3. 考试焦虑的辅导方法

为防止考试焦虑发生，学校咨询人员及班主任可以通过一些早期干预措施，如对学生集体进行指导，讲授自我放松、缓解紧张的方法等进行早期干预。同时，采用肌肉放松、系统脱敏等方法，运用自助性认知矫正程序，指导学生在考试中使用正向的自我对话，如"我能应付这个考试""成绩并不重要，学会才是重要的""无论考试的结果如何，都将不会是最后一次"等，这些方法对于缓解学生的考试焦虑都有较好的效果。

（二）恐惧症

1. 恐惧症的概念

恐惧症是指对于特定事物或处境具有强烈的恐惧情绪，个体采用回避行为，并有焦虑症状和植物性神经功能障碍的一类心理障碍。

2. 恐惧症的主要表现

（1）社交恐惧症。社交恐惧症指对一种或多种人际处境存在持久的强烈恐惧和回避行为。具体表现为：个体常常表现为心慌、害怕、焦虑等，严重者甚至在极度紧张时出现休克现象；在认知方面，特别注意自己的表情和行为，并对自己的评价过低，害怕别人评价自己；拒绝参加各类聚会，回避所有的公众场合。

新学期开始，班主任让每位同学上台进行自我介绍，轮到小海的时候，小海犹豫了很久，慢吞吞地走上了讲台，双脸通红，一句话也说不出来，紧张地跑出了教室。班主任之后与小海交谈，得知小海性格特别内向，从不参加任何聚会，几乎没有朋友，最怕在学校外面遇见同学或老师，他不知道该不该打招呼，他觉得自己打招呼时会脸红，别人看见他这样一定会觉得他很蠢。此外，他总是担心在别人面前做出丢脸的事，比如不小心摔倒什么的，他想别人一定会嘲笑他的。

（2）特殊恐惧症。特殊恐惧症又叫单纯恐惧症，指对存在或预期的某种特殊物体或情境的不合理焦虑。最常见的恐惧对象包括某些动物、昆虫、黑暗、出血等。具体表现为：个体通常会回避恐怖情境，在接触特殊的恐怖对象和场合时感到焦虑，甚至出现惊恐发作，同时伴随心跳加快、出汗、头晕等；在见到血液或受外伤时，会出现心跳和血压下降，并伴随恶心、头晕或晕厥。

康康是一名高二的学生，平日性格内向，不善与人交流。当同班同学因值日问题发生争吵时，他心里感到特别难受，即使两名同学被老师劝开了，但他心里好像被什么堵住了一样，头昏目眩，全身发抖。之前也常常发生这样的现象，只要看到别人吵架，即使不熟悉的人，他也会止不住地发抖、胸闷。

除此之外，对于中小学学生更为常见的是学校恐惧症。患有学校恐惧症的人，一进入学校就不由自主地产生一种严重的焦虑和恐惧感，具体表现为：害怕上学，严重者还害怕与学校有关的人或物，如教师、教室等；常常伴随着身体疾病，但一旦允许他们留在家中，这些症状就会消失。原因是学校有让他们感到恐惧的事情。

3. 恐惧症的常用治疗方法

系统脱敏法是治疗恐惧症的常用方法，详细介绍请看第十二章。

（三）抑郁症

1. 抑郁症的概念

抑郁是以痛苦体验为主，并视情况不同而合并诱发愤怒、悲伤、忧愁、自罪感、羞愧等情绪，并对生活感觉悲哀、受挫、无助，对多数活动丧失兴致。

2. 抑郁症的主要表现

抑郁发作的特征表现为：①抑郁心境；②食欲紊乱；③睡眠紊乱；④精力减退；⑤思维困难；⑥在平常的活动中丧失兴趣和乐趣；⑦精神运动性迟缓或激越；⑧无价值感和内疚感；⑨欲死亡或自杀的想法；⑩其他症状。

抑郁有正常与异常之分。抑郁者可能开始是忧郁的，可称为抑郁状态。一般来说，忧郁者如果对自身处境与身体状况有恰当的认识，对自身行为控制与调节符合社会常规，并有足够的自信和自尊，是属于正常的。它不会导致极端行为和人格解体，也不致发生思维的严重障碍。但人处在某种不适宜情境下，长期地经受忧郁的痛苦就可能向病态抑郁转化。如由于过度压力而情绪低落或绝望，失去兴趣而不能进行正常的学习、工作，甚至产生自杀企图等极端意念和行为，就可产生抑郁症。对于中学生抑郁的表现形式是多样的，有些抑郁的中学生可能会垂头丧气、郁郁寡欢、缺乏方向，还有一些抑郁的中学生则表现为桀骜不驯、逃避现实以及一系列反抗父母和老师的行为。

心理学家贝克提出抑郁主要是三组消极认知导致的。一是对自我的消极看法：个体往往认为自己是存在缺陷的、不足的、无价值的；二是对世界的消极看法：个体一般对当前的生活状况是不满的，认为这个世界对他们有不合理的要求，对他们不公平；三是对未来的消极看法：个体认为未来前景黑暗一片。由于这些消极认知，导致悲观情绪，继而引发抑郁。

小张是一名初二的学生，性格内向，不愿与陌生人接触，也很少同学和老师交往，没有关系要好的朋友。他的学习状态较差，注意力不集中，成绩处于末端，他认为自己一无是处，对未来也没有什么期望。近期，他还经常失眠，食欲不振。

3. 抑郁症的治疗方法

对于有抑郁症状的学生，教师应给予他们情感支持和鼓励，让他们做一些力所能及的事情，使他们积极行动起来，从活动中体验到成功与人际交往的乐趣。也可采用认知行为疗法，改变学生已习惯的自贬性思维方式和不恰当的成败归因模式，发展学生对自己、对未来更为积极的看法。对于抑郁症状严重的学生，还可以使其服用抗抑郁的药物以缓解症状。

（四）强迫症

1. 强迫症的概念

强迫症指以反复出现强迫观念和强迫动作为基础特征的一类神经症性障碍。症状严重时，会严重影响患者的工作和生活能力，不及时诊治，病情容易发展。

2. 强迫症的主要表现

（1）强迫观念。强迫观念是强迫症的核心症状，是指反复进入患者意识领域的思想、表象或意向。具体表现为：

①强迫思维：一些字句、话语、观念或信念，反复进入患者意识领域，干扰了正常思维过程，但又无法摆脱；

②强迫表象：反复呈现逼真、形象的内容，令患者难堪或厌恶；

③强迫性恐惧：对自己情绪的恐惧，害怕失去控制、发疯等；

④强迫意向：又称强迫冲动，患者明知是非理性的、荒谬的，甚至是不可能的，努力控制不去做，但其内心的冲动无法摆脱。

（2）强迫行为。强迫行为又称强迫动作，指反复出现的、刻板的仪式化动作，患者感觉到这样做不合理，别人也不会这样做，却不能不做。具体表现为：

①强迫洗涤：常见有强迫洗手、洗衣等；

②强迫检查：反复检查门锁是否锁好、窗户是否关上、电视机是否关上等；

③强迫询问：反复要求他人给予解释、保证；

④强迫计数：反复计台阶数、大楼层数、路边树木数等；

⑤强迫整理：按固定样式或顺序摆放物体，过分要求整齐；

⑥强迫仪式行为：必须按照仪式的程序操作，稍有差错，便从头做起；

⑦强迫性迟缓：过分强调事情的对称性或精确性，导致动作迟缓，并明显影响社会功能。

小赵就读于高二，常常因各种不必要焦虑和担心而感到很困扰，备受煎熬。比如：害怕被电到，不敢靠近任何插电的电器设备；怀疑自己是否忘记带作业去学校，即使不断回忆和确认仍不能安心。从初中起他就表现出很多担心和焦虑，如担心没带钥匙、担心门没锁好，总要反复检查才放心。高中开始演变为对清洁卫生和细菌很在意，如经常担心接触外在环境而感染细菌，不由自主地重复洗手等。

3. 强迫症的治疗方法

（1）森田疗法。森田疗法强调，当事人力图控制强迫症状的努力及这种努力导致的对症状出现的专注和预期，只会对强迫症状起维持和强化作用。因此，为了矫正强迫症状，当事人应放弃控制强迫观念与强迫行为的意图，而采取"顺其自然、为所当为"的态度治疗强迫症状。

（2）行为治疗法。"暴露与阻止反应"是治疗强迫行为的一种有效的方法。例如，让有强迫性洗涤行为的人接触他们害怕的"脏"东西，同时坚决阻止他们想要洗涤的冲动，不允许他们洗涤。

（3）人本疗法。人本疗法提出无条件积极关注当事人，让当事人感受到温暖、信任。

（五）网络成瘾

1. 网络成瘾的概念

网络成瘾指个体反复过度使用网络导致的一种精神行为障碍，表现为对使用网络产生强烈欲望，突然停止或减少使用时会出现烦躁、注意力不集中、睡眠障碍等。网络成瘾又包括网络游戏成瘾、网络色情成瘾、网络关系成瘾、网络信息成瘾、网络交易成瘾等五类。

2. 网络成瘾的主要表现

中国互联网信息中心（CNNIC）2021年6月公布的数据统计报告显示：我国网民规模为10.11亿人，互联网普及率达71.6%。19岁以下群体上网人数占比15.6%。2021年，共青团中央维护青少年权益部、中国互联网络信息中心、中国青少年新媒体协会7月20日在京联合举办"网络保护·守护成长"主题研讨会，发布的《2020年全国未成年人互联网使用情况研究报告》显示：2020年，我国未成年网民达到1.83亿人，互联网普及率为94.9%，比2019年提升1.8个百分点，高于全国互联网普及率（70.4%）。超过三分之一的小学生在学龄前就开始使用互联网，而且呈逐年上升趋势，随着数字时代发展，孩子们首次触网的年龄越来越小。

2013年5月出版的DSM-V中的网络游戏成瘾一共九条诊断标准，它来自中国的陶然教授制定的临床诊断标准中的八条症状标准加一条严重程度标准。包括：①渴求症状（对网络使用有强烈的渴求或冲动感）；②戒断症状（易怒、焦虑和悲伤等）；③耐受性（为达到满足感而不断增加使用网络的时间和投入的程度）；④难以停止上网；⑤因游戏而减少了其他兴趣；⑥即使知道后果仍过度游戏；⑦向他人撒谎玩游戏的时间和费用；⑧用游戏来回避现实或缓解负性情绪；⑨玩游戏危害到失去了友谊、工作、教育或就业机会。

青少年网络成瘾的主要表现：无节制地花费大量时间上网，必须通过增加上网时间才能获得满足感；不能上网时感到空虚、失落，不愿与人交流，学业失败，现实人际关系恶化，社会活动减少；还常伴有躯体症状，如头晕、胸闷憋气、心烦、紧张性兴奋、懒散等。

小辉本该和同学一起步入高中生活，然而休学在家已有半年，他无心学习，每天沉迷于网络游戏，只要坐在电脑前便会表现出异常的兴奋，每天至少连续上网七八个小时，甚至无心吃饭。一旦离开电脑，整个人就会出现"戒断症状"，无精打采，全身酸软，哈欠连连，严重的时候还会流鼻涕眼泪，仿佛"毒瘾"发作一般。

3. 网络成瘾的治疗方法

网络成瘾的治疗方法主要包括心理治疗和药物治疗。心理治疗是比较通用和富有成效的方法。以下是几种常用的心理治疗方法：

（1）强化干预法。在网络成瘾的干预中，一旦发现网络成瘾学生上网时间减少，立刻给予奖励、表扬或肯定性评价；一旦发现网络成瘾学生上网时间增加，立即给予适当的处罚。

（2）厌恶干预法。厌恶干预法是指采用惩罚性的厌恶刺激来减少或消除一些不良行为的方法。常用做法包括：

①橡皮圈拉弹法。由网络成瘾学生预先在自己手腕上套上一根橡皮圈，当他坐到电脑前准备上网时，自己用力拉弹手腕上的橡皮圈，使手腕有强烈的疼痛感，从而提醒自己停止上网。也可借助外力，如借助闹钟发出尖利的噪声，来促使自己停止上网。

②厌恶干预。主要是运用图片、影视、舆论等手段，使学生在上网的同时感到来自社会的压力，并在其心理上造成威慑，使其产生畏惧心理，从而戒除网瘾。

③内隐致敏干预，又叫想象性厌恶干预，是指网络成瘾学生通过想象上网的过程和结果，使自己对上网感到厌恶，从而逐步减少上网时间直至戒除网瘾的干预方法。

（3）转移注意法。转移注意法是指学校或班级通过组织各类有意义的文体活动，让网络成瘾学生参与其中，从而转移他们的注意力和降低他们对网络的迷恋程度的干预方法。

（4）替代、延迟满足法。一方面，帮助网络成瘾学生培养替代活动吸引其注意力，并弄清他的上网习惯，然后使其在原来上网的时间里做其他事情；另一方面，了解网络成瘾学生的上网时间，将其上网总时间列表，纳入周计划，在可以控制的前提下，逐步减少学生上网时间，最终实现戒除学生网瘾的目标。

（5）团体辅导法。团体辅导法是指将网络成瘾的学生组成一个团体，由富有经验的老师作为指导者。以团体动力理论为理论基础，综合运用团体咨询的原则和各种方法，使参加团队的成员整体戒除网瘾。

 心理测试

你是否"网络成瘾"？

此测试根据美国心理学家金伯利·扬教授修订的"网络成瘾"诊断标准及问卷进行修订，由 10 个问题构成，被试者在一年中有 4 个及以上问题回答"是"才可被诊断为"网络成瘾"。这 10 个问题是：

(1) 你是否对网络过于关注（如下网以后还想着它）？
(2) 你是否感觉需要不断增加上网时间，才能感到满足？
(3) 你是否难以减少或控制自己对网络的使用？
(4) 当你准备下线或停止使用网络时，你是否感到烦躁不安、无所适从？
(5) 你是否将上网作为摆脱烦恼和缓解不良情绪（如紧张、抑郁和无助）的方法？
(6) 你是否对家人和朋友掩饰自己对网络的着迷程度？
(7) 你是否由于上网影响了自己的学业成绩或朋友关系？
(8) 你是否常常为上网花很多钱？
(9) 你是否在下网时感到无所适从，而一上网就来劲？
(10) 你上网时间是否经常比预计的要长？

（六）神经性厌食症

1. 神经性厌食症的概念

神经性厌食症也可称为厌食症，是一种复杂的进食障碍，患者对肥胖有病态的恐惧，对苗条身材有过分的追求，并出现体像障碍，不断地自发绝食并最终发展为严重的食欲缺乏，通常发病于青春期的过重少女或那些认为自己过重的少女。

神经性厌食症患病率，女性为0.4%，是男性10倍；以青春期及年轻患者为主；运动员、舞蹈工作者、大学生等是高危人群；该病病死率为9.8%，是死亡率最高的精神疾病之一，多见于15~24岁女性；其治愈率为50%，治疗效果不显著及反复发作者约占40%。

2. 神经性厌食症的主要表现

（1）心理和行为障碍。神经性厌食症的核心症状是个体对肥胖的强烈恐惧和追求病理性苗条。厌食症者分为两类：一类是通过节食以减少热量摄入，他们严格限制吃入食物的数量，并且控制热量摄入；另一类是患者要依赖泻出以限制热量摄入。而且，患者通常吃相对较少的东西就会泻出，泻出的方法通常包括自我引吐、滥用泻药、利尿剂等。厌食症者并非真正厌食，而是为了达到所谓的"苗条"而忍饥挨饿，其食欲一直存在。个体为了控制体重、保持苗条的体形而开始节食或减肥。厌食症者也存在对自身体像认知歪曲，过度关注自己的体形和体重，他们眼中的自己和别人眼中的自己是不一样的，尽管在别人眼中，厌食症者是一个非常消瘦、憔悴的人，但厌食症者仍坚持认为自己非常肥胖。厌食症者对自身胃肠刺激、躯体感受的认知也表现出异常，否认饥饿，否认疲劳感，对自身的情绪状态如愤怒和压抑亦缺乏正确的认识。

此外，厌食症者可伴有抑郁心境、情绪不稳定、社交退缩、易激怒、失眠、性兴趣减退或缺乏、强迫症状；还表现为过分关注在公共场合进食，常有无能感，过度限制自己主动的情感表达，或者为了向他人证明自己的饮食是正常的，会在他人面前表现出对事物特别感兴趣。

（2）生理障碍。厌食症者长期处于饥饿状态，由于能量摄入不足而产生营养不良，导致机体出现各种功能障碍，其营养不良导致的躯体并发症累及全身各个系统，症状的严重程度与营养状况密切相关。常见症状有：畏寒，便秘、胃胀、恶心、呕吐、嗳气等胃肠道症状，疲乏无力、眩晕、晕厥、心慌、心悸、气短、胸痛、头昏眼花、停经、性欲减低、不孕、睡眠质量下降、早醒。

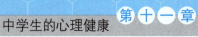

关于个体是否患有厌食症的诊断标准主要体现在三个方面：第一、需要基于个体的年龄、性别、发育轨迹和身体健康的背景进行判断，厌食症者会限制能量的摄取而导致显著的低体重；第二、即使个体的体重明显低于同龄人，但仍然强烈害怕体重增加或变胖，或有持续的影响体重增加的行为；第三、厌食症者往往对自己的体重或体形存在不当、错误的评价，或对目前低体重对自身的影响缺乏认识。

3. 神经性厌食症的治疗方法

（1）认知行为治疗。可以采取多种方法，帮助病人增加体重，以避免临床并发症和死亡的可能，如隔离、陪护，把娱乐作为进食和体重增加的奖励等。此外，长期维持病人第一阶段增加的体重，这是非常困难也是尤为重要的目标。

（2）家庭治疗。父母引导管理青少年进食，在进食和体重稳定后将焦点转为处理影响青少年正常成长而使病情持续的因素，把家庭冲突表面化并使之得以解决。

三、心理问题诊断需要注意的事项

作为一名心理辅导员，需要仔细观察学生，尽早发现学生的异常行为，为学生心理保驾护航。但是需要注意的是，谨慎对学生进行诊断，可以借助相关量表得出更客观化结论，具体事项主要如下：

（1）对青少年的问题正常化，不指责不评判，减少病耻感，避免青少年形成心理问题等同于精神疾病的误区，变得自卑、消极。

（2）符合部分症状但未达到诊断标准的青少年仍需密切关注，此类学生虽然目前情况不严重，有的个体通过自我调节可恢复心理健康，但是有些个体可能会朝着坏的方向发展，从一般问题转变为心理问题。

（3）考虑青少年心理问题的背景因素，如家庭环境、人际关系，以及近期是否有生活应激事件，找出问题背后的真实原因，从根源解决青少年的问题。

（4）避免用症状来标签化青少年。症状的解决需要对青少年问题形成深刻理解和整体把握，同时需要家长、教师、心理老师的一致关心和努力，多方共同努力维护青少年的心理健康。

当学生问题由一般问题向心理障碍转变时，心理辅导老师对于学生的帮助杯水车薪，可将学生转介心理咨询老师或心理治疗师。即使作为一名普通科任教师，对于这些学生，教师的关爱和帮助也尤为重要，给他们提供支持，让他们感受到爱和温暖，有助于促进学生的恢复。

第三节　学校实施心理健康教育的途径

一、学科教学中渗透心理辅导

教师的职责是教书育人，育人的一项关键是关注学生的心理健康。教育部《关于加强中小学心理健康教育的若干意见》明确提出："在学科教学、各项教育活动、班主任工作中，都应注重对学生心理健康的教育。"每一位教师不仅仅是任课教师，同时都是心理辅导师。在教学过程中，应将心理辅导渗透至日常教学中，即教师在教学过程中自觉地、有意识地运用心理学的理论与方法，在向学生传授学科知识，提高课堂学习活动中的认知、情感和行为水平的同时，维护和关注学生的心理健康，促进学生的心理健康。

学科教学渗透心理辅导的目标是学科教学目标与心理辅导目标相互融合，即明确每节课的教学目标，同时包含心理辅导内容。具体目标主要表现为：

1. 激发学习动机

学习动机是直接推动学生学习的一种内部动力，提高学生的学习动机可有效提高学习的积极性。学习动机的激发可分为内部动机与外部动机，内部动机的激发可以从培养学生兴趣与自信心、启发式教学、正确归因、提高学生自我效能感等方面进行；外部动机的激发可利用外在条件，例如教师充分利用反馈信息、科学使用奖罚、妥善处理竞争等。

2. 树立学习自信

自信是成功的一半，自信对于学生学习、个性和未来发展尤为重要。作为教师应信任学生，布置动手实践的任务，相信学生可以发挥个人潜能，迈向自我实现。

3. 实施潜能开发

注重学生的个别差异，以智力为例，基于智力个体发展的速度将智力分为早慧型、一般型和晚成型，教师应平等对待每一位学生，在课堂教学过程中对学生进行潜能训练，挖掘和发现每一位学生的潜能。

4. 养成良好的学习习惯

学习习惯是在学习过程中经过反复练习形成并发展，成为一种个体需要的自动化学习行为方式。良好的学习习惯，有利于激发学生学习的积极性和主动性，提高学习效率，培养学生的创新精神和创造能力。教师应帮助学生形成以学为先、合理安排、善做笔记、敢于质疑、互相学习等习惯。

5. 锻炼人际交往能力

"独学而无友，则孤陋而寡闻"，人际交往可以帮助学生提高对自己的认识以及自己对别人的认识。只有对他人的认识全面，对自己认识深刻，才能得到别人的理解、同情、关怀和帮助，自我完善才可能实现。教师可通过小组作业布置、辩论活动，增强社交交往能力。

6. 塑造乐观、开朗、活泼的性格

英国哲学家培根曾说："性格左右命运。"一个具备良好性格的人能顺利地踏上成功之路，而一个具有糟糕性格的人则会在人生的旅途上羁绊，甚至会坠入失败的深渊。教师在课堂教学过程中应关注学生情绪变化，调动每一位学生，使其逐步养成乐观、开朗、活泼的性格。

二、开展心理健康专题教育

教育部《中小学心理健康教育指导纲要》中指出，心理健康教育的途径和方法是"开设心理健康选修课、活动课或专题讲座。包括心理训练、问题辨析、情境设计、角色扮演、游戏辅导、心理知识讲座等，旨在普及心理健康科学常识，帮助学生掌握一般的心理保健知识，培养良好的心理素质"。

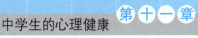

心理健康教育专题教育是根据学生生理心理发展的规律，通过收集学生所存在的问题，运用心理学的教育方法，培养学生良好的心理素质，促进学生整体素质全面提高的教育。中学生常见的心理健康教育专题如下：

1. 自我意识辅导

基于埃里克森的心理社会发展阶段论，中学生阶段需要解决的是自我同一性对角色混乱，即青少年对自身形成正确、客观的评价。青少年阶段尤其是初中生由于认知水平发展不足，常常会形成极端的自我评价。自我意识辅导旨在帮助中学生形成健康的自我意识，以正确的认识自己为基础，提高中学生自我认知的途径包括生活实践、他人评价、与他人比较、内省和心理测量等。

2. 学习心理辅导

学习心理辅导就是要按照学生身心发展的规律和个性特点，创造出一套既能符合学生心理发展在同一水平、接受需求在同一层次的教育方法和策略，让学生和谐地、愉快地学习成长，并通过自我教育、自主发展，开发潜能，完善自我。学习心理辅导的对象包含所有学生，并非单指学习有问题的学生。学习心理辅导既要帮助解决学生在学习中产生的心理问题，又要教会学生学会学习、开发学习潜能、促进学习成功。

3. 人际关系辅导

人际关系是个体与个体之间通过直接交往形成的心理上的关系，可表现为亲密、疏远、敌对、友好等。中学生的人际关系主要包括亲子关系、师生关系、同性关系和异性关系等。人际关系辅导帮助学生学会与父母平等沟通，妥善解决和父母产生的冲突；正确对待教师的表扬与批评，理解教师的工作特点，积极与教师进行有效沟通；形成良好的个性品质，积极主动与同学、朋友交往，运用正确方式与异性交往。

4. 网络成瘾辅导

网络成瘾是指由于过度使用网络而导致明显的心理损害的一种社会现象。其主要特征是：无节制地花费大量时间上网，必须增加上网时间才能获得满足感，不能上网时出现异常情绪体验，学业失败或现实人际关系恶化，向他人说谎以隐瞒自己对网络的迷恋程度，症状反复发作等。网络成瘾辅导的目的是协助网络过度使用者从失序的上网行为与失序的生活中找回次序与平衡。辅导的目标不是戒除上网，而是合理地上网，可以有控制地上网，合理安排上网与非上网的时间，可以将网络世界与真实世界加以统合并达到协调与平衡。

5. 职业生涯辅导

职业生涯辅导指通过正确认识学生身体素质、专长和潜力，同时对个人的局限和自身条件有客观评估，实现人与职业的合理搭配，从而做出恰当的职业选择。中学生职业生涯辅导主要是增进学生的自我认识，客观地自我评价。其次，帮助学生深入了解不同的职业，深入了解是合理选择的重要条件。最后，提升学生的职业选择与决策能力，基于自身特点，理性抉择，达到人职匹配。

三、建立家校合作

家校合作是指家长和学校互助合作，共同推动学生的全面发展以及促进学生的身心健康。在心理健康教育领域中，家校合作就是家庭和学校围绕"帮助学生解决成长过程中的心理问题,促进学生心理素质提高和心理健康发展"这一目标,形成一种相互支持、相互补充的协调关系,从而实现心理健康教育效果的最优化。

家校合作是一个多层次、跨领域的合作模式,它涉及学生学习、生活中的各个领域。具体来说,家校合作可分为三个层次:第一层次,家校双方相互沟通、交流,合作的目的主要是学校得到家长支持,家长在活动中学习有关的教育理论和方法,加强对孩子的教育。在这类活动中,家长是作为"支持者""学习者"的身份参与活动的,合作程度较低,家长的身份较为被动;学校是家长参与的引领者,是家校合作的主导者。这类合作教育活动主要包括家长会、家长学校、家庭教育咨询、家校书面联系和电话联系等。第二层次,人际参与。在这个层次的合作教育中,家长作为学校活动的自愿参与者,自愿为学校提供无偿服务或赞助,帮助学校解决经济上或其他方面的困难,帮助学校对学生进行校外实习指导、特殊技能训练等。这时,家长不仅关注对自己孩子的教育,而且学校的整体教育也成为他考虑的一个部分。我们可以看到,在这一合作层面上,家长要更为积极地参与合作,主动协助和配合学生的教育工作。第三层次,"管理式"的合作。在这种家校合作教育中,家长作为学校教育的决策参与者,参与学校的管理。第三层次可以说是家校合作最能充分发挥作用的一个模式,家长不再是被动地接受和配合,而是能完全主动地参与,是学校决策、管理的一分子,这一层次也是目前我国提倡"家校合作"模式努力的方向和目标。

 原理应用

害怕考试的女生

王某,女,初三学生。自从升入初三后,妈妈要求她一定要考上重点学校。同学们都认为她虽然很聪明,但很高傲,很少与她玩。班主任把她当成班级的主力,给予很高期望。王某自认为理科很好,但最近化学考试都很不理想。她开始怀疑自己的实力,一上化学课就头痛,上课走神,遇到难题更是恐慌,甚至已经影响到其他学科学习,成绩也有所下降。现在只要一想到考试,她的情绪就很烦躁,内心充斥着压抑、迷茫的感觉,且在巨大的精神压力和忧虑情绪下身体也出现食欲不振、失眠、头痛等现象,备受心理挫折的煎熬。她认为现在的自己由于成绩不理想,已经不再是过去那个人人羡慕和喜欢的好学生了,辜负了老师、家长的期望,觉得他们都不再认可、信任自己,为此她羞愧、自责,也担心万一没考上重点学校会引来别人的嘲笑和议论。成绩的持续下滑也让她对前途和未来失去信心,感到茫然无措,觉得自己"糟透了、笨极了",将来终会一事无成。

一、案例分析

王某的表现属于考试焦虑。具体原因表现为:

(1)家庭因素:父母希望王某考上重点学校,对于王某有很高的期望,她很害怕自己辜负了父母的期望,父母不喜欢自己。

(2)期望水平:周围人对于王某的期望水平很高,她也接受这种期望,对自己要求很高。

(3)认知模式:如果她考不好,父母和老师都会对她失望,她认为自己很无能,并以偏概全,将考试结果和未来的前途、命运过于紧密地联系起来。

二、案例治疗

作为教师可以从以下几方面帮助王某降低考试焦虑：

（1）与其家长建立良好的合作关系。有针对性地分析王某因考试焦虑引发的心理问题，分析其性格弱点及其家庭教育中存在的问题，制定合理的辅导方案。

（2）帮助王某调整思维模式，识别非理性信念。在正确认识考试成绩的基础上，帮助王某树立自信心，轻装上阵，消除紧张情绪，克服不良心理反应。

（3）指导其父母给王某卸压降值，客观地分析王某因压力过重、期望值过高带来的行为异常的原因。

（4）指导王某掌握应对考试的方法和技巧，掌握自我放松的操作方法，加强积极的自我暗示，树立良好的自信心，调整学习的心态。

（5）有针对地进行系统脱敏训练。在引发焦虑的考试中及在引发前和过程中进行模拟考试，逐渐减轻考试情境的恐惧和焦虑程度，保持放松状态。

思考题

1. 何为心理健康？
2. 中学生心理发展的特点是什么？
3. 学校实施心理健康的途径有哪些？
4. 如何帮助中学生戒除网络成瘾？
5. 如何理解"任何心理问题或障碍都有积极意义"？

第十二章 学校心理辅导

学习目标

1. 掌握心理辅导、学校心理辅导及相邻概念的含义；
2. 了解学校心理辅导的目标和原则；
3. 重点掌握不同流派在心理辅导中使用的方法和技术；
4. 了解压力产生阶段及挫折的应对方式。

本章知识结构图

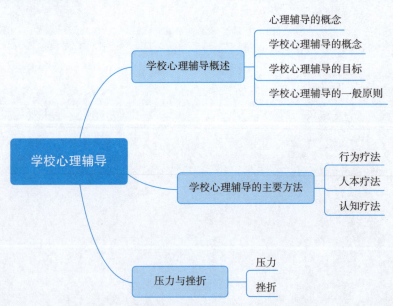

第一节　学校心理辅导概述

一、心理辅导的概念

（一）心理辅导的概念

辅导英文为 guidance，指引导、辅助他人的意思。姜淑梅认为，辅导从狭义上指协助个体自助，从广义上说，辅导是为了促进个人的发展，个体凭借辅导中掌握的技能或方法面对难题和解决难题，全面均衡地发展自身。

心理辅导（psychological guidance）是指在一种新型的建设性的人际关系中，辅导人员运用心理学的知识和技术，协助来访者认识自己、接纳自己，进而欣赏自己，并克服成长的障碍，改变自己的意识和行为倾向，充分发挥个人潜能，迈向自我实现的过程。简而言之，心理辅导是在良好的人际关系中，运用心理学的理论与方法，帮助来访者自立的过程。

张春兴认为心理辅导特征主要包括：①心理辅导是连续不断的历程，人的一生任何阶段均需辅导；②辅导是合作和民主式的协助，根据受辅者的需求而辅导，而非强迫式的指导；③辅导重视个别差异，旨在配合个人条件，辅其自主，导其自立；④辅导的目标是个人与社会兼顾，期待个体在发展中既利于己，也利于人。

（二）心理辅导和相邻概念辨析

心理咨询（psychological counseling）是指正确运用心理学的理论和方法，借助语言、文字等交流媒介，对出现心理适应等方面问题并期望获得解决的咨询对象提供心理救助的过程。咨询目标是在咨询师的支持帮助下，通过共同的讨论，咨询对象能够找出问题的根源，分析症结所在，进而解决问题摆脱困境，调整心理偏差，提高对环境的适应能力，促使身心得到健康发展。

心理治疗（psychotherapy）是在良好的治疗关系的基础上，由经过专业训练的治疗者运用心理治疗的有关理论和技术，对来访者进行帮助的过程，以消除或缓解来访者的问题或障碍，促进其人格向健康、协调的方向发展。

心理健康教育（psychological health education）是根据学生生理、心理发展特点，运用有关心理教育方法和手段，培养学生良好的心理素质，促进学生身心全面和谐发展和素质全面提高的教育活动。

二、学校心理辅导的概念

（一）学校心理辅导的概念

学校心理辅导指教育者运用心理学、教育学、社会学、行为科学乃至临床心理学等多种学科的理论与技术，通过团体辅导、个别辅导、教育教学中的心理辅导以及家庭心理辅导等多种形式，帮助学生自我认识、自我接纳、自我调节，从而充分开发自身潜能，促进其心理健康与人格和谐发展的一种教育活动。

（二）学校心理辅导和德育的关系

学校心理辅导工作，主要解决的是学生的心理问题；而学校的德育工作，主要解决的是学生的思想问题。心理问题与思想问题是两个不同的问题，但二者又是相互联系的，有时二者可能互为条件，有时可能组成同一问题的两个侧面或两个层面。因此，学校心理辅导与德育既有区别又有联系。

1. 学校心理辅导和德育的区别

（1）理论基础不同。心理辅导的理论基础主要是心理学、教育学等相关理论，而德育的理论基础主要是马克思主义的基本原理。

（2）学生观不同。德育视学生为塑造对象而自身为塑造者，而心理辅导往往把学生视为求助者、当事人，而自身为服务者、协助者。

（3）工作内容不同。学校心理辅导的内容主要是对学生的学习、生活、人际、职业等方面存在的心理问题进行指导和教育，重视培养学生适应不同环境的能力；而德育的内容主要包括政治方向、思想意识、伦理道德、价值取向等方面的教育，重点帮助学生树立正确的政治思想观念以及培养良好的道德品质。

（4）工作原则不同。德育工作者有明确的政治方向，要求旗帜分明；学校心理辅导工作者不代替学生做价值判断，而是培养学生的抉择能力，由学生自己做出合理的判断。德育带有公开性肯定、奖励或否定、批评、惩罚；学校心理辅导并不强迫学生接受，较少采用批评和惩罚。德育工作鼓励学生勇于承认错误，学校心理辅导则强调为当事人保密。

（5）方法不同。德育主要是一个教导过程，常用的方法有谈话、说服教育、批评表扬、榜样示范、环境陶冶、实践锻炼等，注重的是教师的施教，以"说"为主；学校心理辅导采取的方法有会谈、心理测量、角色转换、行为矫正等，其中有些方法是德育没有的，如宣泄、放松等，有很强的专业操作性，同时强调宣泄与疏导，注重的是学生的主动与自愿，以"听"为主，注重倾听与感情沟通。

（6）目标侧重不同。两者在总的目标上是共同的，但具体有差异，各有侧重。心理辅导的重点在于学生心理的发展、调适和矫正上，以帮助学生雕塑健康心理、提高学生的心理素质、开发潜能为目的。而德育重在学生政治思想、道德品质的提高塑造和改变，主要是按社会和国家的要求来规范学生的行为，以帮助学生解决社会倾向问题，培养学生树立正确科学的世界观、人生观和价值观为目的。

2. 学校心理辅导和德育的联系

（1）学校心理辅导适当补充了德育的目标和内容。学校的德育内容包括政治教育、思想教育和道德法律等行为规范的教育。德育的目标是使学生形成正确的价值取向，它更多关注的是社会对个人的思想道德和行为规范等方面的要求，而对于学生的心理需求，如怎样成功地与人进行交往，如何处理好同异性的关系，怎样调适自身的情绪状态，如何面对生活中的挫折等方面的问题则不是它的工作重点，这些内容是学校心理辅导的重要内容。从这一点来说，心理辅导补充了德育内容，它使德育内容更加贴近学生的生活实际，有利于学生健康人格的形成与发展。

（2）学校心理辅导为有效地实施德育提供了心理基础。学生健康的心理是保证德育效果的前提。一个学生要形成优良的道德品质，首先必须能够正确地认识自己，能够成功建立良好的人际关系，能够恰当地表露与控制自己的情绪。如果学生心理不健康，他就失去了接受道德教育的最重要的条件。有心理问题的学生，在接受道德教育时，会对教育目的、要求、措施等表现出不同程度的消极态度和消极行为。此外，心理不健康的学生通常会产生许多品德不良的问题。因此，对学生仅进行品德教育是不够的，还需要进行心理辅导。

（3）学校心理辅导为提高德育成效提供了新的方法和途径。学校德育多采用说服教育、榜样示范、环境陶冶等方法，但在具体实施过程中，教育者多采用理论灌输方式，学生往往被动接受，极易使学生产生对抗情绪，结果学生往往能背得滚瓜烂熟的行为规范，却不能落实到实际行动上，造成知行脱节的局面。而学校心理辅导多采用放松训练、宣泄、心理换位、自由联想、暗示等方法，使学生感到教育者不是说教者而是协助者，他们会发自内心地自觉接受教育。因此，德育工作者可以借鉴心理辅导的方法以丰富德育的工作途径，这样既能把思想工作做得富有人情味，又能使德育工作富有成效。

三、学校心理辅导的目标

心理辅导的目标可以分解为基础目标、基本目标和终极目标三个层次。

（一）心理辅导的基础目标是防治心理疾病，增进心理健康

由于心理疾病的产生有一个从量变到质变的过程，因此必须贯彻预防为主的方针，通过系统地开展心理辅导活动来消除产生心理疾病的各种因素。如果发现学生有了心理疾病的苗头，应采取积极措施，使其在量变的过程中得以解决。如果学生确实有了心理疾病，则应给予积极治疗，以使其早日恢复健康。当然，心理辅导的基础目标，除了及时发现并科学矫治学生的心理疾病，更为重要的是使学生学会自我心理保健，掌握有关避免和消除心理疾病的原则和方法，对自我心理健康状况有正确的认识，能够自我排忧解难，游刃有余地应对生活中的各种挫折和困扰，保持乐观、稳定、积极向上的心态。

（二）心理辅导的基本目标是优化心理素质，促进全面发展

心理素质是指个体所具有的心理品质和行为模式，它反映了人的身心潜能开发与利用的程度。所谓良好的心理素质，一方面是指与现代社会文化要求相适应，另一方面是指与中学生当前生活相适应。它的具体要求是：培养自主坚强的人格，帮助学生认识自己，接纳自己，提高自信心；培养学生的独立性、勇敢的品格；培养学生的成就动机，鼓励他们力求上进；培养学生的坚持性，做事有耐心；培养学生的关爱品格，养成良好的社会兴趣和交往技能；培养学生乐观开朗的性格特征。其基本目的就在于学会调节和适应，一方面使学生学会正确对待自己、接纳自己，化解内心冲突，确立适当的志向水平，保持精神生活的内部和谐；另一方面使学生形成正确的适应行为，使行为符合社会规范，消除人际障碍，改善人际关系。

（三）心理辅导的终极目标是开发心理潜能，达到自我实现

为了开发心理潜能，必须注意引导学生认清自己的潜力和特长，确立有价值的生活目标，担负生活责任，扩大生活视野，发展建设性的人际关系，发挥主动性、创造性及作为社会成员的良好社会功能，过积极有效的生活。例如，利用学生的好奇心，培养学生的求知欲与学习兴趣；培养学生良好的学习方法与学习习惯；训练学生的思维，开发学生的智能与创造性。当我们的心理潜能被充分发掘出来时，我们就有可能成为一个具有很强的独

立与民主意识、很强的创新与实践能力、智力充分发展和品德十分高尚的人,这是心理高度健康及人格全面和谐发展的自我实现者,也就是心理辅导的最终目标。

正如《中小学心理健康教育指导纲要》中的描述,心理辅导的总目标是:提高全体学生的心理素质,充分开发他们的潜能,培养学生乐观、向上的心理品质,促进学生人格的健全发展。心理辅导要培养身心健康、具有创新精神和实践能力的高素质人才。心理辅导的具体目标包括:使学生不断正确认识自我,增强调控自我承受挫折适应环境的能力;培养学生健全的人格和良好的个性心理品质;对少数有心理行为问题和心理障碍的学生,给予科学有效的心理咨询和辅导,使他们尽快摆脱障碍,调节自我形成健康的心理素质,提高心理健康水平。

四、学校心理辅导的一般原则

学校心理辅导的原则是学校开展心理辅导工作必须遵循的基本要求,帮助学校做好学生的心理辅导。学校心理辅导原则主要包括以下几点:

(一) 教育性原则

教育性原则是指教育者在进行学校心理辅导的过程中,要根据具体情况提出积极中肯的分析,始终注意培养学生积极进取的精神,帮助学生树立正确的人生观、价值观和世界观。针对学生在学习、生活、交往中的矛盾冲突引起的种种心理问题,以及由此而产生的对社会中的人和事的不满言行、错误观点甚至敌对情绪与态度,教育者不应随便附和他们的观点和思想情感,而应进行实事求是的分析,明辨是非,帮助他们端正看问题的角度,调整看问题的方法,建立积极的思维模式,使学生发展良好的心理素质和排除各种心理困扰,解除心理症结。

(二) 全体性原则

全体性原则是指心理辅导要面向所有学生。全体学生都是心理辅导的对象和参与者,学校的一切教育特别是心理辅导的设施、计划组织活动,都要着眼于全体学生的发展,考虑到绝大多数学生的共同需要和普遍存在的问题,以全体学生的心理健康水平和心理素质的提高作为学校心理辅导的基本立足点和最终目标。当然,面向全体并不意味着一定要忽视个别。在实际工作中,还要考虑在实施这一原则时,具体问题具体对待,使心理辅导工作发挥最大效益。

(三) 差异性原则

差异性原则是指心理辅导要关注和重视学生的个别差异,根据不同学生的不同需要,开展形式多样、针对性强的心理辅导活动,以提高学生的心理健康水平。人是有差异性的,青少年也不例外,他们具有自己的个性特点,拥有不同的社会背景、家庭环境、生活经验和价值观念,心理辅导工作不是要消除这些特点与差异,而是要使学生的差异性、独特性以最合适甚至完美的方式呈现出来。

(四) 主体性原则

主体性原则是指心理辅导要以学生为主体,所有工作要以学生为出发点,同时要使学生的主体地位得到实实在在的体现,把教师的科学教育与辅导和学生的积极主动参与真正有机地结合起来。之所以如此,首先,心理辅导的目的在于促进学生成长和发展,而成长和发展从根本上说是一种自觉和主动的过程，如果学生没有主动意识和精神，处在被动的地位，教育就会成为一种强迫性行为，变得毫无意义。其次，心理辅导是一种助人与自助的活动，"助人"是手段，让学生自助才是目的。要达到自助的目的，只有让学生以主体的身份直接参与这一活动，此目的方可达到。另外，青少年时期是学生自我意识、独立性迅速发展的时期，心理辅导贯彻主体性原则，不仅发挥了学生的主体作用，还可以使学生追求独立的需要得到满足。

（五）整体性原则

整体性原则是指在心理辅导过程中，教育者要运用系统论的观点指导教育工作，注意学生心理活动的有机联系和整体性，对学生的心理问题作全面考察和系统分析，防止和克服教育工作中的片面性。心理辅导追求学生人格的整体性发展，最后达到提高学生心理素质和整体素质的目的。从社会价值取向看，它重视学生德智体美全面发展；从学生自我完善的需求看，它注重学生知、情、意、行几个方面协调发展；从系统的观点出发，心理辅导的对象是一个个完整的人，而人的心理也是一个有机整体。所以，心理辅导工作应从个体心理的完整性和统一性、个体身心因素与外部环境的制约性及协调性等综合因素出发，全面把握和分析学生心理问题的成因，采用相应的教育与辅导对策。

（六）发展性原则

发展性原则是指在心理辅导过程中，必须以发展的观点来对待学生，要顺应学生身心发展的特点和规律，以发展为重点，促进全体学生获得最大限度的发展。坚持发展的观点，就是要对学生、对人性持有正确的认识和信念，认识人的潜能，尊重学生的身心特点，辩证看待学生的缺点和局限，重视教育与发展的关系，对学生的成长和未来持乐观肯定的态度。以处于成长与发展时期的青少年为服务对象的学校心理辅导，在防治的同时，更应追求发展，因为发展本身就是积极的防治。只有将防治和发展结合起来，并以发展为主，才能促进青少年学生心理的健康发展。

（七）活动性原则

活动性原则是指心理辅导要把学生作为活动的主体，重视通过活动来促进学生的发展。人的能力及各种心理素质都是在活动中培养出来的，学生在活动中可能表达自我、认识自我，实现自身的潜能和价值。活动顺应青少年内在成长的基本需要，实践活动是青少年心理发生发展的基础。因此，针对青少年学生心理辅导活动的内容、形式和方法等，不能只停留在一般知识的简单传授上，应让学生在各种模拟与实际情境中去讨论、体验和训练。

（八）保密性原则

保密性原则是指在心理辅导过程中，教育者有责任对学生的个人情况以及谈话内容等予以保密；学生的名誉和隐私权应受到道义上的维护和法律上的保护。保密性原则是学校心理辅导极其重要的原则，是鼓励学生畅所欲言和建立相互信任的心理基础，同时也是对学生人格及隐私权的最大尊重。在学校心理辅导过程中，尤其是个别教育与辅导过程中，学生会向教育者透露很多个人的秘密、隐私缺陷，以及由此而产生的心理和行为的困扰、矛盾冲突等，教育者有责任、有义务对所有这些信息保密。此外，教育者不得对外公布求助学生的姓名，拒绝任何关于求助学生的调查，尊重求助学生的合理要求等，这些都是保密的范围。失密,对教育者来说,就是失职;对教育机构来说,就是威信和名誉的丧失。这不仅要受到良心的折磨和舆论的谴责,而且要负法律责任。

当然,替来访学生保密也不是绝对的。在某些情况下,为了求助学生和他人的利益免受伤害,为了进行科学研究和人才培养,可以进行正当"泄密",但所有这些都应该在求助学生接受学校心理辅导之前进行说明,即做到"知情同意",以最大限度地维护求助学生的利益。

第二节 学校心理辅导的主要方法

一、行为疗法

行为主义诞生于20世纪初的美国,创始人是约翰·华生(J. B. Waston)。行为疗法是以行为主义为理论基础的,它把焦点集中于人们行为的困扰上,并以可以观察到的外显行为的变化为目的。行为治疗家与绝大多数的行为主义理论家一样,以自然科学为楷模,尊奉经验主义并主张使用严格的科学标准,这些治疗家确信,心理问题产生于错误学习,故可采用条件作用的方法加以治疗和矫正。

(一)系统脱敏

系统脱敏疗法又称交互抑制法,由美国学者沃尔帕创立和发展,其基本原则是交互抑制,基本原理是通过一个可引起微弱焦虑、恐惧情绪的刺激在学生面前重复暴露,同时让学生全身放松予以对抗,从而使这一刺激逐渐失去引起恐惧、焦虑等负性情绪的作用。即不良反应通常是由某种特定的刺激引发,那么如果用这一特定的刺激诱发出一个正常的反应,则会与原来的不良反应相互拮抗,然后将此刺激诱发出的正常反应这一过程进行强化,久之,便会使原有不良反应消退。

系统脱敏的基本过程可分为三个部分:

(1)放松训练:让学生身心处于松弛状态。

(2)建立恐惧等级表:教育者和学生共同探讨在不同场景中感受到的恐惧水平,即主观不适度(SUD)。SUD的值为0~100,分值越高表示恐惧的感受越强烈。

(3)实施系统脱敏:按照所建立的恐惧等级表,从低强度向高强度依次实施。

实践应用

考试焦虑症系统脱敏疗法

小君是一名初一的学生,是独生子,家庭经济状况优越,父母对他的期望很高。小君也很勤奋,力求各方面都做得最好。自升入初中后,小君发觉自己的学习成绩明显没有以往好了,平时做试卷时手心出汗,心绪不宁。家长也反映他晚上睡不好,临考前更是难以入睡。小君写了这样一篇日记:"我开始讨厌做作业,讨厌考试,我害怕出错;我多么想有一个会做作业的机器人,它能帮我做完全部功课;而我是一个超常儿童,什么都一学就会,而且做什么事情都对,那多好啊!我多么希望我的梦想能实现。"

如何用系统脱敏法帮助小君缓解考试焦虑？

首先让小君处于一个放松的环境中，之后和小君共同讨论在不同场景中感受到考试焦虑的水平，讨论结果如下表所示，之后从主观不适度20分事件开始依次脱敏到80分事件，最终帮小君缓解对考试的焦虑现象。

建立考试焦虑等级表

序列	事件	SUD
1	班主任宣布，三天后将进行一次小测验	20
2	班主任宣布，两周后将进行期末考试	40
3	现在距离考试时间还有一个星期，我复习得还不够	50
4	明天就要进行考试了，今晚我觉得准备得还不够充分	55
5	监考老师到了，我等得发急，脑子也好像失去了知觉	60
6	开始答卷了，我从眼角看监考老师，他就在我附近	65
7	我被一道试题难住了	70
8	时间几乎到了，我还有试题没做完	75
9	一场考试结束后，我发现自己的某些答案与同学的不一样	80

（二）代币疗法

代币疗法又称奖励强化法，是用象征钱币、奖状、奖品等标记物为奖励手段来强化良好行为的一种行为治疗方法。它通过某种奖励系统，在学生做出预期的良好行为表现时，马上就能获得奖励，即可得到强化，从而使学生所表现的良好行为得以形成和巩固，同时使其不良行为得以消退。

代币系统的构成主要表现为：

（1）明确目标行为：教育者和学生双方均明确希望改变的行为是什么，制定好短期目标和长远目标，并对短期目标的表述有明确的界定。

（2）确定代币：选择适当的代币作为最终获得强化物的媒介，代币通常应该吸引人、重量轻、便于携带、耐用、不容易伪造等，例如，卡片、贴纸或记录分数等。

（3）确定后援强化物：代币系统的有效性很大程度上取决于后援强化物的性质和数量，尽量选择学生感兴趣并想获得的物品。

（4）拟定代币交换系统：明确什么行为可以获得代币及代币的数量，什么时候给，多少个代币可以换到相应的后援强化物，还要确定兑换后援强化物的时间和地点。

（5）决定是否使用反应代价：反应代价不是必然组成部分，如果只增加良性行为而不涉及不良行为的话，不需要使用反应代价；如果存在不良行为与良性行为相互对抗，那么则采用反应代价。

（三）示范模仿疗法

示范模仿疗法是依据观察学习原理的一种行为治疗方法，不需要直接作用于个体，通过观察学习，看到别人的所作所为，受到共鸣性影响而获得良好的行为，减少和消除不良行为。个体可观察榜样性人物，也可以是电视、电影或卡通片中的人物。

模仿疗法是一种以间接方式改变观察者行为的方法，因而示范者的特性对模仿效果的影响很大。如果示范者与学习者的年龄、性别越相似，就越容易引起模仿的效果。此外，有权威、地位较高的人相比那些地位相对较低者更易引起模仿效果，同时也就给在校的教师和在家的父母提高了要求，要以自身作为榜样，就应该注意人际交往中的礼貌语言、优雅的文明举止，等等。

二、人本疗法

人本疗法是以人为中心疗法的简称，也可称作人本主义疗法。人本疗法是由卡尔·罗杰斯（Carl R. Rogers）于20世纪40年代左右创立的，是在罗杰斯的治疗实践中逐渐形成和发展的，最早称作非指导性治疗，50年代改为当事人中心疗法，70年代则改为以人为中心疗法。人本主义心理学反对精神分析从人群的病态中抽样，使病态的人代表了人类，也反对行为主义以动物研究结果推论人类行为规律。人本主义心理学强调人的心理是由知、情、意三种过程构成的功能统一体，主张心理学应该以统一的人作为研究对象。人本疗法是20世纪心理治疗领域最有影响的治疗学派之一。要建立良好的治疗关系，人本主义认为必须做到以下三点：

（一）无条件积极关注

无条件积极关注指的是在交谈过程中，无论来访者表现出是消极的情绪还是积极的情绪，或者前后甚至矛盾的行为，教育者均给予同等的接纳。无条件积极关注是以人为中心的心理咨询师对来访者所持的基本态度。持这种态度的教育者非常重视学生的人性，并且不会因为学生的任何特殊行为而影响这种重视。

（二）真诚一致

在交谈过程中，如果教师以虚伪的面具面对学生，会影响交谈的进行。真诚对于师生交流尤为重要，真诚意味着教师对当时当地流过自己心头的情感和态度保持开放，教师感受的内容、在意识中的表现和他传达给学生的东西是真诚的。

（三）共情

共情也可译为同感、移情、同理心等，是指教师感觉学生的个人世界，就仿佛是教师自己的，但是却不丧失仿佛的性质。共情对于交谈是不可缺少的。感受学生的愤怒、无助、恐惧或困惑，就仿佛它是教师自己的，但教师自己却不感到愤怒、恐惧或困惑，共情更有助于促进教师了解学生的真实想法。

案 例

人本疗法应用厌学个体

小梅是一名八年级的学生，父亲在其7岁时因车祸去世，之后母亲改嫁再未回来，现由其叔爷爷和叔奶奶照顾。进入中学后，小梅对新环境感到不适应，由于性格较内向，她总是独来独往，朋友不多。刚进初中时，小梅在家写作业经常会因为题目不会写又无人可以指导而急得哭，叔爷爷看着也很无奈。后来，叔爷爷很少看到小梅在家做作业了，直到老师给他打电话才知道，小梅经常不交作业，要不就直接抄同学的答案。小梅表示，上初中后课程难度加大，开始跟不上学习进度，题目都不会写，又没人可以教自己，所以不想写。而且她觉得，读书没什么用，成绩好坏也没什么区别，萌生了初中毕业就出去打工的念头。为改善小梅的厌学情绪，班主任应用人本疗法，运用真诚、共情和无条件积极关注技术，先与小梅建立积极的关系；之后班主任和小梅探讨其目前的学习状态以及产生厌学情绪的原因，共同找寻学习的乐趣。

三、认知疗法

认知疗法又称认知行为疗法，是根据人的认知过程影响其情绪和行为的理论假设，通过改变认知进而改变个体的不良认知，从而矫正不良行为。认知疗法的种类有很多，如艾利斯的合理情绪疗法、贝克的认知疗法、梅肯鲍姆的认知行为疗法等。下面主要介绍艾利斯的合理情绪疗法。

（一）合理情绪疗法的基本理论

合理情绪疗法的核心理论是 ABC 理论。ABC 理论认为引起个体情绪及行为发生的原因是个体对事件的评价及观念，而非诱发性事件本身。在 ABC 理论模式中，A 是指引起情绪及行为反应的诱发性事件；B 是指个体对诱发事件的看法、解释和评价；C 是指个体的情绪及行为结果。ABC 理论提出：不良情绪不是由 A 直接引起的，诱发性事件 A 只是引起情绪和行为反应的间接原因，而人们对事件的看法、观念和解释即信念 B 才是引起人的情绪及行为反应的直接原因。例如，一个初中生在演讲比赛中没有取得名次，他很伤心，并不是因为演讲比赛这件事情直接导致他伤心，而是因为他对演讲比赛失败所持有的信念引起他的消极情绪。

常见的不合理信念主要表现为：

（1）绝对化要求。人们将自己的意愿强加于事物发生过程中。这一信念通常与"必须""应该"这种字眼联系在一起。

（2）过分概括化。这是一种以偏概全的思维方式。这种不合理观念在对自身不合理的评价中表现为：一次失败就否定自己全部的努力，认为自己"一无是处"；在对他人的不合理评价中表现为：他人稍有失误，就认为他人是一个失败者。

（3）糟糕至极。这是一种过分夸大不好事物的结果的想法。如果在生活中有一件不好的事情发生，就会觉得是一件天大的灾难，这种想法会使个体陷入悲观、焦虑、抑郁的情绪中。

（二）合理情绪疗法的操作步骤

第一步：教师通过与学生沟通交流，找出学生存在的不合理的思维方式与信念，帮助学生认知自己出现某一问题的原因在哪里，并向学生解释引起不良情绪的是不合理信念。

第二步：向学生介绍 ABC 理论，加深学生对该理论的理解。教师协助学生寻找引起学生消极情绪的不合理信念，学生找出问题所在并尝试进行总结，由浅入深帮助学生分析自己的困惑。

第三步：也最关键的一步，通过与不合理信念进行辩论，帮助学生改变不合理、不正确的想法，用合理信念取而代之，从而放弃那些不合理的信念，达到某种认知层面的改变。

第四步：巩固之前已取得的效果，进一步摆脱、放弃不合理信念，强化合理信念，使学生能将合理信念运用到日后现实生活中，帮助学生用合理的思维方式代替不合理的思维方式。

（三）合理情绪疗法的技术方法

1. 与不合理信念辩论

教师与学生沟通交流，找出其不合理信念，然后不断地向学生发问，对不合理信念质疑，使学生真正认识到自身的不合理认知和不合理思维方式，让他们的认知发生改变，逐步放弃不合理信念。提问的方式可分为两种：质疑式提问和夸张式提问。质疑式提问指教师直截了当指出学生的不合理信念，例如："你怎么能证明别人是这么想的呢？"夸张式提问指教师故意就学生不合理信念提出夸张的问题，例如："别人都没有事情要完成，都在盯着你吗？"

2. 合理情绪想象

首先，让学生通过想象进入使其产生过激情绪的情境之中，重新体验在此情境下的强烈情绪反应。然后，通过改变学生对这种情绪体验的不正确认知，帮助学生改变这种情绪反应并体验适当的情绪反应。最后，停止想象，让学生讲述自己是如何思考的，促使自己情绪发生了变化。

问题思考

一名高一学生的困惑

升入高一的军军发现身边的同学成绩都很优秀，原本初中成绩优异的他，在经过几次考试之后发现，自己和其他同学差距好大。而陌生的环境没有好友的陪伴，军军心灰意冷，上课经常出现走神现象，心想自己各方面都很平庸，一定没有人和自己做朋友。

如果你是军军的班主任，如何采用合理情绪理论帮助军军解决困惑呢？

第三节 压力与挫折

一、压力

压力是心理压力源和心理压力反应共同构成的一种认知和行为体验过程，是由刺激物或刺激事件引起的，个体会伴有躯体机能和心理活动改变的一种身心紧张状态。

压力产生的过程是在刺激因素作用于易感个体，并在保护性和资源性因素作用不力的情况下发生的，是个体在对抗压力源时表现出的一系列生理、心理和行为动态变化的过程。压力产生的过程中，心理和生理反应是密切联系的，常伴随出现。压力生理和心理反应过程也可划分为三个阶段：

（一）唤醒阶段

为了应对压力，个体最先出现警觉和资源动员，如引发紧张情绪、提高敏感度和警戒水平、调动自我控制力等。同时，个体可能采取各种应对手段，以满足压力应对要求。此时，如压力源消失，警觉和调动恢复；但如果压力持续存在，那么适应不良的征兆就会出现，如持续焦虑、紧张、各种躯体不适、工作效率下降等，并伴随肾上腺活动增强、心率和呼吸加快、血压增高、出汗、手足发凉等现象。

（二）抵抗阶段

在此阶段中，个体试图找到应对方法，增强认识与处理能力，消除不良心理反应，恢复心理内稳态，以防心理崩溃。个体直接处理压力情境，生理和心理防御机制运用显著增加，调动所有资源，对压力源的抵抗水平达到最高，甚至是"超水平"。如果压力持续存在，个体常逐渐趋于僵化，死守先前使用过的防御手段，不再对压力源及情境进行再次评价，或调整应对方式。这些将阻碍个体选用更合适的应对方式，导致抵抗效能下降。此时，个体会有紧张体验，并出现一些心身障碍症状及轻微的心理异常表现。此阶段同生理反应的阻抗阶段一样，大多数情况下，阻抗反应是可逆的，且机体的心理功能可恢复正常。

（三）耗竭阶段

面临连续、极度的压力时，个体应对手段开始失败，心理防御机制夸大且不恰当，常出现心理失衡现象，如心理混乱，脱离现实，甚至出现幻觉、妄想。如果这种压力状态继续，机体和心理就会进入全面崩溃，机体因应激损伤而患病，心理出现暴力，或淡漠、木僵，机体和心理甚至死亡。大多数情况下，进入衰竭是一个逐渐、长期的过程。

值得注意的是，心理压力反应的表现如同生理压力反应一样非常复杂，这种反应进入相应阶段的顺序，每一个阶段持续的长短及相应的表现等，常因事件严重程度、突然性、个人的内在素质及社会支持、干预等而有所不同。目前研究发现，压力的任何一个阶段，一旦压力源的强度过大，或应对反应无力，机体随时有可能不经过典型的三阶段发展而直接进入衰竭状态，甚至导致死亡。

一般而言，应对压力的策略有两种：处理困扰与减轻不适感。处理困扰是指直接改变压力来源；减轻不适感是指不直接解决问题，而是调节自己的行为，消除不良反应。调节压力的方法有以下几种：

（1）了解自己的能力，制定切实可行的目标。
（2）劳逸结合，注意休息，培养业余兴趣爱好。
（3）加强体育锻炼，保证生活规律睡眠充足。
（4）建立和具备良好的社会支持系统，拥有朋友。
（5）积极面对人生，自信豁达，知足常乐，笑口常开。
（6）改变不合理观念，通过有意地改变自己的内部语言来改变不适应状况。

二、挫折

挫折是个体的动机、愿望、需要和行为受到内部和外部因素阻碍的情境和相应的情感态度。常见的挫折应对方式主要有升华、补偿、退行、压抑、宣泄、认同、文饰、投射、转移、认知重组等。

（一）升华

升华是一种比较成熟的防御机制，是自我将本我与超我完美结合的防御机制。所谓升华，就是指将原始冲动以一种能被社会接纳的方式释放出来，既满足了本能欲望，又得到社会的许可。例如，小刚从小顽皮淘气，经常和同学打架，但是在运动方面表现出很强的天赋，运动会上常常获得奖项，后来他上了体校，并在散打比赛中获得一系列奖项。

（二）补偿

补偿是指个体所追求的目标、理想受到挫折，或由于本身的某种缺陷而达不到既定目标时，用另一种目标来代替或通过另一种活动来弥补，从而减轻心理上的不适感。补偿可分为消极性的补偿与积极性的补偿。消极性的补偿，是指个体使用弥补缺陷的方法，对个体本身没有帮助，有时甚至带来更大的伤害。例如，一个被同学排斥的学生，参加不良帮派组织以取得帮派分子的接纳。积极性的补偿是指以合宜的方法来弥补其缺陷。例如，一个相貌平庸的女学生，致力于学问上的追求，而赢得别人的重视。

（三）退行

退行是指个体在遭遇到挫折时，表现出其年龄所不应有之幼稚行为反应，即心理活动退回到较早年龄阶段的水平，以原始的、幼稚的方法应付当前的情景。例如，已养成良好生活习惯的儿童，因母亲生了弟弟或家中突遭变故，而表现出尿床、吸吮拇指、好哭、极端依赖等婴幼儿时期的行为；一学生，自从被班上同学嘲笑后，每当要上学时，就会肚子痛而无法上学。

（四）压抑

压抑指个体把引起焦虑的思想、观念以及个人无法接受的欲望和冲突、情感和思想从意识中挤出，压入潜意识中使其被遗忘。压抑作用，表面上看起来我们已把事情忘记了，而事实上它仍然在我们的潜意识中，在某些时候影响我们的行为，以致在日常生活中，我们可能做出一些自己也不明白的事情。例如，弗洛伊德认为，很多儿童会忘记五六岁之前的痛苦事件，但这些经历仍然会影响个体之后的行为。

（五）宣泄

宣泄是指通过创设一种情境，使受挫者能自由抒发受压抑的情绪。如遇到挫折、失败时，最好一吐为快，想办法把内心的不满、不愉快的情绪通过合理的渠道和方式宣泄出来。例如，考试失败时大哭一场，和朋友倾诉自己伤心的事情。

（六）认同

认同是指一个人以各种各样的方式去建立与另一个人、一个团体或一个目标的同一性，即把别人具有的使自己感到羡慕的品质加在自己身上，或将自己与所崇拜的人视为一体，以提高自己的信心、声望、地位，从而减轻挫折感。例如，一位物理系学生留了胡子，是因为他十分仰慕系中一位名教授，而该教授的"注册商标"就是他很有性格的胡子，此学生以留胡子的方式向教授认同。

（七）文饰

文饰也称合理化，是指个体无意识地用似乎合理的解释为难以接受的情感、行为、动机辩护，使其可以被接受。文饰主要包括三种形式：一是酸葡萄心理，指因为自己真正的需求无法得到满足产生挫折感时，为了解除内心不安，编造一些"理由"自我安慰，以消除紧张、减轻压力，使自己从不满、不安等消极心理状态中解脱出来，保护自己免受伤害。例如，"吃不到葡萄说葡萄酸"。二是甜柠檬心理，指人在追求预期目标而失败时，为了冲淡自己内心的不安，就百般提高现状的目标价值，从而达到了心理平衡的现象。例如，"塞翁失马，焉知非福"。三是推诿，指将个人的缺点或失败，推诿于其他理由，找人承担其过错。例如，学生考试失败，不愿承认是自己准备不足，而说老师教得不好、老师评卷不公或说考题超出范围。

（八）投射

投射是指把自己的性格、态度、动机或欲望，"投射"到别人身上。具体表现为个体将自己的某种罪恶念头，或有某种恶习，反向指斥别人有这种念头或恶习，或者把自己所不能接受的性格、特征、态度、意念和欲望转移到别人身上，指责别人这种性格的恶劣及批评别人这种态度和意念的不当。投射能让我们利用别人作为自己的"代罪羔羊"，使我们逃避本该面对的责任。例如，"我见青山多妩媚，青山见我亦多情。"

（九）转移

转移是指原先对某些对象的情感、欲望或态度，因某种原因（如不合社会规范，或具有危险性，或不为自我意识所允许等）无法向其对象直接表现，而把它转移到一个较安全、较为大家所接受的对象身上，以减轻自己心理上的焦虑。例如，有位被上司责备的先生回家后因情绪不佳，就借题发挥骂了太太一顿，而太太莫名其妙挨了丈夫骂，心里不愉快，刚好小孩在旁边吵，就顺手给了他一巴掌，儿子平白无故挨了巴掌，满腔怒火地走开，正好遇上家中小黑狗向他走来，就顺势踢了小黑狗一脚。

（十）认知重组

认知重组是指个体对挫折情境的重新认识与评价。个体对挫折情境的认知评价如何会直接影响挫折感的产生。比如，小强在期中考试中失利，但是他没有气馁，而是认真地分析了失败的原因，找到了问题，确定了新的努力方向。

日常生活中，我们都会遇到形形色色的事情，挫折是不可避免的，应对挫折的方式，可能会保护我们，也可能会损害我们的身心健康，我们应该建立起健康、积极的应对方式，创造出自己美好的生活。

 原理应用

戴着"面具"的男孩

最近，初一（8）班的张军愁眉不展，因为一年一度的校运会又要开始了，他并不擅长运动，但作为班干部，在老师和同学的要求下，被迫报了 1000 米，现在每天中午和下午放学后，他都要去操场练习跑步。回来看到其他同学可以在教室说说笑笑，他感到很委屈，不明白为什么班里有那么多体育优秀的同学，非让自己参加运动会。他感觉有很多事情对自己都不公平，自己当班干部更多像是牺牲品，也没有关系要好的朋友。他和父母倾诉，妈妈让张军多换几个角度思考，要学会忍耐，不要总是埋怨，父亲则很不耐烦地训斥他，因为这点小事啰啰唆唆，不能忍耐。

一、案例分析

张军是典型的小干部式男孩，给人一种踏实、老练的感觉。虽然老师喜欢他，让他当班干部管理班级，但同学们并不喜欢他，不愿意和他做朋友。他也常常保护自己，压抑自己真实的情绪和想法，一方面是为了不辜负老师的期望，另一方面更多的是和他的家庭观念紧密相关，父母一直传递给张军的观点是表现坚强、隐忍。但父母忽略了张军也是一个孩子，他渴望父母、老师和同学的关心和认可，渴望表达自己内心真实的想法。

二、辅导方法

作为教师可以从以下几方面对张军进行辅导：

1. 促进真实情绪的输出

要多尝试倾听张军的真实想法，了解其真实的想法。此外，可利用人本主义疗法的共情促进张军深入真实情感。老师也可以尝试站在张军的角度思考，说出张军的感受，通过共情可以促进对方接近彼此的内心，体验张军心理的真实感受。

2. 认知改变

张军存在的不合理认知是：人不能表现自己的脆弱，脆弱是不好的，是让人耻笑的。可以通过 ABC 情绪疗法改变张军的不合理认知，用正常的认知取代不合理的认知，让其认识到人都有脆弱的一面。

3. 行为训练

张军和同学相处存在的问题更多是因为人际技能不完善，运用行为训练帮助张军学习和建立新的沟通方式。首先，学会敢于表达自己的需要；其次，敢于表达自己的脆弱；最后，也需要学习如何和老师沟通。

思考题

1. 学校心理辅导的原则有哪些？
2. 行为疗法常用的技术有哪些？
3. 如何调节压力？
4. 心理辅导、心理咨询、心理治疗和心理健康教育的关系是怎样的？
5. 结合生活案例，运用心理理论解释个体心理现象的原因。